人力资源

常用法规及案例选编

四川通发广进人力资源管理咨询有限公司 ◎编著

西南财经大学出版社

中国·成都

图书在版编目(CIP)数据

人力资源常用法规及案例选编/四川通发广进人力资源管理咨询有限公司编著.--成都:西南财经大学出版社,2024.10.--ISBN 978-7-5504-6437-7

Ⅰ.F241;D922.505

中国国家版本馆 CIP 数据核字第 2024ZC6453 号

人力资源常用法规及案例选编
RENLI ZIYUAN CHANGYONG FAGUI JI ANLI XUANBIAN

四川通发广进人力资源管理咨询有限公司　编著

责任编辑:孙　婧
助理编辑:陈婷婷
责任校对:李　琼
封面设计:墨创文化
责任印制:朱曼丽

出版发行	西南财经大学出版社(四川省成都市光华村街55号)
网　　址	http://cbs.swufe.edu.cn
电子邮件	bookcj@swufe.edu.cn
邮政编码	610074
电　　话	028-87353785
照　　排	四川胜翔数码印务设计有限公司
印　　刷	四川煤田地质制图印务有限责任公司
成品尺寸	185 mm×260 mm
印　　张	16
字　　数	335 千字
版　　次	2024 年 10 月第 1 版
印　　次	2024 年 10 月第 1 次印刷
书　　号	ISBN 978-7-5504-6437-7
定　　价	78.00 元

1. 版权所有,翻印必究。
2. 如有印刷、装订等差错,可向本社营销部调换。

著作权人简介

四川通发广进人力资源管理咨询有限公司成立于1999年，公司成立以来聚焦发展业务外包、劳务派遣等业务，同时涉及灵活用工、招聘、培训、管理咨询、人事代理等人力资源服务。公司拥有分布在四川、重庆、贵州、云南、西藏、青海、浙江、湖北、湖南、广东、北京、安徽、甘肃等省（区、市）的94家分公司，服务单位涉及通信、石油、电力、金融等行业，主要客户群体集中在央企、国企，如中国联通、中国石油、中国电信、中国通服等，累积了丰富的通信、石油、电力、房地产、金融等行业服务经验。公司本着"客户第一"的服务宗旨，"合作共赢"的经营理念，屡获政府及行业赞誉，现已成为四川省本土纳税收入规模最大、分支机构最齐全的国有人力资源公司，并致力于成为一站式、全方位人力资源服务供应商。

公司致力于行业发展，诚信规范经营，解决就业，保持稳定，长期获得政府、协会等组织的高度认可，先后荣获"中国著名劳务派遣品牌机构""四川省人力资源服务机构AAAAA等级""四川省人力资源服务行业优秀骨干企业""劳动保障守法诚信A级企业""成都市人力资源服务骨干企业""成都市模范劳动关系和谐企业""人力资源服务行业诚信服务示范机构""AAA级信用企业""大学生就业创业服务先进单位""中国成都人力资源服务产业园诚信服务奖""国有人力资源服务机构十佳企业""高新区纳税百强"等荣誉称号。

作为人力资源从业者，四川通发广进人力资源管理咨询有限公司积极研究政策导向，2018年主研的《人力资源服务企业如何规范实施业务外包》课题被四川省人力资源协会列为2018年两个重点课题之一；2023年主研的《企业外包业务用工法律风险防控实操——以某国有企业涉诉案例为样本分析》项目在学术年会荣获奖项。同时，公司为洞悉行业发展脉络，做好劳动用工风险管理，从入职、在职、离职三个维度入手，总结了招聘录用、培训开发、薪酬福利、绩效管理、劳动关系等人力资源常用的法律及行政法规，再结合人力资源工作实践中各类典型案例进行分析，并将研究成果整理成册，以期在为用人单位人力资源管理工作提供及时、系统的法律支持之时，更为实现企业良性发展与劳动者权益保护互促共进做出努力。

序言

劳动关系是生产关系的重要组成部分，是最基本、最重要的社会关系之一，关系着每一位劳动者的切身利益，关系着成千上万家企业的高质量发展，关系着社会的和谐稳定。推进中国式现代化建设，离不开和谐的劳动关系。1994年我国第一部劳动法颁布以来，劳动关系在法治的轨道上日臻完善，劳动法法律法规体系不断健全，劳动用工不断规范，劳动执法司法水平不断提升，劳动者遵法、学法、守法、用法，维护自身权益的意识普遍增强，依法治企的管理水平和管理能力显著提升，和谐劳动关系成为我国劳动关系领域的主旋律。

当前，平台化、数字化、智能化浪潮为劳动关系治理带来了新风险和新挑战。党的二十大报告指出，要健全劳动法律法规，完善劳动关系协商协调机制，完善劳动者权益保障制度。依法治企背景下的管理驱动和自主驱动相结合的双引擎驱动是应对新挑战、顺应新要求、适应新变化的重要抓手，劳动关系治理的关键在于企业，它既是企业人力资源管理部门的工作，更关乎全体管理者和员工的权利和义务。人力资源管理的本质是人力资源价值链管理，坚持以人为本，以法治思维打造规范化、科学化、人性化的人力资源管理体系，企业与劳动者形成利益、事业、命运共同体，实现人力资源管理工作有法可依、有章可循，助力企业制定科学有效的各项管理制度，实现劳动关系双方协商共事、互利共赢，为构建中国特色和谐劳动关系进一步奠定坚实基础。

"天下之事，不难于立法，而难于法之必行。"人力资源管理的重点在于依法合规开展人力资源管理工作。本书立足新发展阶段，贯彻新发展理念，服务构建新发展格局，全面立体剖析、萃取人力资源实践精华，分别以相关法规和案例为"针"，以不同职业阶段为"线"，穿而引之，起到让读者认知法治体系、强化法治思维之作用，亦有总结法治方法之功能，有利于促进企业与劳动者的双向奔赴，让每位劳动者都能有尊严地工作，成为企业和自身的价值创造者，充分发挥法治在人力资源管理中固根本、稳预期、利长远的保障作用。该书为广大关注与从事人力资源管理领域的读者贡献了一本手边书、工具册、参考集。

本书编者深耕人力资源管理领域，以文本形式凝聚了对于企业劳动关系法治化建设的思考与总结，扎根于实践，又指导实践，这份沉淀在国家治理体系和治理能力现代化建设中具有重要意义。

是为序，以荐读者。

中国人力资源开发研究会常务理事
四川省法学会劳动与社会保障法学研究会会长
西南财经大学法学教授、博士生导师

章　群

目录

上篇 人力资源常用法规

第一章 行业常用法规 / 3
 一、人力资源服务机构管理规定 / 3
 二、人力资源市场暂行条例 / 11
 三、中华人民共和国市场主体登记管理条例 / 16
 四、中华人民共和国公司法（2023年修订）/ 23
 五、中华人民共和国企业所得税法 / 58
 六、中华人民共和国安全生产法 / 64
 七、中华人民共和国残疾人保障法 / 83
 八、残疾人就业保障金征收使用管理办法 / 92
 九、关于促进残疾人就业增值税优惠政策的通知 / 95

第二章 入职法规 / 98
第一节 招聘就业 / 98
 一、中华人民共和国宪法（部分）/ 98
 二、人才市场管理规定（部分）/ 98
 三、就业服务与就业管理规定（部分）/ 99
 四、中华人民共和国劳动法（部分）/ 100
 五、中华人民共和国就业促进法（部分）/ 101
 六、中华人民共和国未成年人保护法（部分）/ 101
 七、禁止使用童工规定（部分）/ 102
 八、非法用工单位伤亡人员一次性赔偿办法（部分）/ 103

第二节　劳动关系 / 104
　　一、中华人民共和国劳动合同法（部分）/ 104
　　二、中华人民共和国劳动合同法实施条例（部分）/ 108
　　三、劳动部关于实行劳动合同制度若干问题的通知（部分）
　　　　（劳部发〔1996〕354号）/ 109
　　四、违反《劳动法》有关劳动合同规定的赔偿办法（部分）
　　　　（劳部发〔1995〕223号）/ 109
　　五、中华人民共和国职业病防治法（部分）/ 109

第三节　入职培训 / 110
　　一、中华人民共和国劳动法（部分）/ 110
　　二、中华人民共和国劳动合同法（部分）/ 110
　　三、中华人民共和国职业病防治法（部分）/ 110
　　四、中华人民共和国劳动合同法实施条例（部分）/ 111

第三章　在职法规 / 112

第一节　劳动关系管理 / 112
　　一、中华人民共和国劳动合同法（部分）/ 112
　　二、中华人民共和国劳动合同法实施条例（部分）/ 112
　　三、最高人民法院关于审理劳动争议案件适用法律问题的解释（一）（部分）
　　　　法释〔2020〕26号 / 113
　　四、劳动和社会保障部关于非全日制用工若干问题的意见（部分）/ 114
　　五、中华人民共和国工会法（部分）/ 115
　　六、中华人民共和国职业病防治法（部分）/ 117
　　七、劳动保障监察条例（部分）/ 120

第二节　薪酬待遇管理 / 121
　　一、工资发放 / 121
　　　　（一）中华人民共和国劳动法（部分）/ 121
　　　　（二）工资支付暂行规定 / 122
　　二、社保公积金缴纳 / 124
　　　　（一）中华人民共和国劳动法（部分）/ 124
　　　　（二）中华人民共和国社会保险法（部分）/ 125
　　　　（三）社会保险费征缴暂行条例（部分）/ 130

（四）工伤保险条例（部分）／ 131

　　（五）失业保险条例（部分）／ 134

　　（六）住房公积金管理条例（部分）／ 135

三、休息休假管理／ 137

　　（一）中华人民共和国劳动法（部分）／ 137

　　（二）职工带薪年休假条例／ 138

　　（三）企业职工带薪年休假实施办法／ 139

　　（四）企业职工患病或非因工负伤医疗期规定（部分）／ 141

第四章　离职法规／ 142

第一节　劳动关系的解除及终止／ 142

一、中华人民共和国劳动法（部分）／ 142

二、中华人民共和国劳动合同法（部分）／ 143

三、中华人民共和国劳动合同法实施条例（部分）／ 146

四、劳动保障监察条例（部分）／ 149

五、劳务派遣暂行规定（部分）／ 149

六、最高人民法院关于审理劳动争议案件适用法律问题的解释（一）（部分）法释〔2020〕26号／ 150

七、劳动部关于严格按照国家规定办理职工退出工作岗位休养问题的通知　劳部发〔1994〕259号／ 153

第二节　社会保险／ 154

一、中华人民共和国社会保险法（部分）／ 154

二、失业保险条例（部分）／ 156

三、工伤保险条例（部分）／ 157

四、企业职工患病或非因工负伤医疗期规定（部分）／ 158

第三节　特殊人群劳动关系的解除及终止／ 158

一、退役士兵安置条例（部分）（国务院令第608号）／ 158

二、中华人民共和国工会法（部分）／ 159

三、最高人民法院关于在民事审判工作中适用《中华人民共和国工会法》若干问题的解释（部分）法释〔2020〕17号／ 159

四、中华人民共和国职业病防治法（部分）／ 159

五、使用有毒物品作业场所劳动保护条例（部分）／ 161

下篇 案例选编

第五章 入职环节典型案例 / 165
- 一、就业歧视纠纷 / 165
- 二、招聘未解除劳动合同的劳动者纠纷 / 168
- 三、录用条件不明确的纠纷 / 170
- 四、收取劳动者财务的纠纷 / 172
- 五、未尽岗前职业体检的纠纷 / 173
- 六、未尽背景调查的纠纷 / 175
- 七、未把握劳动合同签订时间的纠纷 / 178
- 八、入职社会保险费缴纳的纠纷 / 179
- 九、在校大学生招用纠纷 / 181
- 十、达到法定退休年龄人员的招用纠纷 / 182
- 十一、新型用工关系纠纷 / 184
- 十二、录用又取消岗位设定的纠纷 / 185

第六章 劳动关系存续期间典型案例 / 187

第一节 劳动合同的履行、续签及岗位变动纠纷 / 187
- 一、续签劳动合同降低劳动条件的纠纷 / 187
- 二、劳动合同暂停履行的纠纷 / 191
- 三、待岗的纠纷 / 193

第二节 竞业限制与违约金的纠纷 / 195

第三节 薪酬管理和加班管理纠纷 / 198
- 一、加班费定性纠纷 / 198
- 二、年终绩效奖金纠纷 / 201

第四节 休息休假管理纠纷 / 205
- 一、带薪年休假的纠纷 / 205
- 二、医疗期满的纠纷 / 208

第五节 社保及工伤纠纷 / 210
- 一、工伤保险基金报销范围外的费用承担纠纷 / 210
- 二、私了协议与工伤待遇的纠纷 / 213

第六节　规章制度下的纠纷 / 216
　　一、外包员工遵守公司规章制度的争议 / 216
　　二、缺少规章制度明确规定时的争议 / 217

第七章　离职环节典型案例 / 222
　　一、劳动合同无效的纠纷 / 222
　　二、劳动关系解除的合法性审查 / 223
　　三、待岗培训下被迫离职的纠纷 / 226
　　四、与怀孕女员工终止劳动合同的纠纷 / 227
　　五、引进型人才劳动关系解除纠纷 / 228
　　六、劳动报酬发放争议下的离职纠纷 / 229
　　七、危困状态下签订的协议效力纠纷 / 230
　　八、离职人员佣金发放纠纷 / 231
　　九、计算经济补偿金工作年限纠纷 / 232
　　十、离职后未尽妥善转移义务纠纷 / 234
　　十一、违背公序良俗下的劳动关系解除纠纷 / 235
　　十二、解除后主张恢复劳动关系的争议 / 236

特别鸣谢 / 238

上篇
人力资源常用法规

第一章　行业常用法规

一、人力资源服务机构管理规定

第一章　总则

第一条　为了加强对人力资源服务机构的管理，规范人力资源服务活动，健全统一开放、竞争有序的人力资源市场体系，促进高质量充分就业和优化人力资源流动配置，根据《中华人民共和国就业促进法》《人力资源市场暂行条例》等法律、行政法规，制定本规定。

第二条　在中华人民共和国境内的人力资源服务机构从事人力资源服务活动，适用本规定。

第三条　县级以上人力资源社会保障行政部门依法开展本行政区域内的人力资源服务机构管理工作。

第四条　人力资源社会保障行政部门应当加强人力资源服务标准化、信息化建设，指导人力资源服务行业协会加强行业自律。

第二章　行政许可和备案

第五条　经营性人力资源服务机构从事职业中介活动的，应当在市场主体登记办理完毕后，依法向住所地人力资源社会保障行政部门申请行政许可，取得人力资源服务许可证。从事网络招聘服务的，还应当依法取得电信业务经营许可证。

本规定所称职业中介活动是指为用人单位招用人员和劳动者求职提供中介服务，包括为用人单位推荐劳动者、为劳动者介绍用人单位、组织开展招聘会、开展网络招聘服务、开展高级人才寻访（猎头）服务等经营性活动。

第六条　申请从事职业中介活动的，应当具备下列条件：

（一）有明确的章程和管理制度；

（二）有开展业务必备的固定场所、办公设施和一定数额的开办资金；

（三）有3名以上专职工作人员；

（四）法律、法规规定的其他条件。

第七条 申请从事职业中介活动的，可以自愿选择按照一般程序或者告知承诺制方式申请行政许可。按照一般程序申请的，应当向住所地人力资源社会保障行政部门提交以下申请材料：

（一）从事职业中介活动的申请书；

（二）机构章程和管理制度；

（三）场所的所有权证明或者租赁合同；

（四）专职工作人员的基本情况表；

（五）法律、法规规定的其他材料。

前款规定的申请材料通过政务信息共享可以获得的，人力资源社会保障行政部门应当通过政务信息共享获取。提交申请材料不齐全的，人力资源社会保障行政部门应当当场一次性告知需要补正的全部材料。

按照告知承诺制方式申请的，只须提交从事职业中介活动的申请书和承诺书。当事人有较严重不良信用记录或者存在曾作出虚假承诺等情形的，在信用修复前不适用告知承诺制。

第八条 按照一般程序申请行政许可的，人力资源社会保障行政部门应当自收到申请之日起20日内依法作出行政许可决定。按照告知承诺制方式申请行政许可的，人力资源社会保障行政部门应当经形式审查后当场作出行政许可决定。

符合条件，人力资源社会保障行政部门作出准予行政许可决定的，应当自作出决定之日起10日内向当事人颁发、送达人力资源服务许可证；不符合条件，人力资源社会保障行政部门作出不予行政许可书面决定的，应当说明理由，并告知当事人享有依法申请行政复议或者提起行政诉讼的权利。

第九条 经营性人力资源服务机构开展人力资源供求信息的收集和发布、就业和创业指导、人力资源管理咨询、人力资源测评、人力资源培训、人力资源服务外包等人力资源服务业务的，应当自开展业务之日起15日内向住所地人力资源社会保障行政部门备案，备案事项包括机构名称、法定代表人、住所地、服务范围等。

备案事项齐全的，人力资源社会保障行政部门应当予以备案，并出具备案凭证，载明备案事项、备案机关以及日期等；备案事项不齐全的，人力资源社会保障行政部门应当当场一次性告知需要补正的全部事项。

经营性人力资源服务机构开展劳务派遣、对外劳务合作业务的，执行国家有关劳务派遣、对外劳务合作的规定。

第十条 依法取得的人力资源服务许可证在全国范围内长期有效。

第十一条 人力资源服务许可证分为纸质证书（正、副本）和电子证书，具有同等法律效力。

人力资源服务许可证纸质证书样式、编号规则以及电子证书标准由人力资源社会保障部制定。

第十二条 经营性人力资源服务机构设立分支机构的，应当自市场主体登记办理完毕之日起 15 日内，书面报告分支机构住所地人力资源社会保障行政部门，书面报告事项包括机构名称、统一社会信用代码、许可证编号以及分支机构名称、负责人姓名、住所地、服务范围等。

人力资源社会保障行政部门收到书面报告后，应当出具收据，载明书面报告的名称、分支机构名称、页数以及收到时间等，并由经办人员签名或者盖章。

第十三条　经营性人力资源服务机构变更名称、住所、法定代表人或者终止经营活动的，应当自市场主体变更登记或者注销登记办理完毕之日起 15 日内，书面报告住所地人力资源社会保障行政部门。人力资源社会保障行政部门应当及时换发或者收回人力资源服务许可证、备案凭证。

经营性人力资源服务机构跨管辖区域变更住所的，应当书面报告迁入地人力资源社会保障行政部门。迁出地人力资源社会保障行政部门应当及时移交经营性人力资源服务机构申请行政许可、办理备案的原始材料。

第十四条　人力资源社会保障行政部门应当公开申请行政许可和办理备案的材料目录、办事指南和咨询监督电话等信息，优化办理流程，推行当场办结、一次办结、限时办结等制度，实现集中办理、就近办理、网上办理，提升经营性人力资源服务机构申请行政许可、办理备案便利化程度。

人力资源社会保障行政部门应当及时向社会公布依法取得行政许可或者经过备案的经营性人力资源服务机构名单及其变更、注销等情况，并提供查询服务。

第三章　服务规范

第十五条　人力资源服务机构接受用人单位委托招聘人员的，发布招聘信息应当真实、合法，不得含有民族、种族、性别、宗教信仰等方面的歧视性内容。

人力资源服务机构不得违反国家规定，在户籍、地域、身份等方面设置限制人力资源流动的条件。

第十六条　人力资源服务机构接受用人单位委托招聘人员的，应当建立招聘信息管理制度，依法对用人单位所提供材料的真实性、合法性进行审查，并将相关审查材料存档备核。审查内容应当包括以下方面：

（一）用人单位招聘简章；

（二）用人单位营业执照或者有关部门批准设立的文件；

（三）经办人员的身份证件、用人单位的委托证明。

经办人员与用人单位的委托关系，人力资源服务机构可以依法通过企业银行结算账户等途径确认。

接受用人单位委托招聘外国人的，应当符合《外国人在中国就业管理规定》等法律、法规、规章的规定。

第十七条　人力资源服务机构不得有下列行为：

（一）伪造、涂改、转让人力资源服务许可证；

（二）为无合法证照的用人单位提供职业中介服务；

（三）介绍未满16周岁的未成年人就业；

（四）为无合法身份证件的劳动者提供职业中介服务；

（五）介绍劳动者从事法律、法规禁止从事的职业；

（六）介绍用人单位、劳动者从事违法活动；

（七）以欺诈、暴力、胁迫等方式开展相关服务活动；

（八）以开展相关服务为名牟取不正当利益；

（九）以欺诈、伪造证明材料等手段骗取社会保险基金支出、社会保险待遇；

（十）其他违反法律、法规规定的行为。

第十八条 人力资源服务机构对其发布的求职招聘信息，应当标注有效期限或者及时更新。

第十九条 人力资源服务机构接受委托或者自行组织开展人力资源培训的，不得危害国家安全、损害参训人员身心健康或者诱骗财物。

第二十条 人力资源服务机构举办现场招聘会，应当制定组织实施办法、应急预案和安全保卫工作方案，核实参加招聘会的招聘单位及其招聘简章的真实性、合法性，提前将招聘会信息向社会公布，并对招聘中的各项活动进行管理。

举办网络招聘会，除遵守前款规定外，还应当加强网络安全管理，履行网络安全保护义务，采取技术措施或者其他必要措施，确保网络招聘系统和用户信息安全。

举办大型现场招聘会，应当符合《大型群众性活动安全管理条例》等法律、法规的规定。

第二十一条 人力资源服务机构开展人力资源供求信息收集和发布的，应当建立健全信息发布审查和投诉处理机制，确保发布的人力资源供求信息真实、合法、有效，不得以人力资源供求信息收集和发布的名义开展职业中介活动。

人力资源服务机构在业务活动中收集用人单位信息的，不得泄露或者违法使用所知悉的商业秘密。

第二十二条 人力资源服务机构通过收集、存储、使用、加工、传输、提供、公开、删除等方式处理个人信息的，应当遵循合法、正当、必要和诚信原则，遵守法律、法规有关个人信息保护的规定。

人力资源服务机构收集个人信息应当限于劳动者本人基本信息以及与应聘岗位相关的知识、技能、工作经历等情况。

人力资源服务机构应当建立个人信息保护、个人信息安全监测预警等机制，不得泄露、篡改、损毁或者非法出售、非法向他人提供所收集的个人信息，并采取必要措施防范盗取个人信息等违法行为；应当对个人信息保护情况每年至少进行一次自查，记录自查情况，及时消除自查中发现的安全隐患。

第二十三条 人力资源服务机构因业务需要，确需向境外提供在中华人民共和国境内运营中收集和产生的个人信息和重要数据的，应当遵守有关法律、法规的规定。

第二十四条　人力资源服务机构应当建立和完善举报投诉处理机制，公布举报投诉方式，及时受理并处理有关举报投诉。

人力资源服务机构发现用人单位、与其合作的人力资源服务机构存在虚假招聘等违法活动的，应当保存有关记录，暂停或者终止提供有关服务，并向人力资源社会保障行政部门以及有关管理部门报告。

第二十五条　人力资源服务机构应当加强内部制度建设，健全财务管理制度，建立服务台账，如实记录服务对象、服务过程、服务结果等信息。服务台账应当保存2年以上。

以网络招聘服务平台方式从事网络招聘服务的人力资源服务机构应当记录、保存平台上发布的招聘信息、服务信息，并确保信息的完整性、保密性、可用性。招聘信息、服务信息应当自服务完成之日起保存3年以上。

第二十六条　经营性人力资源服务机构应当在服务场所明示营业执照、服务项目、收费标准、监督机关和监督电话等事项，并接受人力资源社会保障行政部门和市场监督管理、价格等主管部门的监督检查。

从事职业中介活动的，还应当在服务场所明示人力资源服务许可证。从事网络招聘服务的，应当依照《网络招聘服务管理规定》第十三条的规定公示相关信息。

第二十七条　经营性人力资源服务机构不得向个人收取明示服务项目以外的服务费用，不得以各种名目诱导、强迫个人参与贷款、入股、集资等活动。

经营性人力资源服务机构不得向个人收取押金，或者以担保等名义变相收取押金。

第二十八条　经营性人力资源服务机构接受用人单位委托，提供人力资源管理、开发、配置等人力资源服务外包的，不得有下列行为：

（一）以欺诈、胁迫、诱导劳动者注册为个体工商户等方式，改变用人单位与劳动者的劳动关系，帮助用人单位规避用工主体责任；

（二）以人力资源服务外包名义，实际上按劳务派遣，将劳动者派往其他单位工作；

（三）与用人单位串通侵害劳动者的合法权益。

第二十九条　经营性人力资源服务机构应当公平竞争，不得扰乱人力资源市场价格秩序，不得采取垄断、不正当竞争等手段开展服务活动。

第三十条　经营性人力资源服务机构提供公益性人力资源服务的，可以通过政府购买服务等方式给予支持。

第四章　监督管理

第三十一条　人力资源社会保障行政部门采取随机抽取检查对象、随机选派执法人员的方式和法律、法规规定的措施，对经营性人力资源服务机构实施监督检查。被检查单位应当配合监督检查，如实提供相关资料和信息，不得隐瞒、拒绝、阻碍。

人力资源社会保障行政部门应当将监督检查情况及时向社会公布。其中，行政处罚、监督检查结果可以通过国家企业信用信息公示系统或者其他途径向社会公示。

对按照告知承诺制方式取得人力资源服务许可证的，人力资源社会保障行政部门在实施监督检查时，应当重点对告知承诺事项真实性进行检查。

第三十二条　人力资源社会保障行政部门对经营性人力资源服务机构实施监督检查，按照"谁许可、谁监管，谁备案、谁监管"的原则，由作出行政许可决定或者办理备案的人力资源社会保障行政部门依法履行监督管理职责。

在作出行政许可决定、办理备案的人力资源社会保障行政部门管辖区域外，或者未经行政许可、未备案，违法从事人力资源服务活动的，由违法行为发生地人力资源社会保障行政部门管辖。多个地方人力资源社会保障行政部门对违法行为均具有管辖权的，由最先立案的人力资源社会保障行政部门管辖；发生管辖争议的，由共同的上一级人力资源社会保障行政部门指定管辖。

上级人力资源社会保障行政部门根据工作需要，可以调查处理下级人力资源社会保障行政部门管辖的案件；对重大复杂案件，可以直接指定管辖。

第三十三条　人力资源社会保障行政部门应当加强对经营性人力资源服务机构的事中事后监管，建立监管风险分析研判、市场主体警示退出等新型监管机制。

人力资源社会保障行政部门负责人力资源服务领域行政许可、备案的机构和劳动保障监察机构，应当健全监督管理协作机制。

人力资源社会保障行政部门应当加强与市场监督管理、公安等部门的信息共享和协同配合，健全跨部门综合监管机制。

第三十四条　人力资源社会保障行政部门应当依法督促经营性人力资源服务机构在规定期限内提交上一年度的经营情况年度报告，并在政府网站进行不少于30日的信息公示或者引导经营性人力资源服务机构在其服务场所公示年度报告的有关内容。

人力资源社会保障行政部门通过与市场监督管理等部门信息共享可以获取的信息，不得要求经营性人力资源服务机构重复提供。

第三十五条　人力资源社会保障行政部门应当加强人力资源市场诚信体系建设，制定经营性人力资源服务机构信用评价制度，建立健全诚信典型树立和失信行为曝光机制，依法依规实施守信激励和失信惩戒。

第三十六条　人力资源社会保障行政部门应当畅通对经营性人力资源服务机构的举报投诉渠道，依法及时处理有关举报投诉。

第三十七条　有下列情形之一的，人力资源社会保障行政部门可以依法撤销行政许可：

（一）工作人员滥用职权、玩忽职守作出准予许可决定的；

（二）超越法定职权作出准予许可决定的；

（三）违反法定程序作出准予许可决定的；

（四）对不具备申请资格或者不符合申请条件的当事人作出准予许可决定的；

（五）依法可以撤销行政许可的其他情形。

被许可人通过欺骗、贿赂等不正当手段取得行政许可的，应当予以撤销。

人力资源社会保障行政部门发现存在第一款、第二款规定情形的，应当及时开展调查核实，情况属实的，依法撤销行政许可。相关经营性人力资源服务机构及其人员无法联系或者拒不配合的，人力资源社会保障行政部门可以将人力资源服务许可证编号、行政许可时间等通过政府网站向社会公示，公示期为45日。公示期内没有提出异议的，人力资源社会保障行政部门可以作出撤销行政许可的决定。

第三十八条　有下列情形之一的，人力资源社会保障行政部门应当依法办理行政许可注销手续：

（一）经营性人力资源服务机构依法终止经营的；

（二）人力资源服务许可证被依法吊销或者行政许可依法被撤销的；

（三）因不可抗力导致行政许可事项无法实施的；

（四）法律、法规规定的应当注销行政许可的其他情形。

第五章　法律责任

第三十九条　违反本规定第五条第一款规定，未经许可擅自从事职业中介活动的，由人力资源社会保障行政部门依照《人力资源市场暂行条例》第四十二条第一款的规定处罚。

违反本规定第九条第一款规定，开展人力资源服务业务未备案，违反本规定第十二条、第十三条规定，设立分支机构、办理变更登记或者注销登记未书面报告的，由人力资源社会保障行政部门依照《人力资源市场暂行条例》第四十二条第二款的规定处罚。

第四十条　违反本规定第十五条第一款规定，发布的招聘信息不真实、不合法，违反本规定第二十一条的规定，未依法开展人力资源供求信息收集和发布的，由人力资源社会保障行政部门依照《人力资源市场暂行条例》第四十三条的规定处罚。

第四十一条　违反本规定第十七条第（一）（二）项规定，伪造、涂改、转让人力资源服务许可证，为无合法证照的用人单位提供职业中介服务的，由人力资源社会保障行政部门依照《中华人民共和国就业促进法》第六十五条的规定处罚。

违反本规定第十七条第（三）项规定，介绍未满16周岁的未成年人就业的，依照国家禁止使用童工的规定处罚。

违反本规定第十七条第（四）（五）项规定，为无合法身份证件的劳动者提供职业中介服务，介绍劳动者从事法律、法规禁止从事的职业的，由人力资源社会保障行政部门责令改正，没有违法所得的，可处以1万元以下的罚款；有违法所得的，可处以不超过违法所得3倍的罚款，最高不得超过3万元；情节严重的，提请市场监督管理部门吊销营业执照；对当事人造成损害的，应当承担赔偿责任。

违反本规定第十七条第（六）（七）（八）项规定，未依法开展人力资源服务业务，牟取不正当利益的，由人力资源社会保障行政部门依照《人力资源市场暂行条例》第四十三条的规定处罚。

违反本规定第十七条第（九）项规定，骗取社会保险基金支出、社会保险待遇的，由人力资源社会保障行政部门依照《中华人民共和国社会保险法》第八十七条、第八十八条的规定处罚。

第四十二条　违反本规定第二十条第一款规定，未依法举办现场招聘会活动，违反本规定第二十八条规定，未依法开展人力资源服务外包的，由人力资源社会保障行政部门依照《人力资源市场暂行条例》第四十三条的规定处罚。

第四十三条　违反本规定第二十二条、第二十三条规定，未依法处理个人信息的，由有关主管部门依照《中华人民共和国个人信息保护法》《中华人民共和国网络安全法》等法律、法规的规定处罚。

第四十四条　未依照本规定第二十五条第一款规定建立健全内部制度或者保存服务台账，未依照本规定第二十六条规定明示有关事项，未依照本规定第三十四条第一款规定提交经营情况年度报告的，由人力资源社会保障行政部门依照《人力资源市场暂行条例》第四十四条的规定处罚。

第四十五条　违反本规定第二十七条第一款规定，向个人收取明示服务项目以外的服务费用，或者以各种名目诱导、强迫个人参与贷款、入股、集资等活动的，由人力资源社会保障行政部门依照《人力资源市场暂行条例》第四十三条的规定处罚。违反本规定第二十七条第二款规定，向个人收取押金的，由人力资源社会保障行政部门依照《中华人民共和国就业促进法》第六十六条的规定处罚。

第四十六条　违反本规定第二十九条规定，扰乱人力资源市场价格秩序，采取垄断、不正当竞争等手段开展服务活动的，由有关主管部门依照《中华人民共和国反垄断法》《中华人民共和国反不正当竞争法》等法律、法规的规定处罚。

第四十七条　人力资源社会保障行政部门和有关主管部门及其工作人员有下列情形之一的，对直接负责的领导人员和其他直接责任人员依法给予处分：

（一）不依法作出行政许可决定的；

（二）在办理行政许可或者备案、实施监督检查中，索取或者收受他人财物，或者谋取其他利益的；

（三）不依法履行监督职责或者监督不力，造成严重后果的；

（四）其他滥用职权、玩忽职守、徇私舞弊的情形。

第四十八条　违反本规定，侵害劳动者合法权益，造成财产损失或者其他损害的，依法承担民事责任。

违反本规定，构成违反治安管理行为的，依法给予治安管理处罚；构成犯罪的，依法追究刑事责任。

第六章 附则

第四十九条 在实行相对集中行政许可权改革或者综合行政执法改革的地区，对经营性人力资源服务机构从事人力资源服务活动的行政许可、监督管理等职责，法律、行政法规和国务院决定等另有规定的，依照有关规定执行。

第五十条 公共就业和人才服务机构的设立和管理，依照《中华人民共和国就业促进法》《就业服务与就业管理规定》等规定执行。

第五十一条 本规定自2023年8月1日起施行。此前人力资源社会保障部发布的人力资源服务机构管理有关规定，凡与本规定不一致的，依照本规定执行。

二、人力资源市场暂行条例

第一章 总则

第一条 为了规范人力资源市场活动，促进人力资源合理流动和优化配置，促进就业创业，根据《中华人民共和国就业促进法》和有关法律，制定本条例。

第二条 在中华人民共和国境内通过人力资源市场求职、招聘和开展人力资源服务，适用本条例。

法律、行政法规和国务院规定对求职、招聘和开展人力资源服务另有规定的，从其规定。

第三条 通过人力资源市场求职、招聘和开展人力资源服务，应当遵循合法、公平、诚实信用的原则。

第四条 国务院人力资源社会保障行政部门负责全国人力资源市场的统筹规划和综合管理工作。

县级以上地方人民政府人力资源社会保障行政部门负责本行政区域人力资源市场的管理工作。

县级以上人民政府发展改革、教育、公安、财政、商务、税务、市场监督管理等有关部门在各自职责范围内做好人力资源市场的管理工作。

第五条 国家加强人力资源服务标准化建设，发挥人力资源服务标准在行业引导、服务规范、市场监管等方面的作用。

第六条 人力资源服务行业协会应当依照法律、法规、规章及其章程的规定，制定行业自律规范，推进行业诚信建设，提高服务质量，对会员的人力资源服务活动进行指导、监督，依法维护会员合法权益，反映会员诉求，促进行业公平竞争。

第二章 人力资源市场培育

第七条 国家建立统一开放、竞争有序的人力资源市场体系，发挥市场在人力资源配置中的决定性作用，健全人力资源开发机制，激发人力资源创新创造创业活力，促进人力资源市场繁荣发展。

第八条 国家建立政府宏观调控、市场公平竞争、单位自主用人、个人自主择业、人力资源服务机构诚信服务的人力资源流动配置机制，促进人力资源自由有序流动。

第九条 县级以上人民政府应当将人力资源市场建设纳入国民经济和社会发展规划，运用区域、产业、土地等政策，推进人力资源市场建设，发展专业性、行业性人力资源市场，鼓励并规范高端人力资源服务等业态发展，提高人力资源服务业发展水平。

国家鼓励社会力量参与人力资源市场建设。

第十条 县级以上人民政府建立覆盖城乡和各行业的人力资源市场供求信息系统，完善市场信息发布制度，为求职、招聘提供服务。

第十一条 国家引导和促进人力资源在机关、企业、事业单位、社会组织之间以及不同地区之间合理流动。任何地方和单位不得违反国家规定在户籍、地域、身份等方面设置限制人力资源流动的条件。

第十二条 人力资源社会保障行政部门应当加强人力资源市场监管，维护市场秩序，保障公平竞争。

第十三条 国家鼓励开展平等、互利的人力资源国际合作与交流，充分开发利用国际国内人力资源。

第三章 人力资源服务机构

第十四条 本条例所称人力资源服务机构，包括公共人力资源服务机构和经营性人力资源服务机构。

公共人力资源服务机构，是指县级以上人民政府设立的公共就业和人才服务机构。

经营性人力资源服务机构，是指依法设立的从事人力资源服务经营活动的机构。

第十五条 公共人力资源服务机构提供下列服务，不得收费：

（一）人力资源供求、市场工资指导价位、职业培训等信息发布；

（二）职业介绍、职业指导和创业开业指导；

（三）就业创业和人才政策法规咨询；

（四）对就业困难人员实施就业援助；

（五）办理就业登记、失业登记等事务；

（六）办理高等学校、中等职业学校、技工学校毕业生接收手续；

（七）流动人员人事档案管理；

（八）县级以上人民政府确定的其他服务。

第十六条 公共人力资源服务机构应当加强信息化建设，不断提高服务质量和效率。

公共人力资源服务经费纳入政府预算。人力资源社会保障行政部门应当依法加强公共人力资源服务经费管理。

第十七条　国家通过政府购买服务等方式支持经营性人力资源服务机构提供公益性人力资源服务。

第十八条　经营性人力资源服务机构从事职业中介活动的，应当依法向人力资源社会保障行政部门申请行政许可，取得人力资源服务许可证。

经营性人力资源服务机构开展人力资源供求信息的收集和发布、就业和创业指导、人力资源管理咨询、人力资源测评、人力资源培训、承接人力资源服务外包等人力资源服务业务的，应当自开展业务之日起15日内向人力资源社会保障行政部门备案。

经营性人力资源服务机构从事劳务派遣业务的，执行国家有关劳务派遣的规定。

第十九条　人力资源社会保障行政部门应当自收到经营性人力资源服务机构从事职业中介活动的申请之日起20日内依法作出行政许可决定。符合条件的，颁发人力资源服务许可证；不符合条件的，作出不予批准的书面决定并说明理由。

第二十条　经营性人力资源服务机构设立分支机构的，应当自工商登记办理完毕之日起15日内，书面报告分支机构所在地人力资源社会保障行政部门。

第二十一条　经营性人力资源服务机构变更名称、住所、法定代表人或者终止经营活动的，应当自工商变更登记或者注销登记办理完毕之日起15日内，书面报告人力资源社会保障行政部门。

第二十二条　人力资源社会保障行政部门应当及时向社会公布取得行政许可或者经过备案的经营性人力资源服务机构名单及其变更、延续等情况。

第四章　人力资源市场活动规范

第二十三条　个人求职，应当如实提供本人基本信息以及与应聘岗位相关的知识、技能、工作经历等情况。

第二十四条　用人单位发布或者向人力资源服务机构提供的单位基本情况、招聘人数、招聘条件、工作内容、工作地点、基本劳动报酬等招聘信息，应当真实、合法，不得含有民族、种族、性别、宗教信仰等方面的歧视性内容。

用人单位自主招用人员，需要建立劳动关系的，应当依法与劳动者订立劳动合同，并按照国家有关规定办理社会保险等相关手续。

第二十五条　人力资源流动，应当遵守法律、法规对服务期、从业限制、保密等方面的规定。

第二十六条　人力资源服务机构接受用人单位委托招聘人员，应当要求用人单位提供招聘简章、营业执照或者有关部门批准设立的文件、经办人的身份证件、用人单位的委托证明，并对所提供材料的真实性、合法性进行审查。

第二十七条　人力资源服务机构接受用人单位委托招聘人员或者开展其他人力

资源服务，不得采取欺诈、暴力、胁迫或者其他不正当手段，不得以招聘为名牟取不正当利益，不得介绍单位或者个人从事违法活动。

第二十八条　人力资源服务机构举办现场招聘会，应当制定组织实施办法、应急预案和安全保卫工作方案，核实参加招聘会的招聘单位及其招聘简章的真实性、合法性，提前将招聘会信息向社会公布，并对招聘中的各项活动进行管理。

举办大型现场招聘会，应当符合《大型群众性活动安全管理条例》等法律法规的规定。

第二十九条　人力资源服务机构发布人力资源供求信息，应当建立健全信息发布审查和投诉处理机制，确保发布的信息真实、合法、有效。

人力资源服务机构在业务活动中收集用人单位和个人信息的，不得泄露或者违法使用所知悉的商业秘密和个人信息。

第三十条　经营性人力资源服务机构接受用人单位委托提供人力资源服务外包的，不得改变用人单位与个人的劳动关系，不得与用人单位串通侵害个人的合法权益。

第三十一条　人力资源服务机构通过互联网提供人力资源服务的，应当遵守本条例和国家有关网络安全、互联网信息服务管理的规定。

第三十二条　经营性人力资源服务机构应当在服务场所明示下列事项，并接受人力资源社会保障行政部门和市场监督管理、价格等主管部门的监督检查：

（一）营业执照；

（二）服务项目；

（三）收费标准；

（四）监督机关和监督电话。

从事职业中介活动的，还应当在服务场所明示人力资源服务许可证。

第三十三条　人力资源服务机构应当加强内部制度建设，健全财务管理制度，建立服务台账，如实记录服务对象、服务过程、服务结果等信息。服务台账应当保存2年以上。

第五章　监督管理

第三十四条　人力资源社会保障行政部门对经营性人力资源服务机构实施监督检查，可以采取下列措施：

（一）进入被检查单位进行检查；

（二）询问有关人员，查阅服务台账等服务信息档案；

（三）要求被检查单位提供与检查事项相关的文件资料，并作出解释和说明；

（四）采取记录、录音、录像、照相或者复制等方式收集有关情况和资料；

（五）法律、法规规定的其他措施。

人力资源社会保障行政部门实施监督检查时，监督检查人员不得少于2人，应当出示执法证件,并对被检查单位的商业秘密予以保密。

对人力资源社会保障行政部门依法进行的监督检查,被检查单位应当配合,如实提供相关资料和信息,不得隐瞒、拒绝、阻碍。

第三十五条　人力资源社会保障行政部门采取随机抽取检查对象、随机选派执法人员的方式实施监督检查。

监督检查的情况应当及时向社会公布。其中,行政处罚、监督检查结果可以通过国家企业信用信息公示系统或者其他系统向社会公示。

第三十六条　经营性人力资源服务机构应当在规定期限内,向人力资源社会保障行政部门提交经营情况年度报告。人力资源社会保障行政部门可以依法公示或者引导经营性人力资源服务机构依法公示年度报告的有关内容。

人力资源社会保障行政部门应当加强与市场监督管理等部门的信息共享。通过信息共享可以获取的信息,不得要求经营性人力资源服务机构重复提供。

第三十七条　人力资源社会保障行政部门应当加强人力资源市场诚信建设,把用人单位、个人和经营性人力资源服务机构的信用数据和失信情况等纳入市场诚信建设体系,建立守信激励和失信惩戒机制,实施信用分类监管。

第三十八条　人力资源社会保障行政部门应当按照国家有关规定,对公共人力资源服务机构进行监督管理。

第三十九条　在人力资源服务机构中,根据中国共产党章程及有关规定,建立党的组织并开展活动,加强对流动党员的教育监督和管理服务。人力资源服务机构应当为中国共产党组织的活动提供必要条件。

第四十条　人力资源社会保障行政部门应当畅通对用人单位和人力资源服务机构的举报投诉渠道,依法及时处理有关举报投诉。

第四十一条　公安机关应当依法查处人力资源市场的违法犯罪行为,人力资源社会保障行政部门予以配合。

第六章　法律责任

第四十二条　违反本条例第十八条第一款规定,未经许可擅自从事职业中介活动的,由人力资源社会保障行政部门予以关闭或者责令停止从事职业中介活动;有违法所得的,没收违法所得,并处1万元以上5万元以下的罚款。

违反本条例第十八条第二款规定,开展人力资源服务业务未备案,违反本条例第二十条、第二十一条规定,设立分支机构、办理变更或者注销登记未书面报告的,由人力资源社会保障行政部门责令改正;拒不改正的,处5000元以上1万元以下的罚款。

第四十三条　违反本条例第二十四条、第二十七条、第二十八条、第二十九条、第三十条、第三十一条规定,发布的招聘信息不真实、不合法,未依法开展

人力资源服务业务的,由人力资源社会保障行政部门责令改正;有违法所得的,

没收违法所得；拒不改正的，处 1 万元以上 5 万元以下的罚款；情节严重的，吊销人力资源服务许可证；给个人造成损害的，依法承担民事责任。违反其他法律、行政法规的，由有关主管部门依法给予处罚。

第四十四条　未按照本条例第三十二条规定明示有关事项，未按照本条例第三十三条规定建立健全内部制度或者保存服务台账，未按照本条例第三十六条规定提交经营情况年度报告的，由人力资源社会保障行政部门责令改正；拒不改正的，处 5000 元以上 1 万元以下的罚款。违反其他法律、行政法规的，由有关主管部门依法给予处罚。

第四十五条　公共人力资源服务机构违反本条例规定的，由上级主管机关责令改正；拒不改正的，对直接负责的主管人员和其他直接责任人员依法给予处分。

第四十六条　人力资源社会保障行政部门和有关主管部门及其工作人员有下列情形之一的，对直接负责的领导人员和其他直接责任人员依法给予处分：

（一）不依法作出行政许可决定；

（二）在办理行政许可或者备案、实施监督检查中，索取或者收受他人财物，或者谋取其他利益；

（三）不依法履行监督职责或者监督不力，造成严重后果；

（四）其他滥用职权、玩忽职守、徇私舞弊的情形。

第四十七条　违反本条例规定，构成违反治安管理行为的，依法给予治安管理处罚；构成犯罪的，依法追究刑事责任。

第七章　附则

第四十八条　本条例自 2018 年 10 月 1 日起施行。

三、中华人民共和国市场主体登记管理条例

第一章　总则

第一条　为了规范市场主体登记管理行为，推进法治化市场建设，维护良好市场秩序和市场主体合法权益，优化营商环境，制定本条例。

第二条　本条例所称市场主体，是指在中华人民共和国境内以营利为目的从事经营活动的下列自然人、法人及非法人组织：

（一）公司、非公司企业法人及其分支机构；

（二）个人独资企业、合伙企业及其分支机构；

（三）农民专业合作社（联合社）及其分支机构；

（四）个体工商户；

（五）外国公司分支机构；

（六）法律、行政法规规定的其他市场主体。

第三条　市场主体应当依照本条例办理登记。未经登记，不得以市场主体名义从事经营活动。法律、行政法规规定无需办理登记的除外。

市场主体登记包括设立登记、变更登记和注销登记。

第四条　市场主体登记管理应当遵循依法合规、规范统一、公开透明、便捷高效的原则。

第五条　国务院市场监督管理部门主管全国市场主体登记管理工作。

县级以上地方人民政府市场监督管理部门主管本辖区市场主体登记管理工作，加强统筹指导和监督管理。

第六条　国务院市场监督管理部门应当加强信息化建设，制定统一的市场主体登记数据和系统建设规范。

县级以上地方人民政府承担市场主体登记工作的部门（以下称登记机关）应当优化市场主体登记办理流程，提高市场主体登记效率，推行当场办结、一次办结、限时办结等制度，实现集中办理、就近办理、网上办理、异地可办，提升市场主体登记便利化程度。

第七条　国务院市场监督管理部门和国务院有关部门应当推动市场主体登记信息与其他政府信息的共享和运用，提升政府服务效能。

第二章　登记事项

第八条　市场主体的一般登记事项包括：

（一）名称；

（二）主体类型；

（三）经营范围；

（四）住所或者主要经营场所；

（五）注册资本或者出资额；

（六）法定代表人、执行事务合伙人或者负责人姓名。

除前款规定外，还应当根据市场主体类型登记下列事项：

（一）有限责任公司股东、股份有限公司发起人、非公司企业法人出资人的姓名或者名称；

（二）个人独资企业的投资人姓名及居所；

（三）合伙企业的合伙人名称或者姓名、住所、承担责任方式；

（四）个体工商户的经营者姓名、住所、经营场所；

（五）法律、行政法规规定的其他事项。

第九条　市场主体的下列事项应当向登记机关办理备案：

（一）章程或者合伙协议；

（二）经营期限或者合伙期限；

（三）有限责任公司股东或者股份有限公司发起人认缴的出资数额，合伙企业合伙人认缴或者实际缴付的出资数额、缴付期限和出资方式；

（四）公司董事、监事、高级管理人员；

（五）农民专业合作社（联合社）成员；

（六）参加经营的个体工商户家庭成员姓名；

（七）市场主体登记联络员、外商投资企业法律文件送达接受人；

（八）公司、合伙企业等市场主体受益所有人相关信息；

（九）法律、行政法规规定的其他事项。

第十条 市场主体只能登记一个名称，经登记的市场主体名称受法律保护。

市场主体名称由申请人依法自主申报。

第十一条 市场主体只能登记一个住所或者主要经营场所。

电子商务平台内的自然人经营者可以根据国家有关规定，将电子商务平台提供的网络经营场所作为经营场所。

省、自治区、直辖市人民政府可以根据有关法律、行政法规的规定和本地区实际情况，自行或者授权下级人民政府对住所或者主要经营场所作出更加便利市场主体从事经营活动的具体规定。

第十二条 有下列情形之一的，不得担任公司、非公司企业法人的法定代表人：

（一）无民事行为能力或者限制民事行为能力；

（二）因贪污、贿赂、侵占财产、挪用财产或者破坏社会主义市场经济秩序被判处刑罚，执行期满未逾5年，或者因犯罪被剥夺政治权利，执行期满未逾5年；

（三）担任破产清算的公司、非公司企业法人的法定代表人、董事或者厂长、经理，对破产负有个人责任的，自破产清算完结之日起未逾3年；

（四）担任因违法被吊销营业执照、责令关闭的公司、非公司企业法人的法定代表人，并负有个人责任的，自被吊销营业执照之日起未逾3年；

（五）个人所负数额较大的债务到期未清偿；

（六）法律、行政法规规定的其他情形。

第十三条 除法律、行政法规或者国务院决定另有规定外，市场主体的注册资本或者出资额实行认缴登记制，以人民币表示。

出资方式应当符合法律、行政法规的规定。公司股东、非公司企业法人出资人、农民专业合作社（联合社）成员不得以劳务、信用、自然人姓名、商誉、特许经营权或者设定担保的财产等作价出资。

第十四条 市场主体的经营范围包括一般经营项目和许可经营项目。经营范围中属于在登记前依法须经批准的许可经营项目，市场主体应当在申请登记时提交有关批准文件。

市场主体应当按照登记机关公布的经营项目分类标准办理经营范围登记。

第三章　登记规范

第十五条　市场主体实行实名登记。申请人应当配合登记机关核验身份信息。

第十六条　申请办理市场主体登记，应当提交下列材料：

（一）申请书；

（二）申请人资格文件、自然人身份证明；

（三）住所或者主要经营场所相关文件；

（四）公司、非公司企业法人、农民专业合作社（联合社）章程或者合伙企业合伙协议；

（五）法律、行政法规和国务院市场监督管理部门规定提交的其他材料。

国务院市场监督管理部门应当根据市场主体类型分别制定登记材料清单和文书格式样本，通过政府网站、登记机关服务窗口等向社会公开。

登记机关能够通过政务信息共享平台获取的市场主体登记相关信息，不得要求申请人重复提供。

第十七条　申请人应当对提交材料的真实性、合法性和有效性负责。

第十八条　申请人可以委托其他自然人或者中介机构代其办理市场主体登记。受委托的自然人或者中介机构代为办理登记事宜应当遵守有关规定，不得提供虚假信息和材料。

第十九条　登记机关应当对申请材料进行形式审查。对申请材料齐全、符合法定形式的予以确认并当场登记。不能当场登记的，应当在 3 个工作日内予以登记；情形复杂的，经登记机关负责人批准，可以再延长 3 个工作日。

申请材料不齐全或者不符合法定形式的，登记机关应当一次性告知申请人需要补正的材料。

第二十条　登记申请不符合法律、行政法规规定，或者可能危害国家安全、社会公共利益的，登记机关不予登记并说明理由。

第二十一条　申请人申请市场主体设立登记，登记机关依法予以登记的，签发营业执照。营业执照签发日期为市场主体的成立日期。

法律、行政法规或者国务院决定规定设立市场主体须经批准的，应当在批准文件有效期内向登记机关申请登记。

第二十二条　营业执照分为正本和副本，具有同等法律效力。

电子营业执照与纸质营业执照具有同等法律效力。

营业执照样式、电子营业执照标准由国务院市场监督管理部门统一制定。

第二十三条　市场主体设立分支机构，应当向分支机构所在地的登记机关申请登记。

第二十四条　市场主体变更登记事项，应当自作出变更决议、决定或者法定变更事项发生之日起 30 日内向登记机关申请变更登记。

市场主体变更登记事项属于依法须经批准的，申请人应当在批准文件有效期内向登记机关申请变更登记。

第二十五条　公司、非公司企业法人的法定代表人在任职期间发生本条例第十二条所列情形之一的，应当向登记机关申请变更登记。

第二十六条　市场主体变更经营范围，属于依法须经批准的项目的，应当自批准之日起30日内申请变更登记。许可证或者批准文件被吊销、撤销或者有效期届满的，应当自许可证或者批准文件被吊销、撤销或者有效期届满之日起30日内向登记机关申请变更登记或者办理注销登记。

第二十七条　市场主体变更住所或者主要经营场所跨登记机关辖区的，应当在迁入新的住所或者主要经营场所前，向迁入地登记机关申请变更登记。迁出地登记机关无正当理由不得拒绝移交市场主体档案等相关材料。

第二十八条　市场主体变更登记涉及营业执照记载事项的，登记机关应当及时为市场主体换发营业执照。

第二十九条　市场主体变更本条例第九条规定的备案事项的，应当自作出变更决议、决定或者法定变更事项发生之日起30日内向登记机关办理备案。农民专业合作社（联合社）成员发生变更的，应当自本会计年度终了之日起90日内向登记机关办理备案。

第三十条　因自然灾害、事故灾难、公共卫生事件、社会安全事件等原因造成经营困难的，市场主体可以自主决定在一定时期内歇业。法律、行政法规另有规定的除外。

市场主体应当在歇业前与职工依法协商劳动关系处理等有关事项。

市场主体应当在歇业前向登记机关办理备案。登记机关通过国家企业信用信息公示系统向社会公示歇业期限、法律文书送达地址等信息。

市场主体歇业的期限最长不得超过3年。市场主体在歇业期间开展经营活动的，视为恢复营业，市场主体应当通过国家企业信用信息公示系统向社会公示。

市场主体歇业期间，可以以法律文书送达地址代替住所或者主要经营场所。

第三十一条　市场主体因解散、被宣告破产或者其他法定事由需要终止的，应当依法向登记机关申请注销登记。经登记机关注销登记，市场主体终止。

市场主体注销依法须经批准的，应当经批准后向登记机关申请注销登记。

第三十二条　市场主体注销登记前依法应当清算的，清算组应当自成立之日起10日内将清算组成员、清算组负责人名单通过国家企业信用信息公示系统公告。清算组可以通过国家企业信用信息公示系统发布债权人公告。

清算组应当自清算结束之日起30日内向登记机关申请注销登记。市场主体申请注销登记前，应当依法办理分支机构注销登记。

第三十三条　市场主体未发生债权债务或者已将债权债务清偿完结，未发生或者已结清清偿费用、职工工资、社会保险费用、法定补偿金、应缴纳税款（滞纳金、罚款），并由全体投资人书面承诺对上述情况的真实性承担法律责任的，可以按照简易程序办理注销登记。

市场主体应当将承诺书及注销登记申请通过国家企业信用信息公示系统公示，公示期为 20 日。在公示期内无相关部门、债权人及其他利害关系人提出异议的，市场主体可以于公示期届满之日起 20 日内向登记机关申请注销登记。

个体工商户按照简易程序办理注销登记的，无需公示，由登记机关将个体工商户的注销登记申请推送至税务等有关部门，有关部门在 10 日内没有提出异议的，可以直接办理注销登记。

市场主体注销依法须经批准的，或者市场主体被吊销营业执照、责令关闭、撤销，或者被列入经营异常名录的，不适用简易注销程序。

第三十四条 人民法院裁定强制清算或者裁定宣告破产的，有关清算组、破产管理人可以持人民法院终结强制清算程序的裁定或者终结破产程序的裁定，直接向登记机关申请办理注销登记。

第四章 监督管理

第三十五条 市场主体应当按照国家有关规定公示年度报告和登记相关信息。

第三十六条 市场主体应当将营业执照置于住所或者主要经营场所的醒目位置。从事电子商务经营的市场主体应当在其首页显著位置持续公示营业执照信息或者相关链接标识。

第三十七条 任何单位和个人不得伪造、涂改、出租、出借、转让营业执照。

营业执照遗失或者毁坏的，市场主体应当通过国家企业信用信息公示系统声明作废，申请补领。

登记机关依法作出变更登记、注销登记和撤销登记决定的，市场主体应当缴回营业执照。拒不缴回或者无法缴回营业执照的，由登记机关通过国家企业信用信息公示系统公告营业执照作废。

第三十八条 登记机关应当根据市场主体的信用风险状况实施分级分类监管。

登记机关应当采取随机抽取检查对象、随机选派执法检查人员的方式，对市场主体登记事项进行监督检查，并及时向社会公开监督检查结果。

第三十九条 登记机关对市场主体涉嫌违反本条例规定的行为进行查处，可以行使下列职权：

（一）进入市场主体的经营场所实施现场检查；

（二）查阅、复制、收集与市场主体经营活动有关的合同、票据、账簿以及其他资料；

（三）向与市场主体经营活动有关的单位和个人调查了解情况；

（四）依法责令市场主体停止相关经营活动；

（五）依法查询涉嫌违法的市场主体的银行账户；

（六）法律、行政法规规定的其他职权。

登记机关行使前款第四项、第五项规定的职权的，应当经登记机关主要负责人批准。

第四十条　提交虚假材料或者采取其他欺诈手段隐瞒重要事实取得市场主体登记的，受虚假市场主体登记影响的自然人、法人和其他组织可以向登记机关提出撤销市场主体登记的申请。

登记机关受理申请后，应当及时开展调查。经调查认定存在虚假市场主体登记情形的，登记机关应当撤销市场主体登记。相关市场主体和人员无法联系或者拒不配合的，登记机关可以将相关市场主体的登记时间、登记事项等通过国家企业信用信息公示系统向社会公示，公示期为45日。相关市场主体及其利害关系人在公示期内没有提出异议的，登记机关可以撤销市场主体登记。

因虚假市场主体登记被撤销的市场主体，其直接责任人自市场主体登记被撤销之日起3年内不得再次申请市场主体登记。登记机关应当通过国家企业信用信息公示系统予以公示。

第四十一条　有下列情形之一的，登记机关可以不予撤销市场主体登记：

（一）撤销市场主体登记可能对社会公共利益造成重大损害；

（二）撤销市场主体登记后无法恢复到登记前的状态；

（三）法律、行政法规规定的其他情形。

第四十二条　登记机关或者其上级机关认定撤销市场主体登记决定错误的，可以撤销该决定，恢复原登记状态，并通过国家企业信用信息公示系统公示。

第五章　法律责任

第四十三条　未经设立登记从事经营活动的，由登记机关责令改正，没收违法所得；拒不改正的，处1万元以上10万元以下的罚款；情节严重的，依法责令关闭停业，并处10万元以上50万元以下的罚款。

第四十四条　提交虚假材料或者采取其他欺诈手段隐瞒重要事实取得市场主体登记的，由登记机关责令改正，没收违法所得，并处5万元以上20万元以下的罚款；情节严重的，处20万元以上100万元以下的罚款，吊销营业执照。

第四十五条　实行注册资本实缴登记制的市场主体虚报注册资本取得市场主体登记的，由登记机关责令改正，处虚报注册资本金额5%以上15%以下的罚款；情节严重的，吊销营业执照。

实行注册资本实缴登记制的市场主体的发起人、股东虚假出资，未交付或者未按期交付作为出资的货币或者非货币财产的，或者在市场主体成立后抽逃出资的，由登记机关责令改正，处虚假出资金额5%以上15%以下的罚款。

第四十六条　市场主体未依照本条例办理变更登记的，由登记机关责令改正；拒不改正的，处1万元以上10万元以下的罚款；情节严重的，吊销营业执照。

第四十七条　市场主体未依照本条例办理备案的，由登记机关责令改正；拒不改正的，处 5 万元以下的罚款。

第四十八条　市场主体未依照本条例将营业执照置于住所或者主要经营场所醒目位置的，由登记机关责令改正；拒不改正的，处 3 万元以下的罚款。

从事电子商务经营的市场主体未在其首页显著位置持续公示营业执照信息或者相关链接标识的，由登记机关依照《中华人民共和国电子商务法》处罚。

市场主体伪造、涂改、出租、出借、转让营业执照的，由登记机关没收违法所得，处 10 万元以下的罚款；情节严重的，处 10 万元以上 50 万元以下的罚款，吊销营业执照。

第四十九条　违反本条例规定的，登记机关确定罚款金额时，应当综合考虑市场主体的类型、规模、违法情节等因素。

第五十条　登记机关及其工作人员违反本条例规定未履行职责或者履行职责不当的，对直接负责的主管人员和其他直接责任人员依法给予处分。

第五十一条　违反本条例规定，构成犯罪的，依法追究刑事责任。

第五十二条　法律、行政法规对市场主体登记管理违法行为处罚另有规定的，从其规定。

第六章　附则

第五十三条　国务院市场监督管理部门可以依照本条例制定市场主体登记和监督管理的具体办法。

第五十四条　无固定经营场所摊贩的管理办法，由省、自治区、直辖市人民政府根据当地实际情况另行规定。

第五十五条　本条例自 2022 年 3 月 1 日起施行。《中华人民共和国公司登记管理条例》《中华人民共和国企业法人登记管理条例》《中华人民共和国合伙企业登记管理办法》《农民专业合作社登记管理条例》《企业法人法定代表人登记管理规定》同时废止。

四、中华人民共和国公司法（2023 年修订）

第一章　总则

第一条　为了规范公司的组织和行为，保护公司、股东、职工和债权人的合法权益，完善中国特色现代企业制度，弘扬企业家精神，维护社会经济秩序，促进社会主义市场经济的发展，根据宪法，制定本法。

第二条　本法所称公司，是指依照本法在中华人民共和国境内设立的有限责任公司和股份有限公司。

第三条　公司是企业法人，有独立的法人财产，享有法人财产权。公司以其全部财产对公司的债务承担责任。

公司的合法权益受法律保护，不受侵犯。

第四条　有限责任公司的股东以其认缴的出资额为限对公司承担责任；股份有限公司的股东以其认购的股份为限对公司承担责任。

公司股东对公司依法享有资产收益、参与重大决策和选择管理者等权利。

第五条　设立公司应当依法制定公司章程。公司章程对公司、股东、董事、监事、高级管理人员具有约束力。

第六条　公司应当有自己的名称。公司名称应当符合国家有关规定。

公司的名称权受法律保护。

第七条　依照本法设立的有限责任公司，应当在公司名称中标明有限责任公司或者有限公司字样。

依照本法设立的股份有限公司，应当在公司名称中标明股份有限公司或者股份公司字样。

第八条　公司以其主要办事机构所在地为住所。

第九条　公司的经营范围由公司章程规定。公司可以修改公司章程，变更经营范围。

公司的经营范围中属于法律、行政法规规定须经批准的项目，应当依法经过批准。

第十条　公司的法定代表人按照公司章程的规定，由代表公司执行公司事务的董事或者经理担任。

担任法定代表人的董事或者经理辞任的，视为同时辞去法定代表人。

法定代表人辞任的，公司应当在法定代表人辞任之日起三十日内确定新的法定代表人。

第十一条　法定代表人以公司名义从事的民事活动，其法律后果由公司承受。

公司章程或者股东会对法定代表人职权的限制，不得对抗善意相对人。

法定代表人因执行职务造成他人损害的，由公司承担民事责任。公司承担民事责任后，依照法律或者公司章程的规定，可以向有过错的法定代表人追偿。

第十二条　有限责任公司变更为股份有限公司，应当符合本法规定的股份有限公司的条件。股份有限公司变更为有限责任公司，应当符合本法规定的有限责任公司的条件。

有限责任公司变更为股份有限公司的，或者股份有限公司变更为有限责任公司的，公司变更前的债权、债务由变更后的公司承继。

第十三条　公司可以设立子公司。子公司具有法人资格，依法独立承担民事责任。

公司可以设立分公司。分公司不具有法人资格，其民事责任由公司承担。

第十四条　公司可以向其他企业投资。

法律规定公司不得成为对所投资企业的债务承担连带责任的出资人的，从其规定。

第十五条　公司向其他企业投资或者为他人提供担保，按照公司章程的规定，由董事会或者股东会决议；公司章程对投资或者担保的总额及单项投资或者担保的数额有限额规定的，不得超过规定的限额。

公司为公司股东或者实际控制人提供担保的，应当经股东会决议。

前款规定的股东或者受前款规定的实际控制人支配的股东，不得参加前款规定事项的表决。该项表决由出席会议的其他股东所持表决权的过半数通过。

第十六条　公司应当保护职工的合法权益，依法与职工签订劳动合同，参加社会保险，加强劳动保护，实现安全生产。

公司应当采用多种形式，加强公司职工的职业教育和岗位培训，提高职工素质。

第十七条　公司职工依照《中华人民共和国工会法》组织工会，开展工会活动，维护职工合法权益。公司应当为本公司工会提供必要的活动条件。公司工会代表职工就职工的劳动报酬、工作时间、休息休假、劳动安全卫生和保险福利等事项依法与公司签订集体合同。

公司依照宪法和有关法律的规定，建立健全以职工代表大会为基本形式的民主管理制度，通过职工代表大会或者其他形式，实行民主管理。

公司研究决定改制、解散、申请破产以及经营方面的重大问题、制定重要的规章制度时，应当听取公司工会的意见，并通过职工代表大会或者其他形式听取职工的意见和建议。

第十八条　在公司中，根据中国共产党章程的规定，设立中国共产党的组织，开展党的活动。公司应当为党组织的活动提供必要条件。

第十九条　公司从事经营活动，应当遵守法律法规，遵守社会公德、商业道德，诚实守信，接受政府和社会公众的监督。

第二十条　公司从事经营活动，应当充分考虑公司职工、消费者等利益相关者的利益以及生态环境保护等社会公共利益，承担社会责任。

国家鼓励公司参与社会公益活动，公布社会责任报告。

第二十一条　公司股东应当遵守法律、行政法规和公司章程，依法行使股东权利，不得滥用股东权利损害公司或者其他股东的利益。

公司股东滥用股东权利给公司或者其他股东造成损失的，应当承担赔偿责任。

第二十二条　公司的控股股东、实际控制人、董事、监事、高级管理人员不得利用关联关系损害公司利益。

违反前款规定，给公司造成损失的，应当承担赔偿责任。

第二十三条　公司股东滥用公司法人独立地位和股东有限责任，逃避债务，严重损害公司债权人利益的，应当对公司债务承担连带责任。

股东利用其控制的两个以上公司实施前款规定行为的，各公司应当对任一公司的债务承担连带责任。

只有一个股东的公司，股东不能证明公司财产独立于股东自己的财产的，应当对公司债务承担连带责任。

第二十四条　公司股东会、董事会、监事会召开会议和表决可以采用电子通信方式，公司章程另有规定的除外。

第二十五条　公司股东会、董事会的决议内容违反法律、行政法规的无效。

第二十六条　公司股东会、董事会的会议召集程序、表决方式违反法律、行政法规或者公司章程，或者决议内容违反公司章程的，股东自决议作出之日起六十日内，可以请求人民法院撤销。但是，股东会、董事会的会议召集程序或者表决方式仅有轻微瑕疵，对决议未产生实质影响的除外。

未被通知参加股东会会议的股东自知道或者应当知道股东会决议作出之日起六十日内，可以请求人民法院撤销；自决议作出之日起一年内没有行使撤销权的，撤销权消灭。

第二十七条　有下列情形之一的，公司股东会、董事会的决议不成立：

（一）未召开股东会、董事会会议作出决议；

（二）股东会、董事会会议未对决议事项进行表决；

（三）出席会议的人数或者所持表决权数未达到本法或者公司章程规定的人数或者所持表决权数；

（四）同意决议事项的人数或者所持表决权数未达到本法或者公司章程规定的人数或者所持表决权数。

第二十八条　公司股东会、董事会决议被人民法院宣告无效、撤销或者确认不成立的，公司应当向公司登记机关申请撤销根据该决议已办理的登记。

股东会、董事会决议被人民法院宣告无效、撤销或者确认不成立的，公司根据该决议与善意相对人形成的民事法律关系不受影响。

第二章　公司登记

第二十九条　设立公司，应当依法向公司登记机关申请设立登记。

法律、行政法规规定设立公司必须报经批准的，应当在公司登记前依法办理批准手续。

第三十条　申请设立公司，应当提交设立登记申请书、公司章程等文件，提交的相关材料应当真实、合法和有效。

申请材料不齐全或者不符合法定形式的，公司登记机关应当一次性告知需要补正的材料。

第三十一条　申请设立公司，符合本法规定的设立条件的，由公司登记机关分别登记为有限责任公司或者股份有限公司；不符合本法规定的设立条件的，不得登记为有限责任公司或者股份有限公司。

第三十二条　公司登记事项包括：

（一）名称；

（二）住所；

（三）注册资本；

（四）经营范围；

（五）法定代表人的姓名；

（六）有限责任公司股东、股份有限公司发起人的姓名或者名称。

公司登记机关应当将前款规定的公司登记事项通过国家企业信用信息公示系统向社会公示。

第三十三条　依法设立的公司，由公司登记机关发给公司营业执照。公司营业执照签发日期为公司成立日期。

公司营业执照应当载明公司的名称、住所、注册资本、经营范围、法定代表人姓名等事项。

公司登记机关可以发给电子营业执照。电子营业执照与纸质营业执照具有同等法律效力。

第三十四条　公司登记事项发生变更的，应当依法办理变更登记。

公司登记事项未经登记或者未经变更登记，不得对抗善意相对人。

第三十五条　公司申请变更登记，应当向公司登记机关提交公司法定代表人签署的变更登记申请书、依法作出的变更决议或者决定等文件。

公司变更登记事项涉及修改公司章程的，应当提交修改后的公司章程。

公司变更法定代表人的，变更登记申请书由变更后的法定代表人签署。

第三十六条　公司营业执照记载的事项发生变更的，公司办理变更登记后，由公司登记机关换发营业执照。

第三十七条　公司因解散、被宣告破产或者其他法定事由需要终止的，应当依法向公司登记机关申请注销登记，由公司登记机关公告公司终止。

第三十八条　公司设立分公司，应当向公司登记机关申请登记，领取营业执照。

第三十九条　虚报注册资本、提交虚假材料或者采取其他欺诈手段隐瞒重要事实取得公司设立登记的，公司登记机关应当依照法律、行政法规的规定予以撤销。

第四十条　公司应当按照规定通过国家企业信用信息公示系统公示下列事项：

（一）有限责任公司股东认缴和实缴的出资额、出资方式和出资日期，股份有限公司发起人认购的股份数；

（二）有限责任公司股东、股份有限公司发起人的股权、股份变更信息；

（三）行政许可取得、变更、注销等信息；

（四）法律、行政法规规定的其他信息。

公司应当确保前款公示信息真实、准确、完整。

第四十一条　公司登记机关应当优化公司登记办理流程，提高公司登记效率，加强信息化建设，推行网上办理等便捷方式，提升公司登记便利化水平。

国务院市场监督管理部门根据本法和有关法律、行政法规的规定，制定公司登记注册的具体办法。

第三章　有限责任公司的设立和组织机构

第一节　设　立

第四十二条　有限责任公司由一个以上五十个以下股东出资设立。

第四十三条　有限责任公司设立时的股东可以签订设立协议，明确各自在公司设立过程中的权利和义务。

第四十四条　有限责任公司设立时的股东为设立公司从事的民事活动，其法律后果由公司承受。

公司未成立的，其法律后果由公司设立时的股东承受；设立时的股东为二人以上的，享有连带债权，承担连带债务。

设立时的股东为设立公司以自己的名义从事民事活动产生的民事责任，第三人有权选择请求公司或者公司设立时的股东承担。

设立时的股东因履行公司设立职责造成他人损害的，公司或者无过错的股东承担赔偿责任后，可以向有过错的股东追偿。

第四十五条　设立有限责任公司，应当由股东共同制定公司章程。

第四十六条　有限责任公司章程应当载明下列事项：

（一）公司名称和住所；

（二）公司经营范围；

（三）公司注册资本；

（四）股东的姓名或者名称；

（五）股东的出资额、出资方式和出资日期；

（六）公司的机构及其产生办法、职权、议事规则；

（七）公司法定代表人的产生、变更办法；

（八）股东会认为需要规定的其他事项。

股东应当在公司章程上签名或者盖章。

第四十七条　有限责任公司的注册资本为在公司登记机关登记的全体股东认缴的出资额。全体股东认缴的出资额由股东按照公司章程的规定自公司成立之日起五年内缴足。

法律、行政法规以及国务院决定对有限责任公司注册资本实缴、注册资本最低限额、股东出资期限另有规定的，从其规定。

第四十八条　股东可以用货币出资，也可以用实物、知识产权、土地使用权、股权、债权等可以用货币估价并可以依法转让的非货币财产作价出资；但是，法律、行政法规规定不得作为出资的财产除外。

对作为出资的非货币财产应当评估作价，核实财产，不得高估或者低估作价。法律、行政法规对评估作价有规定的，从其规定。

第四十九条　股东应当按期足额缴纳公司章程规定的各自所认缴的出资额。

股东以货币出资的，应当将货币出资足额存入有限责任公司在银行开设的账户；以非货币财产出资的，应当依法办理其财产权的转移手续。

股东未按期足额缴纳出资的，除应当向公司足额缴纳外，还应当对给公司造成的损失承担赔偿责任。

第五十条　有限责任公司设立时，股东未按照公司章程规定实际缴纳出资，或者实际出资的非货币财产的实际价额显著低于所认缴的出资额的，设立时的其他股东与该股东在出资不足的范围内承担连带责任。

第五十一条　有限责任公司成立后，董事会应当对股东的出资情况进行核查，发现股东未按期足额缴纳公司章程规定的出资的，应当由公司向该股东发出书面催缴书，催缴出资。

未及时履行前款规定的义务，给公司造成损失的，负有责任的董事应当承担赔偿责任。

第五十二条　股东未按照公司章程规定的出资日期缴纳出资，公司依照前条第一款规定发出书面催缴书催缴出资的，可以载明缴纳出资的宽限期；宽限期自公司发出催缴书之日起，不得少于六十日。宽限期届满，股东仍未履行出资义务的，公司经董事会决议可以向该股东发出失权通知，通知应当以书面形式发出。自通知发出之日起，该股东丧失其未缴纳出资的股权。

依照前款规定丧失的股权应当依法转让，或者相应减少注册资本并注销该股权；六个月内未转让或者注销的，由公司其他股东按照其出资比例足额缴纳相应出资。

股东对失权有异议的，应当自接到失权通知之日起三十日内，向人民法院提起诉讼。

第五十三条　公司成立后，股东不得抽逃出资。

违反前款规定的，股东应当返还抽逃的出资；给公司造成损失的，负有责任的董事、监事、高级管理人员应当与该股东承担连带赔偿责任。

第五十四条　公司不能清偿到期债务的，公司或者已到期债权的债权人有权要求已认缴出资但未届出资期限的股东提前缴纳出资。

第五十五条　有限责任公司成立后，应当向股东签发出资证明书，记载下列事项：

（一）公司名称；

（二）公司成立日期；

（三）公司注册资本；

（四）股东的姓名或者名称、认缴和实缴的出资额、出资方式和出资日期；

（五）出资证明书的编号和核发日期。

出资证明书由法定代表人签名，并由公司盖章。

第五十六条　有限责任公司应当置备股东名册，记载下列事项：

（一）股东的姓名或者名称及住所；

（二）股东认缴和实缴的出资额、出资方式和出资日期；

（三）出资证明书编号；

（四）取得和丧失股东资格的日期。

记载于股东名册的股东，可以依股东名册主张行使股东权利。

第五十七条　股东有权查阅、复制公司章程、股东名册、股东会会议记录、董事会会议决议、监事会会议决议和财务会计报告。

股东可以要求查阅公司会计账簿、会计凭证。股东要求查阅公司会计账簿、会计凭证的，应当向公司提出书面请求，说明目的。公司有合理根据认为股东查阅会计账簿、会计凭证有不正当目的，可能损害公司合法利益的，可以拒绝提供查阅，并应当自股东提出书面请求之日起十五日内书面答复股东并说明理由。公司拒绝提供查阅的，股东可以向人民法院提起诉讼。

股东查阅前款规定的材料，可以委托会计师事务所、律师事务所等中介机构进行。

股东及其委托的会计师事务所、律师事务所等中介机构查阅、复制有关材料，应当遵守有关保护国家秘密、商业秘密、个人隐私、个人信息等法律、行政法规的规定。

股东要求查阅、复制公司全资子公司相关材料的，适用前四款的规定。

第二节　组织机构

第五十八条　有限责任公司股东会由全体股东组成。股东会是公司的权力机构，依照本法行使职权。

第五十九条　股东会行使下列职权：

（一）选举和更换董事、监事，决定有关董事、监事的报酬事项；

（二）审议批准董事会的报告；

（三）审议批准监事会的报告；

（四）审议批准公司的利润分配方案和弥补亏损方案；

（五）对公司增加或者减少注册资本作出决议；

（六）对发行公司债券作出决议；

（七）对公司合并、分立、解散、清算或者变更公司形式作出决议；

（八）修改公司章程；

（九）公司章程规定的其他职权。

股东会可以授权董事会对发行公司债券作出决议。

对本条第一款所列事项股东以书面形式一致表示同意的，可以不召开股东会会议，直接作出决定，并由全体股东在决定文件上签名或者盖章。

第六十条　只有一个股东的有限责任公司不设股东会。股东作出前条第一款所列事项的决定时，应当采用书面形式，并由股东签名或者盖章后置备于公司。

第六十一条　首次股东会会议由出资最多的股东召集和主持，依照本法规定行使职权。

第六十二条　股东会会议分为定期会议和临时会议。

定期会议应当按照公司章程的规定按时召开。代表十分之一以上表决权的股东、三分之一以上的董事或者监事会提议召开临时会议的，应当召开临时会议。

第六十三条　股东会会议由董事会召集，董事长主持；董事长不能履行职务或者不履行职务的，由副董事长主持；副董事长不能履行职务或者不履行职务的，由过半数的董事共同推举一名董事主持。

董事会不能履行或者不履行召集股东会会议职责的，由监事会召集和主持；监事会不召集和主持的，代表十分之一以上表决权的股东可以自行召集和主持。

第六十四条　召开股东会会议，应当于会议召开十五日前通知全体股东；但是，公司章程另有规定或者全体股东另有约定的除外。

股东会应当对所议事项的决定作成会议记录，出席会议的股东应当在会议记录上签名或者盖章。

第六十五条　股东会会议由股东按照出资比例行使表决权；但是，公司章程另有规定的除外。

第六十六条　股东会的议事方式和表决程序，除本法有规定的外，由公司章程规定。

股东会作出决议，应当经代表过半数表决权的股东通过。

股东会作出修改公司章程、增加或者减少注册资本的决议，以及公司合并、分立、解散或者变更公司形式的决议，应当经代表三分之二以上表决权的股东通过。

第六十七条　有限责任公司设董事会，本法第七十五条另有规定的除外。

董事会行使下列职权：

（一）召集股东会会议，并向股东会报告工作；

（二）执行股东会的决议；

（三）决定公司的经营计划和投资方案；

（四）制订公司的利润分配方案和弥补亏损方案；

（五）制订公司增加或者减少注册资本以及发行公司债券的方案；

（六）制订公司合并、分立、解散或者变更公司形式的方案；

（七）决定公司内部管理机构的设置；

（八）决定聘任或者解聘公司经理及其报酬事项，并根据经理的提名决定聘任或者解聘公司副经理、财务负责人及其报酬事项；

（九）制定公司的基本管理制度；

（十）公司章程规定或者股东会授予的其他职权。

公司章程对董事会职权的限制不得对抗善意相对人。

第六十八条 有限责任公司董事会成员为三人以上，其成员中可以有公司职工代表。职工人数三百人以上的有限责任公司，除依法设监事会并有公司职工代表的外，其董事会成员中应当有公司职工代表。董事会中的职工代表由公司职工通过职工代表大会、职工大会或者其他形式民主选举产生。

董事会设董事长一人，可以设副董事长。董事长、副董事长的产生办法由公司章程规定。

第六十九条 有限责任公司可以按照公司章程的规定在董事会中设置由董事组成的审计委员会，行使本法规定的监事会的职权，不设监事会或者监事。公司董事会成员中的职工代表可以成为审计委员会成员。

第七十条 董事任期由公司章程规定，但每届任期不得超过三年。董事任期届满，连选可以连任。

董事任期届满未及时改选，或者董事在任期内辞任导致董事会成员低于法定人数的，在改选出的董事就任前，原董事仍应当依照法律、行政法规和公司章程的规定，履行董事职务。

董事辞任的，应当以书面形式通知公司，公司收到通知之日辞任生效，但存在前款规定情形的，董事应当继续履行职务。

第七十一条 股东会可以决议解任董事，决议作出之日解任生效。

无正当理由，在任期届满前解任董事的，该董事可以要求公司予以赔偿。

第七十二条 董事会会议由董事长召集和主持；董事长不能履行职务或者不履行职务的，由副董事长召集和主持；副董事长不能履行职务或者不履行职务的，由过半数的董事共同推举一名董事召集和主持。

第七十三条 董事会的议事方式和表决程序，除本法有规定的外，由公司章程规定。

董事会会议应当有过半数的董事出席方可举行。董事会作出决议，应当经全体董事的过半数通过。

董事会决议的表决，应当一人一票。

董事会应当对所议事项的决定作成会议记录，出席会议的董事应当在会议记录上签名。

第七十四条 有限责任公司可以设经理，由董事会决定聘任或者解聘。

经理对董事会负责，根据公司章程的规定或者董事会的授权行使职权。经理列席董事会会议。

第七十五条 规模较小或者股东人数较少的有限责任公司，可以不设董事会，设一名董事，行使本法规定的董事会的职权。该董事可以兼任公司经理。

第七十六条 有限责任公司设监事会，本法第六十九条、第八十三条另有规定的除外。

监事会成员为三人以上。监事会成员应当包括股东代表和适当比例的公司职工代表，其中职工代表的比例不得低于三分之一，具体比例由公司章程规定。监事会中的职工代表由公司职工通过职工代表大会、职工大会或者其他形式民主选举产生。

监事会设主席一人，由全体监事过半数选举产生。监事会主席召集和主持监事会会议；监事会主席不能履行职务或者不履行职务的，由过半数的监事共同推举一名监事召集和主持监事会会议。

董事、高级管理人员不得兼任监事。

第七十七条 监事的任期每届为三年。监事任期届满，连选可以连任。

监事任期届满未及时改选，或者监事在任期内辞任导致监事会成员低于法定人数的，在改选出的监事就任前，原监事仍应当依照法律、行政法规和公司章程的规定，履行监事职务。

第七十八条 监事会行使下列职权：

（一）检查公司财务；

（二）对董事、高级管理人员执行职务的行为进行监督，对违反法律、行政法规、公司章程或者股东会决议的董事、高级管理人员提出解任的建议；

（三）当董事、高级管理人员的行为损害公司的利益时，要求董事、高级管理人员予以纠正；

（四）提议召开临时股东会会议，在董事会不履行本法规定的召集和主持股东会会议职责时召集和主持股东会会议；

（五）向股东会会议提出提案；

（六）依照本法第一百八十九条的规定，对董事、高级管理人员提起诉讼；

（七）公司章程规定的其他职权。

第七十九条 监事可以列席董事会会议，并对董事会决议事项提出质询或者建议。

监事会发现公司经营情况异常，可以进行调查；必要时，可以聘请会计师事务所等协助其工作，费用由公司承担。

第八十条 监事会可以要求董事、高级管理人员提交执行职务的报告。

董事、高级管理人员应当如实向监事会提供有关情况和资料，不得妨碍监事会或者监事行使职权。

第八十一条 监事会每年度至少召开一次会议，监事可以提议召开临时监事会会议。

监事会的议事方式和表决程序，除本法有规定的外，由公司章程规定。

监事会决议应当经全体监事的过半数通过。

监事会决议的表决，应当一人一票。

监事会应当对所议事项的决定作成会议记录，出席会议的监事应当在会议记录上签名。

第八十二条　监事会行使职权所必需的费用，由公司承担。

第八十三条　规模较小或者股东人数较少的有限责任公司，可以不设监事会，设一名监事，行使本法规定的监事会的职权；经全体股东一致同意，也可以不设监事。

第四章　有限责任公司的股权转让

第八十四条　有限责任公司的股东之间可以相互转让其全部或者部分股权。

股东向股东以外的人转让股权的，应当将股权转让的数量、价格、支付方式和期限等事项书面通知其他股东，其他股东在同等条件下有优先购买权。股东自接到书面通知之日起三十日内未答复的，视为放弃优先购买权。两个以上股东行使优先购买权的，协商确定各自的购买比例；协商不成的，按照转让时各自的出资比例行使优先购买权。

公司章程对股权转让另有规定的，从其规定。

第八十五条　人民法院依照法律规定的强制执行程序转让股东的股权时，应当通知公司及全体股东，其他股东在同等条件下有优先购买权。其他股东自人民法院通知之日起满二十日不行使优先购买权的，视为放弃优先购买权。

第八十六条　股东转让股权的，应当书面通知公司，请求变更股东名册；需要办理变更登记的，并请求公司向公司登记机关办理变更登记。公司拒绝或者在合理期限内不予答复的，转让人、受让人可以依法向人民法院提起诉讼。

股权转让的，受让人自记载于股东名册时起可以向公司主张行使股东权利。

第八十七条　依照本法转让股权后，公司应当及时注销原股东的出资证明书，向新股东签发出资证明书，并相应修改公司章程和股东名册中有关股东及其出资额的记载。对公司章程的该项修改不需再由股东会表决。

第八十八条　股东转让已认缴出资但未届出资期限的股权的，由受让人承担缴纳该出资的义务；受让人未按期足额缴纳出资的，转让人对受让人未按期缴纳的出资承担补充责任。

未按照公司章程规定的出资日期缴纳出资或者作为出资的非货币财产的实际价额显著低于所认缴的出资额的股东转让股权的，转让人与受让人在出资不足的范围内承担连带责任；受让人不知道且不应当知道存在上述情形的，由转让人承担责任。

第八十九条　有下列情形之一的，对股东会该项决议投反对票的股东可以请求公司按照合理的价格收购其股权：

（一）公司连续五年不向股东分配利润，而公司该五年连续盈利，并且符合本法规定的分配利润条件；

（二）公司合并、分立、转让主要财产；

（三）公司章程规定的营业期限届满或者章程规定的其他解散事由出现，股东会通过决议修改章程使公司存续。

自股东会决议作出之日起六十日内,股东与公司不能达成股权收购协议的,股东可以自股东会决议作出之日起九十日内向人民法院提起诉讼。

公司的控股股东滥用股东权利,严重损害公司或者其他股东利益的,其他股东有权请求公司按照合理的价格收购其股权。

公司因本条第一款、第三款规定的情形收购的本公司股权,应当在六个月内依法转让或者注销。

第九十条　自然人股东死亡后,其合法继承人可以继承股东资格;但是,公司章程另有规定的除外。

第五章　股份有限公司的设立和组织机构

第一节　设立

第九十一条　设立股份有限公司,可以采取发起设立或者募集设立的方式。

发起设立,是指由发起人认购设立公司时应发行的全部股份而设立公司。

募集设立,是指由发起人认购设立公司时应发行股份的一部分,其余股份向特定对象募集或者向社会公开募集而设立公司。

第九十二条　设立股份有限公司,应当有一人以上二百人以下为发起人,其中应当有半数以上的发起人在中华人民共和国境内有住所。

第九十三条　股份有限公司发起人承担公司筹办事务。

发起人应当签订发起人协议,明确各自在公司设立过程中的权利和义务。

第九十四条　设立股份有限公司,应当由发起人共同制订公司章程。

第九十五条　股份有限公司章程应当载明下列事项:

(一)公司名称和住所;

(二)公司经营范围;

(三)公司设立方式;

(四)公司注册资本、已发行的股份数和设立时发行的股份数,面额股的每股金额;

(五)发行类别股的,每一类别股的股份数及其权利和义务;

(六)发起人的姓名或者名称、认购的股份数、出资方式;

(七)董事会的组成、职权和议事规则;

(八)公司法定代表人的产生、变更办法;

(九)监事会的组成、职权和议事规则;

(十)公司利润分配办法;

(十一)公司的解散事由与清算办法;

(十二)公司的通知和公告办法;

(十三)股东会认为需要规定的其他事项。

第九十六条　股份有限公司的注册资本为在公司登记机关登记的已发行股份的股本总额。在发起人认购的股份缴足前，不得向他人募集股份。

法律、行政法规以及国务院决定对股份有限公司注册资本最低限额另有规定的，从其规定。

第九十七条　以发起设立方式设立股份有限公司的，发起人应当认足公司章程规定的公司设立时应发行的股份。

以募集设立方式设立股份有限公司的，发起人认购的股份不得少于公司章程规定的公司设立时应发行股份总数的百分之三十五；但是，法律、行政法规另有规定的，从其规定。

第九十八条　发起人应当在公司成立前按照其认购的股份全额缴纳股款。

发起人的出资，适用本法第四十八条、第四十九条第二款关于有限责任公司股东出资的规定。

第九十九条　发起人不按照其认购的股份缴纳股款，或者作为出资的非货币财产的实际价额显著低于所认购的股份的，其他发起人与该发起人在出资不足的范围内承担连带责任。

第一百条　发起人向社会公开募集股份，应当公告招股说明书，并制作认股书。认股书应当载明本法第一百五十四条第二款、第三款所列事项，由认股人填写认购的股份数、金额、住所，并签名或者盖章。认股人应当按照所认购股份足额缴纳股款。

第一百零一条　向社会公开募集股份的股款缴足后，应当经依法设立的验资机构验资并出具证明。

第一百零二条　股份有限公司应当制作股东名册并置备于公司。股东名册应当记载下列事项：

（一）股东的姓名或者名称及住所；

（二）各股东所认购的股份种类及股份数；

（三）发行纸面形式的股票的，股票的编号；

（四）各股东取得股份的日期。

第一百零三条　募集设立股份有限公司的发起人应当自公司设立时应发行股份的股款缴足之日起三十日内召开公司成立大会。发起人应当在成立大会召开十五日前将会议日期通知各认股人或者予以公告。成立大会应当有持有表决权过半数的认股人出席，方可举行。

以发起设立方式设立股份有限公司成立大会的召开和表决程序由公司章程或者发起人协议规定。

第一百零四条　公司成立大会行使下列职权：

（一）审议发起人关于公司筹办情况的报告；

（二）通过公司章程；

（三）选举董事、监事；

（四）对公司的设立费用进行审核；

（五）对发起人非货币财产出资的作价进行审核；

（六）发生不可抗力或者经营条件发生重大变化直接影响公司设立的，可以作出不设立公司的决议。

成立大会对前款所列事项作出决议，应当经出席会议的认股人所持表决权过半数通过。

第一百零五条　公司设立时应发行的股份未募足，或者发行股份的股款缴足后，发起人在三十日内未召开成立大会的，认股人可以按照所缴股款并加算银行同期存款利息，要求发起人返还。

发起人、认股人缴纳股款或者交付非货币财产出资后，除未按期募足股份、发起人未按期召开成立大会或者成立大会决议不设立公司的情形外，不得抽回其股本。

第一百零六条　董事会应当授权代表，于公司成立大会结束后三十日内向公司登记机关申请设立登记。

第一百零七条　本法第四十四条、第四十九条第三款、第五十一条、第五十二条、第五十三条的规定，适用于股份有限公司。

第一百零八条　有限责任公司变更为股份有限公司时，折合的实收股本总额不得高于公司净资产额。有限责任公司变更为股份有限公司，为增加注册资本公开发行股份时，应当依法办理。

第一百零九条　股份有限公司应当将公司章程、股东名册、股东会会议记录、董事会会议记录、监事会会议记录、财务会计报告、债券持有人名册置备于本公司。

第一百一十条　股东有权查阅、复制公司章程、股东名册、股东会会议记录、董事会会议决议、监事会会议决议、财务会计报告，对公司的经营提出建议或者质询。

连续一百八十日以上单独或者合计持有公司百分之三以上股份的股东要求查阅公司的会计账簿、会计凭证的，适用本法第五十七条第二款、第三款、第四款的规定。公司章程对持股比例有较低规定的，从其规定。

股东要求查阅、复制公司全资子公司相关材料的，适用前两款的规定。

上市公司股东查阅、复制相关材料的，应当遵守《中华人民共和国证券法》等法律、行政法规的规定。

第二节　股东会

第一百一十一条　股份有限公司股东会由全体股东组成。股东会是公司的权力机构，依照本法行使职权。

第一百一十二条　本法第五十九条第一款、第二款关于有限责任公司股东会职权的规定，适用于股份有限公司股东会。

本法第六十条关于只有一个股东的有限责任公司不设股东会的规定，适用于只有一个股东的股份有限公司。

第一百一十三条　股东会应当每年召开一次年会。有下列情形之一的，应当在两个月内召开临时股东会会议：

（一）董事人数不足本法规定人数或者公司章程所定人数的三分之二时；

（二）公司未弥补的亏损达股本总额三分之一时；

（三）单独或者合计持有公司百分之十以上股份的股东请求时；

（四）董事会认为必要时；

（五）监事会提议召开时；

（六）公司章程规定的其他情形。

第一百一十四条　股东会会议由董事会召集，董事长主持；董事长不能履行职务或者不履行职务的，由副董事长主持；副董事长不能履行职务或者不履行职务的，由过半数的董事共同推举一名董事主持。

董事会不能履行或者不履行召集股东会会议职责的，监事会应当及时召集和主持；监事会不召集和主持的，连续九十日以上单独或者合计持有公司百分之十以上股份的股东可以自行召集和主持。

单独或者合计持有公司百分之十以上股份的股东请求召开临时股东会会议的，董事会、监事会应当在收到请求之日起十日内作出是否召开临时股东会会议的决定，并书面答复股东。

第一百一十五条　召开股东会会议，应当将会议召开的时间、地点和审议的事项于会议召开二十日前通知各股东；临时股东会会议应当于会议召开十五日前通知各股东。

单独或者合计持有公司百分之一以上股份的股东，可以在股东会会议召开十日前提出临时提案并书面提交董事会。临时提案应当有明确议题和具体决议事项。董事会应当在收到提案后二日内通知其他股东，并将该临时提案提交股东会审议；但临时提案违反法律、行政法规或者公司章程的规定，或者不属于股东会职权范围的除外。公司不得提高提出临时提案股东的持股比例。

公开发行股份的公司，应当以公告方式作出前两款规定的通知。

股东会不得对通知中未列明的事项作出决议。

第一百一十六条　股东出席股东会会议，所持每一股份有一表决权，类别股股东除外。公司持有的本公司股份没有表决权。

股东会作出决议，应当经出席会议的股东所持表决权过半数通过。

股东会作出修改公司章程、增加或者减少注册资本的决议，以及公司合并、分立、解散或者变更公司形式的决议，应当经出席会议的股东所持表决权的三分之二以上通过。

第一百一十七条　股东会选举董事、监事，可以按照公司章程的规定或者股东会的决议，实行累积投票制。

本法所称累积投票制，是指股东会选举董事或者监事时，每一股份拥有与应选董事或者监事人数相同的表决权，股东拥有的表决权可以集中使用。

第一百一十八条　股东委托代理人出席股东会会议的，应当明确代理人代理的事项、权限和期限；代理人应当向公司提交股东授权委托书，并在授权范围内行使表决权。

第一百一十九条　股东会应当对所议事项的决定作成会议记录，主持人、出席会议的董事应当在会议记录上签名。会议记录应当与出席股东的签名册及代理出席的委托书一并保存。

第三节　董事会、经理

第一百二十条　股份有限公司设董事会，本法第一百二十八条另有规定的除外。

本法第六十七条、第六十八条第一款、第七十条、第七十一条的规定，适用于股份有限公司。

第一百二十一条　股份有限公司可以按照公司章程的规定在董事会中设置由董事组成的审计委员会，行使本法规定的监事会的职权，不设监事会或者监事。

审计委员会成员为三名以上，过半数成员不得在公司担任除董事以外的其他职务，且不得与公司存在任何可能影响其独立客观判断的关系。公司董事会成员中的职工代表可以成为审计委员会成员。

审计委员会作出决议，应当经审计委员会成员的过半数通过。

审计委员会决议的表决，应当一人一票。

审计委员会的议事方式和表决程序，除本法有规定的外，由公司章程规定。

公司可以按照公司章程的规定在董事会中设置其他委员会。

第一百二十二条　董事会设董事长一人，可以设副董事长。董事长和副董事长由董事会以全体董事的过半数选举产生。

董事长召集和主持董事会会议，检查董事会决议的实施情况。副董事长协助董事长工作，董事长不能履行职务或者不履行职务的，由副董事长履行职务；副董事长不能履行职务或者不履行职务的，由过半数的董事共同推举一名董事履行职务。

第一百二十三条　董事会每年度至少召开两次会议，每次会议应当于会议召开十日前通知全体董事和监事。

代表十分之一以上表决权的股东、三分之一以上董事或者监事会，可以提议召开临时董事会会议。董事长应当自接到提议后十日内，召集和主持董事会会议。

董事会召开临时会议，可以另定召集董事会的通知方式和通知时限。

第一百二十四条　董事会会议应当有过半数的董事出席方可举行。董事会作出决议，应当经全体董事的过半数通过。

董事会决议的表决，应当一人一票。

董事会应当对所议事项的决定作成会议记录，出席会议的董事应当在会议记录上签名。

第一百二十五条　董事会会议，应当由董事本人出席；董事因故不能出席，可以书面委托其他董事代为出席，委托书应当载明授权范围。

董事应当对董事会的决议承担责任。董事会的决议违反法律、行政法规或者公司章程、股东会决议，给公司造成严重损失的，参与决议的董事对公司负赔偿责任；经证明在表决时曾表明异议并记载于会议记录的，该董事可以免除责任。

第一百二十六条　股份有限公司设经理，由董事会决定聘任或者解聘。

经理对董事会负责，根据公司章程的规定或者董事会的授权行使职权。经理列席董事会会议。

第一百二十七条　公司董事会可以决定由董事会成员兼任经理。

第一百二十八条　规模较小或者股东人数较少的股份有限公司，可以不设董事会，设一名董事，行使本法规定的董事会的职权。该董事可以兼任公司经理。

第一百二十九条　公司应当定期向股东披露董事、监事、高级管理人员从公司获得报酬的情况。

第四节　监事会

第一百三十条　股份有限公司设监事会，本法第一百二十一条第一款、第一百三十三条另有规定的除外。

监事会成员为三人以上。监事会成员应当包括股东代表和适当比例的公司职工代表，其中职工代表的比例不得低于三分之一，具体比例由公司章程规定。监事会中的职工代表由公司职工通过职工代表大会、职工大会或者其他形式民主选举产生。

监事会设主席一人，可以设副主席。监事会主席和副主席由全体监事过半数选举产生。监事会主席召集和主持监事会会议；监事会主席不能履行职务或者不履行职务的，由监事会副主席召集和主持监事会会议；监事会副主席不能履行职务或者不履行职务的，由过半数的监事共同推举一名监事召集和主持监事会会议。

董事、高级管理人员不得兼任监事。

本法第七十七条关于有限责任公司监事任期的规定，适用于股份有限公司监事。

第一百三十一条　本法第七十八条至第八十条的规定，适用于股份有限公司监事会。

监事会行使职权所必需的费用，由公司承担。

第一百三十二条　监事会每六个月至少召开一次会议。监事可以提议召开临时监事会会议。

监事会的议事方式和表决程序，除本法有规定的外，由公司章程规定。

监事会决议应当经全体监事的过半数通过。

监事会决议的表决，应当一人一票。

监事会应当对所议事项的决定作成会议记录，出席会议的监事应当在会议记录上签名。

第一百三十三条　规模较小或者股东人数较少的股份有限公司，可以不设监事会，设一名监事，行使本法规定的监事会的职权。

第五节 上市公司组织机构的特别规定

第一百三十四条 本法所称上市公司，是指其股票在证券交易所上市交易的股份有限公司。

第一百三十五条 上市公司在一年内购买、出售重大资产或者向他人提供担保的金额超过公司资产总额百分之三十的，应当由股东会作出决议，并经出席会议的股东所持表决权的三分之二以上通过。

第一百三十六条 上市公司设独立董事，具体管理办法由国务院证券监督管理机构规定。

上市公司的公司章程除载明本法第九十五条规定的事项外，还应当依照法律、行政法规的规定载明董事会专门委员会的组成、职权以及董事、监事、高级管理人员薪酬考核机制等事项。

第一百三十七条 上市公司在董事会中设置审计委员会的，董事会对下列事项作出决议前应当经审计委员会全体成员过半数通过：

（一）聘用、解聘承办公司审计业务的会计师事务所；
（二）聘任、解聘财务负责人；
（三）披露财务会计报告；
（四）国务院证券监督管理机构规定的其他事项。

第一百三十八条 上市公司设董事会秘书，负责公司股东会和董事会会议的筹备、文件保管以及公司股东资料的管理，办理信息披露事务等事宜。

第一百三十九条 上市公司董事与董事会会议决议事项所涉及的企业或者个人有关联关系的，该董事应当及时向董事会书面报告。有关联关系的董事不得对该项决议行使表决权，也不得代理其他董事行使表决权。该董事会会议由过半数的无关联关系董事出席即可举行，董事会会议所作决议须经无关联关系董事过半数通过。出席董事会会议的无关联关系董事人数不足三人的，应当将该事项提交上市公司股东会审议。

第一百四十条 上市公司应当依法披露股东、实际控制人的信息，相关信息应当真实、准确、完整。

禁止违反法律、行政法规的规定代持上市公司股票。

第一百四十一条 上市公司控股子公司不得取得该上市公司的股份。

上市公司控股子公司因公司合并、质权行使等原因持有上市公司股份的，不得行使所持股份对应的表决权，并应当及时处分相关上市公司股份。

第六章 股份有限公司的股份发行和转让

第一节 股份发行

第一百四十二条 公司的资本划分为股份。公司的全部股份，根据公司章程的规定择一采用面额股或者无面额股。采用面额股的，每一股的金额相等。

公司可以根据公司章程的规定将已发行的面额股全部转换为无面额股或者将无面额股全部转换为面额股。

采用无面额股的，应当将发行股份所得股款的二分之一以上计入注册资本。

第一百四十三条 股份的发行，实行公平、公正的原则，同类别的每一股份应当具有同等权利。

同次发行的同类别股份，每股的发行条件和价格应当相同；认购人所认购的股份，每股应当支付相同价额。

第一百四十四条 公司可以按照公司章程的规定发行下列与普通股权利不同的类别股：

（一）优先或者劣后分配利润或者剩余财产的股份；

（二）每一股的表决权数多于或者少于普通股的股份；

（三）转让须经公司同意等转让受限的股份；

（四）国务院规定的其他类别股。

公开发行股份的公司不得发行前款第二项、第三项规定的类别股；公开发行前已发行的除外。

公司发行本条第一款第二项规定的类别股的，对于监事或者审计委员会成员的选举和更换，类别股与普通股每一股的表决权数相同。

第一百四十五条 发行类别股的公司，应当在公司章程中载明以下事项：

（一）类别股分配利润或者剩余财产的顺序；

（二）类别股的表决权数；

（三）类别股的转让限制；

（四）保护中小股东权益的措施；

（五）股东会认为需要规定的其他事项。

第一百四十六条 发行类别股的公司，有本法第一百一十六条第三款规定的事项等可能影响类别股股东权利的，除应当依照第一百一十六条第三款的规定经股东会决议外，还应当经出席类别股股东会议的股东所持表决权的三分之二以上通过。

公司章程可以对需经类别股股东会议决议的其他事项作出规定。

第一百四十七条 公司的股份采取股票的形式。股票是公司签发的证明股东所持股份的凭证。

公司发行的股票，应当为记名股票。

第一百四十八条 面额股股票的发行价格可以按票面金额，也可以超过票面金额，但不得低于票面金额。

第一百四十九条 股票采用纸面形式或者国务院证券监督管理机构规定的其他形式。

股票采用纸面形式的，应当载明下列主要事项：

（一）公司名称；

（二）公司成立日期或者股票发行的时间；
（三）股票种类、票面金额及代表的股份数，发行无面额股的，股票代表的股份数。

股票采用纸面形式的，还应当载明股票的编号，由法定代表人签名，公司盖章。发起人股票采用纸面形式的，应当标明发起人股票字样。

第一百五十条　股份有限公司成立后，即向股东正式交付股票。公司成立前不得向股东交付股票。

第一百五十一条　公司发行新股，股东会应当对下列事项作出决议：
（一）新股种类及数额；
（二）新股发行价格；
（三）新股发行的起止日期；
（四）向原有股东发行新股的种类及数额；
（五）发行无面额股的，新股发行所得股款计入注册资本的金额。

公司发行新股，可以根据公司经营情况和财务状况，确定其作价方案。

第一百五十二条　公司章程或者股东会可以授权董事会在三年内决定发行不超过已发行股份百分之五十的股份。但以非货币财产作价出资的应当经股东会决议。

董事会依照前款规定决定发行股份导致公司注册资本、已发行股份数发生变化的，对公司章程该项记载事项的修改不需再由股东会表决。

第一百五十三条　公司章程或者股东会授权董事会决定发行新股的，董事会决议应当经全体董事三分之二以上通过。

第一百五十四条　公司向社会公开募集股份，应当经国务院证券监督管理机构注册，公告招股说明书。

招股说明书应当附有公司章程，并载明下列事项：
（一）发行的股份总数；
（二）面额股的票面金额和发行价格或者无面额股的发行价格；
（三）募集资金的用途；
（四）认股人的权利和义务；
（五）股份种类及其权利和义务；
（六）本次募股的起止日期及逾期未募足时认股人可以撤回所认股份的说明。

公司设立时发行股份的，还应当载明发起人认购的股份数。

第一百五十五条　公司向社会公开募集股份，应当由依法设立的证券公司承销，签订承销协议。

第一百五十六条　公司向社会公开募集股份，应当同银行签订代收股款协议。

代收股款的银行应当按照协议代收和保存股款，向缴纳股款的认股人出具收款单据，并负有向有关部门出具收款证明的义务。

公司发行股份募足股款后，应予公告。

第二节 股份转让

第一百五十七条 股份有限公司的股东持有的股份可以向其他股东转让，也可以向股东以外的人转让；公司章程对股份转让有限制的，其转让按照公司章程的规定进行。

第一百五十八条 股东转让其股份，应当在依法设立的证券交易场所进行或者按照国务院规定的其他方式进行。

第一百五十九条 股票的转让，由股东以背书方式或者法律、行政法规规定的其他方式进行；转让后由公司将受让人的姓名或者名称及住所记载于股东名册。

股东会会议召开前二十日内或者公司决定分配股利的基准日前五日内，不得变更股东名册。法律、行政法规或者国务院证券监督管理机构对上市公司股东名册变更另有规定的，从其规定。

第一百六十条 公司公开发行股份前已发行的股份，自公司股票在证券交易所上市交易之日起一年内不得转让。法律、行政法规或者国务院证券监督管理机构对上市公司的股东、实际控制人转让其所持有的本公司股份另有规定的，从其规定。

公司董事、监事、高级管理人员应当向公司申报所持有的本公司的股份及其变动情况，在就任时确定的任职期间每年转让的股份不得超过其所持有本公司股份总数的百分之二十五；所持本公司股份自公司股票上市交易之日起一年内不得转让。上述人员离职后半年内，不得转让其所持有的本公司股份。公司章程可以对公司董事、监事、高级管理人员转让其所持有的本公司股份作出其他限制性规定。

股份在法律、行政法规规定的限制转让期限内出质的，质权人不得在限制转让期限内行使质权。

第一百六十一条 有下列情形之一的，对股东会该项决议投反对票的股东可以请求公司按照合理的价格收购其股份，公开发行股份的公司除外：

（一）公司连续五年不向股东分配利润，而公司该五年连续盈利，并且符合本法规定的分配利润条件；

（二）公司转让主要财产；

（三）公司章程规定的营业期限届满或者章程规定的其他解散事由出现，股东会通过决议修改章程使公司存续。

自股东会决议作出之日起六十日内，股东与公司不能达成股份收购协议的，股东可以自股东会决议作出之日起九十日内向人民法院提起诉讼。

公司因本条第一款规定的情形收购的本公司股份，应当在六个月内依法转让或者注销。

第一百六十二条 公司不得收购本公司股份。但是，有下列情形之一的除外：

（一）减少公司注册资本；

（二）与持有本公司股份的其他公司合并；

（三）将股份用于员工持股计划或者股权激励；

（四）股东因对股东会作出的公司合并、分立决议持异议，要求公司收购其股份；

（五）将股份用于转换公司发行的可转换为股票的公司债券；

（六）上市公司为维护公司价值及股东权益所必需。

公司因前款第一项、第二项规定的情形收购本公司股份的，应当经股东会决议；公司因前款第三项、第五项、第六项规定的情形收购本公司股份的，可以按照公司章程或者股东会的授权，经三分之二以上董事出席的董事会会议决议。

公司依照本条第一款规定收购本公司股份后，属于第一项情形的，应当自收购之日起十日内注销；属于第二项、第四项情形的，应当在六个月内转让或者注销；属于第三项、第五项、第六项情形的，公司合计持有的本公司股份数不得超过本公司已发行股份总数的百分之十，并应当在三年内转让或者注销。

上市公司收购本公司股份的，应当依照《中华人民共和国证券法》的规定履行信息披露义务。上市公司因本条第一款第三项、第五项、第六项规定的情形收购本公司股份的，应当通过公开的集中交易方式进行。

公司不得接受本公司的股份作为质权的标的。

第一百六十三条　公司不得为他人取得本公司或者其母公司的股份提供赠与、借款、担保以及其他财务资助，公司实施员工持股计划的除外。

为公司利益，经股东会决议，或者董事会按照公司章程或者股东会的授权作出决议，公司可以为他人取得本公司或者其母公司的股份提供财务资助，但财务资助的累计总额不得超过已发行股本总额的百分之十。董事会作出决议应当经全体董事的三分之二以上通过。

违反前两款规定，给公司造成损失的，负有责任的董事、监事、高级管理人员应当承担赔偿责任。

第一百六十四条　股票被盗、遗失或者灭失，股东可以依照《中华人民共和国民事诉讼法》规定的公示催告程序，请求人民法院宣告该股票失效。人民法院宣告该股票失效后，股东可以向公司申请补发股票。

第一百六十五条　上市公司的股票，依照有关法律、行政法规及证券交易所交易规则上市交易。

第一百六十六条　上市公司应当依照法律、行政法规的规定披露相关信息。

第一百六十七条　自然人股东死亡后，其合法继承人可以继承股东资格；但是，股份转让受限的股份有限公司的章程另有规定的除外。

第七章　国家出资公司组织机构的特别规定

第一百六十八条　国家出资公司的组织机构，适用本章规定；本章没有规定的，适用本法其他规定。

本法所称国家出资公司，是指国家出资的国有独资公司、国有资本控股公司，包括国家出资的有限责任公司、股份有限公司。

第一百六十九条　国家出资公司，由国务院或者地方人民政府分别代表国家依法履行出资人职责，享有出资人权益。国务院或者地方人民政府可以授权国有资产监督管理机构或者其他部门、机构代表本级人民政府对国家出资公司履行出资人职责。

代表本级人民政府履行出资人职责的机构、部门，以下统称为履行出资人职责的机构。

第一百七十条　国家出资公司中中国共产党的组织，按照中国共产党章程的规定发挥领导作用，研究讨论公司重大经营管理事项，支持公司的组织机构依法行使职权。

第一百七十一条　国有独资公司章程由履行出资人职责的机构制定。

第一百七十二条　国有独资公司不设股东会，由履行出资人职责的机构行使股东会职权。履行出资人职责的机构可以授权公司董事会行使股东会的部分职权，但公司章程的制定和修改，公司的合并、分立、解散、申请破产，增加或者减少注册资本，分配利润，应当由履行出资人职责的机构决定。

第一百七十三条　国有独资公司的董事会依照本法规定行使职权。

国有独资公司的董事会成员中，应当过半数为外部董事，并应当有公司职工代表。

董事会成员由履行出资人职责的机构委派；但是，董事会成员中的职工代表由公司职工代表大会选举产生。

董事会设董事长一人，可以设副董事长。董事长、副董事长由履行出资人职责的机构从董事会成员中指定。

第一百七十四条　国有独资公司的经理由董事会聘任或者解聘。

经履行出资人职责的机构同意，董事会成员可以兼任经理。

第一百七十五条　国有独资公司的董事、高级管理人员，未经履行出资人职责的机构同意，不得在其他有限责任公司、股份有限公司或者其他经济组织兼职。

第一百七十六条　国有独资公司在董事会中设置由董事组成的审计委员会行使本法规定的监事会职权的，不设监事会或者监事。

第一百七十七条　国家出资公司应当依法建立健全内部监督管理和风险控制制度，加强内部合规管理。

第八章　公司董事、监事、高级管理人员的资格和义务

第一百七十八条　有下列情形之一的，不得担任公司的董事、监事、高级管理人员：

（一）无民事行为能力或者限制民事行为能力；

（二）因贪污、贿赂、侵占财产、挪用财产或者破坏社会主义市场经济秩序，

被判处刑罚，或者因犯罪被剥夺政治权利，执行期满未逾五年，被宣告缓刑的，自缓刑考验期满之日起未逾二年；

（三）担任破产清算的公司、企业的董事或者厂长、经理，对该公司、企业的破产负有个人责任的，自该公司、企业破产清算完结之日起未逾三年；

（四）担任因违法被吊销营业执照、责令关闭的公司、企业的法定代表人，并负有个人责任的，自该公司、企业被吊销营业执照、责令关闭之日起未逾三年；

（五）个人因所负数额较大债务到期未清偿被人民法院列为失信被执行人。

违反前款规定选举、委派董事、监事或者聘任高级管理人员的，该选举、委派或者聘任无效。

董事、监事、高级管理人员在任职期间出现本条第一款所列情形的，公司应当解除其职务。

第一百七十九条　董事、监事、高级管理人员应当遵守法律、行政法规和公司章程。

第一百八十条　董事、监事、高级管理人员对公司负有忠实义务，应当采取措施避免自身利益与公司利益冲突，不得利用职权牟取不正当利益。

董事、监事、高级管理人员对公司负有勤勉义务，执行职务应当为公司的最大利益尽到管理者通常应有的合理注意。

公司的控股股东、实际控制人不担任公司董事但实际执行公司事务的，适用前两款规定。

第一百八十一条　董事、监事、高级管理人员不得有下列行为：

（一）侵占公司财产、挪用公司资金；

（二）将公司资金以其个人名义或者以其他个人名义开立账户存储；

（三）利用职权贿赂或者收受其他非法收入；

（四）接受他人与公司交易的佣金归为己有；

（五）擅自披露公司秘密；

（六）违反对公司忠实义务的其他行为。

第一百八十二条　董事、监事、高级管理人员，直接或者间接与本公司订立合同或者进行交易，应当就与订立合同或者进行交易有关的事项向董事会或者股东会报告，并按照公司章程的规定经董事会或者股东会决议通过。

董事、监事、高级管理人员的近亲属，董事、监事、高级管理人员或者其近亲属直接或者间接控制的企业，以及与董事、监事、高级管理人员有其他关联关系的关联人，与公司订立合同或者进行交易，适用前款规定。

第一百八十三条　董事、监事、高级管理人员，不得利用职务便利为自己或者他人谋取属于公司的商业机会。但是，有下列情形之一的除外：

（一）向董事会或者股东会报告，并按照公司章程的规定经董事会或者股东会决议通过；

（二）根据法律、行政法规或者公司章程的规定，公司不能利用该商业机会。

第一百八十四条　董事、监事、高级管理人员未向董事会或者股东会报告，并按照公司章程的规定经董事会或者股东会决议通过，不得自营或者为他人经营与其任职公司同类的业务。

第一百八十五条　董事会对本法第一百八十二条至第一百八十四条规定的事项决议时，关联董事不得参与表决，其表决权不计入表决权总数。出席董事会会议的无关联关系董事人数不足三人的，应当将该事项提交股东会审议。

第一百八十六条　董事、监事、高级管理人员违反本法第一百八十一条至第一百八十四条规定所得的收入应当归公司所有。

第一百八十七条　股东会要求董事、监事、高级管理人员列席会议的，董事、监事、高级管理人员应当列席并接受股东的质询。

第一百八十八条　董事、监事、高级管理人员执行职务违反法律、行政法规或者公司章程的规定，给公司造成损失的，应当承担赔偿责任。

第一百八十九条　董事、高级管理人员有前条规定的情形的，有限责任公司的股东、股份有限公司连续一百八十日以上单独或者合计持有公司百分之一以上股份的股东，可以书面请求监事会向人民法院提起诉讼；监事有前条规定的情形的，前述股东可以书面请求董事会向人民法院提起诉讼。

监事会或者董事会收到前款规定的股东书面请求后拒绝提起诉讼，或者自收到请求之日起三十日内未提起诉讼，或者情况紧急、不立即提起诉讼将会使公司利益受到难以弥补的损害的，前款规定的股东有权为公司利益以自己的名义直接向人民法院提起诉讼。

他人侵犯公司合法权益，给公司造成损失的，本条第一款规定的股东可以依照前两款的规定向人民法院提起诉讼。

公司全资子公司的董事、监事、高级管理人员有前条规定情形，或者他人侵犯公司全资子公司合法权益造成损失的，有限责任公司的股东、股份有限公司连续一百八十日以上单独或者合计持有公司百分之一以上股份的股东，可以依照前三款规定书面请求全资子公司的监事会、董事会向人民法院提起诉讼或者以自己的名义直接向人民法院提起诉讼。

第一百九十条　董事、高级管理人员违反法律、行政法规或者公司章程的规定，损害股东利益的，股东可以向人民法院提起诉讼。

第一百九十一条　董事、高级管理人员执行职务，给他人造成损害的，公司应当承担赔偿责任；董事、高级管理人员存在故意或者重大过失的，也应当承担赔偿责任。

第一百九十二条　公司的控股股东、实际控制人指示董事、高级管理人员从事损害公司或者股东利益的行为的，与该董事、高级管理人员承担连带责任。

第一百九十三条　公司可以在董事任职期间为董事因执行公司职务承担的赔偿

责任投保责任保险。

公司为董事投保责任保险或者续保后,董事会应当向股东会报告责任保险的投保金额、承保范围及保险费率等内容。

第九章　公司债券

第一百九十四条　本法所称公司债券,是指公司发行的约定按期还本付息的有价证券。

公司债券可以公开发行,也可以非公开发行。

公司债券的发行和交易应当符合《中华人民共和国证券法》等法律、行政法规的规定。

第一百九十五条　公开发行公司债券,应当经国务院证券监督管理机构注册,公告公司债券募集办法。

公司债券募集办法应当载明下列主要事项：

（一）公司名称；

（二）债券募集资金的用途；

（三）债券总额和债券的票面金额；

（四）债券利率的确定方式；

（五）还本付息的期限和方式；

（六）债券担保情况；

（七）债券的发行价格、发行的起止日期；

（八）公司净资产额；

（九）已发行的尚未到期的公司债券总额；

（十）公司债券的承销机构。

第一百九十六条　公司以纸面形式发行公司债券的,应当在债券上载明公司名称、债券票面金额、利率、偿还期限等事项,并由法定代表人签名,公司盖章。

第一百九十七条　公司债券应当为记名债券。

第一百九十八条　公司发行公司债券应当置备公司债券持有人名册。

发行公司债券的,应当在公司债券持有人名册上载明下列事项：

（一）债券持有人的姓名或者名称及住所；

（二）债券持有人取得债券的日期及债券的编号；

（三）债券总额,债券的票面金额、利率、还本付息的期限和方式；

（四）债券的发行日期。

第一百九十九条　公司债券的登记结算机构应当建立债券登记、存管、付息、兑付等相关制度。

第二百条　公司债券可以转让,转让价格由转让人与受让人约定。

公司债券的转让应当符合法律、行政法规的规定。

第二百零一条 公司债券由债券持有人以背书方式或者法律、行政法规规定的其他方式转让；转让后由公司将受让人的姓名或者名称及住所记载于公司债券持有人名册。

第二百零二条 股份有限公司经股东会决议，或者经公司章程、股东会授权由董事会决议，可以发行可转换为股票的公司债券，并规定具体的转换办法。上市公司发行可转换为股票的公司债券，应当经国务院证券监督管理机构注册。

发行可转换为股票的公司债券，应当在债券上标明可转换公司债券字样，并在公司债券持有人名册上载明可转换公司债券的数额。

第二百零三条 发行可转换为股票的公司债券的，公司应当按照其转换办法向债券持有人换发股票，但债券持有人对转换股票或者不转换股票有选择权。法律、行政法规另有规定的除外。

第二百零四条 公开发行公司债券的，应当为同期债券持有人设立债券持有人会议，并在债券募集办法中对债券持有人会议的召集程序、会议规则和其他重要事项作出规定。债券持有人会议可以对与债券持有人有利害关系的事项作出决议。

除公司债券募集办法另有约定外，债券持有人会议决议对同期全体债券持有人发生效力。

第二百零五条 公开发行公司债券的，发行人应当为债券持有人聘请债券受托管理人，由其为债券持有人办理受领清偿、债权保全、与债券相关的诉讼以及参与债务人破产程序等事项。

第二百零六条 债券受托管理人应当勤勉尽责，公正履行受托管理职责，不得损害债券持有人利益。

受托管理人与债券持有人存在利益冲突可能损害债券持有人利益的，债券持有人会议可以决议变更债券受托管理人。

债券受托管理人违反法律、行政法规或者债券持有人会议决议，损害债券持有人利益的，应当承担赔偿责任。

第十章 公司财务、会计

第二百零七条 公司应当依照法律、行政法规和国务院财政部门的规定建立本公司的财务、会计制度。

第二百零八条 公司应当在每一会计年度终了时编制财务会计报告，并依法经会计师事务所审计。

财务会计报告应当依照法律、行政法规和国务院财政部门的规定制作。

第二百零九条 有限责任公司应当按照公司章程规定的期限将财务会计报告送交各股东。

股份有限公司的财务会计报告应当在召开股东会年会的二十日前置备于本公司，供股东查阅；公开发行股份的股份有限公司应当公告其财务会计报告。

第二百一十条　公司分配当年税后利润时，应当提取利润的百分之十列入公司法定公积金。公司法定公积金累计额为公司注册资本的百分之五十以上的，可以不再提取。

公司的法定公积金不足以弥补以前年度亏损的，在依照前款规定提取法定公积金之前，应当先用当年利润弥补亏损。

公司从税后利润中提取法定公积金后，经股东会决议，还可以从税后利润中提取任意公积金。

公司弥补亏损和提取公积金后所余税后利润，有限责任公司按照股东实缴的出资比例分配利润，全体股东约定不按照出资比例分配利润的除外；股份有限公司按照股东所持有的股份比例分配利润，公司章程另有规定的除外。

公司持有的本公司股份不得分配利润。

第二百一十一条　公司违反本法规定向股东分配利润的，股东应当将违反规定分配的利润退还公司；给公司造成损失的，股东及负有责任的董事、监事、高级管理人员应当承担赔偿责任。

第二百一十二条　股东会作出分配利润的决议的，董事会应当在股东会决议作出之日起六个月内进行分配。

第二百一十三条　公司以超过股票票面金额的发行价格发行股份所得的溢价款、发行无面额股所得股款未计入注册资本的金额以及国务院财政部门规定列入资本公积金的其他项目，应当列为公司资本公积金。

第二百一十四条　公司的公积金用于弥补公司的亏损、扩大公司生产经营或者转为增加公司注册资本。

公积金弥补公司亏损，应当先使用任意公积金和法定公积金；仍不能弥补的，可以按照规定使用资本公积金。

法定公积金转为增加注册资本时，所留存的该项公积金不得少于转增前公司注册资本的百分之二十五。

第二百一十五条　公司聘用、解聘承办公司审计业务的会计师事务所，按照公司章程的规定，由股东会、董事会或者监事会决定。

公司股东会、董事会或者监事会就解聘会计师事务所进行表决时，应当允许会计师事务所陈述意见。

第二百一十六条　公司应当向聘用的会计师事务所提供真实、完整的会计凭证、会计账簿、财务会计报告及其他会计资料，不得拒绝、隐匿、谎报。

第二百一十七条　公司除法定的会计账簿外，不得另立会计账簿。

对公司资金，不得以任何个人名义开立账户存储。

第十一章　公司合并、分立、增资、减资

第二百一十八条　公司合并可以采取吸收合并或者新设合并。

一个公司吸收其他公司为吸收合并，被吸收的公司解散。两个以上公司合并设立一个新的公司为新设合并，合并各方解散。

第二百一十九条 公司与其持股百分之九十以上的公司合并，被合并的公司不需经股东会决议，但应当通知其他股东，其他股东有权请求公司按照合理的价格收购其股权或者股份。

公司合并支付的价款不超过本公司净资产百分之十的，可以不经股东会决议；但是，公司章程另有规定的除外。

公司依照前两款规定合并不经股东会决议的，应当经董事会决议。

第二百二十条 公司合并，应当由合并各方签订合并协议，并编制资产负债表及财产清单。公司应当自作出合并决议之日起十日内通知债权人，并于三十日内在报纸上或者国家企业信用信息公示系统公告。债权人自接到通知之日起三十日内，未接到通知的自公告之日起四十五日内，可以要求公司清偿债务或者提供相应的担保。

第二百二十一条 公司合并时，合并各方的债权、债务，应当由合并后存续的公司或者新设的公司承继。

第二百二十二条 公司分立，其财产作相应的分割。

公司分立，应当编制资产负债表及财产清单。公司应当自作出分立决议之日起十日内通知债权人，并于三十日内在报纸上或者国家企业信用信息公示系统公告。

第二百二十三条 公司分立前的债务由分立后的公司承担连带责任。但是，公司在分立前与债权人就债务清偿达成的书面协议另有约定的除外。

第二百二十四条 公司减少注册资本，应当编制资产负债表及财产清单。

公司应当自股东会作出减少注册资本决议之日起十日内通知债权人，并于三十日内在报纸上或者国家企业信用信息公示系统公告。债权人自接到通知之日起三十日内，未接到通知的自公告之日起四十五日内，有权要求公司清偿债务或者提供相应的担保。

公司减少注册资本，应当按照股东出资或者持有股份的比例相应减少出资额或者股份，法律另有规定、有限责任公司全体股东另有约定或者股份有限公司章程另有规定的除外。

第二百二十五条 公司依照本法第二百一十四条第二款的规定弥补亏损后，仍有亏损的，可以减少注册资本弥补亏损。减少注册资本弥补亏损的，公司不得向股东分配，也不得免除股东缴纳出资或者股款的义务。

依照前款规定减少注册资本的，不适用前条第二款的规定，但应当自股东会作出减少注册资本决议之日起三十日内在报纸上或者国家企业信用信息公示系统公告。

公司依照前两款的规定减少注册资本后，在法定公积金和任意公积金累计额达到公司注册资本百分之五十前，不得分配利润。

第二百二十六条 违反本法规定减少注册资本的，股东应当退还其收到的资金，减免股东出资的应当恢复原状；给公司造成损失的，股东及负有责任的董事、监事、高级管理人员应当承担赔偿责任。

第二百二十七条　有限责任公司增加注册资本时，股东在同等条件下有权优先按照实缴的出资比例认缴出资。但是，全体股东约定不按照出资比例优先认缴出资的除外。

股份有限公司为增加注册资本发行新股时，股东不享有优先认购权，公司章程另有规定或者股东会决议决定股东享有优先认购权的除外。

第二百二十八条　有限责任公司增加注册资本时，股东认缴新增资本的出资，依照本法设立有限责任公司缴纳出资的有关规定执行。

股份有限公司为增加注册资本发行新股时，股东认购新股，依照本法设立股份有限公司缴纳股款的有关规定执行。

第十二章　公司解散和清算

第二百二十九条　公司因下列原因解散：

（一）公司章程规定的营业期限届满或者公司章程规定的其他解散事由出现；

（二）股东会决议解散；

（三）因公司合并或者分立需要解散；

（四）依法被吊销营业执照、责令关闭或者被撤销；

（五）人民法院依照本法第二百三十一条的规定予以解散。

公司出现前款规定的解散事由，应当在十日内将解散事由通过国家企业信用信息公示系统予以公示。

第二百三十条　公司有前条第一款第一项、第二项情形，且尚未向股东分配财产的，可以通过修改公司章程或者经股东会决议而存续。

依照前款规定修改公司章程或者经股东会决议，有限责任公司须经持有三分之二以上表决权的股东通过，股份有限公司须经出席股东会会议的股东所持表决权的三分之二以上通过。

第二百三十一条　公司经营管理发生严重困难，继续存续会使股东利益受到重大损失，通过其他途径不能解决的，持有公司百分之十以上表决权的股东，可以请求人民法院解散公司。

第二百三十二条　公司因本法第二百二十九条第一款第一项、第二项、第四项、第五项规定而解散的，应当清算。董事为公司清算义务人，应当在解散事由出现之日起十五日内组成清算组进行清算。

清算组由董事组成，但是公司章程另有规定或者股东会决议另选他人的除外。

清算义务人未及时履行清算义务，给公司或者债权人造成损失的，应当承担赔偿责任。

第二百三十三条　公司依照前条第一款的规定应当清算，逾期不成立清算组进行清算或者成立清算组后不清算的，利害关系人可以申请人民法院指定有关人员组成清算组进行清算。人民法院应当受理该申请，并及时组织清算组进行清算。

公司因本法第二百二十九条第一款第四项的规定而解散的，作出吊销营业执照、责令关闭或者撤销决定的部门或者公司登记机关，可以申请人民法院指定有关人员组成清算组进行清算。

第二百三十四条　清算组在清算期间行使下列职权：

（一）清理公司财产，分别编制资产负债表和财产清单；

（二）通知、公告债权人；

（三）处理与清算有关的公司未了结的业务；

（四）清缴所欠税款以及清算过程中产生的税款；

（五）清理债权、债务；

（六）分配公司清偿债务后的剩余财产；

（七）代表公司参与民事诉讼活动。

第二百三十五条　清算组应当自成立之日起十日内通知债权人，并于六十日内在报纸上或者国家企业信用信息公示系统公告。债权人应当自接到通知之日起三十日内，未接到通知的自公告之日起四十五日内，向清算组申报其债权。

债权人申报债权，应当说明债权的有关事项，并提供证明材料。清算组应当对债权进行登记。

在申报债权期间，清算组不得对债权人进行清偿。

第二百三十六条　清算组在清理公司财产、编制资产负债表和财产清单后，应当制订清算方案，并报股东会或者人民法院确认。

公司财产在分别支付清算费用、职工的工资、社会保险费用和法定补偿金，缴纳所欠税款，清偿公司债务后的剩余财产，有限责任公司按照股东的出资比例分配，股份有限公司按照股东持有的股份比例分配。

清算期间，公司存续，但不得开展与清算无关的经营活动。公司财产在未依照前款规定清偿前，不得分配给股东。

第二百三十七条　清算组在清理公司财产、编制资产负债表和财产清单后，发现公司财产不足清偿债务的，应当依法向人民法院申请破产清算。

人民法院受理破产申请后，清算组应当将清算事务移交给人民法院指定的破产管理人。

第二百三十八条　清算组成员履行清算职责，负有忠实义务和勤勉义务。

清算组成员怠于履行清算职责，给公司造成损失的，应当承担赔偿责任；因故意或者重大过失给债权人造成损失的，应当承担赔偿责任。

第二百三十九条　公司清算结束后，清算组应当制作清算报告，报股东会或者人民法院确认，并报送公司登记机关，申请注销公司登记。

第二百四十条　公司在存续期间未产生债务，或者已清偿全部债务的，经全体股东承诺，可以按照规定通过简易程序注销公司登记。

通过简易程序注销公司登记，应当通过国家企业信用信息公示系统予以公告，公告期限不少于二十日。公告期限届满后，未有异议的，公司可以在二十日内向公司登记机关申请注销公司登记。

公司通过简易程序注销公司登记，股东对本条第一款规定的内容承诺不实的，应当对注销登记前的债务承担连带责任。

第二百四十一条　公司被吊销营业执照、责令关闭或者被撤销，满三年未向公司登记机关申请注销公司登记的，公司登记机关可以通过国家企业信用信息公示系统予以公告，公告期限不少于六十日。公告期限届满后，未有异议的，公司登记机关可以注销公司登记。

依照前款规定注销公司登记的，原公司股东、清算义务人的责任不受影响。

第二百四十二条　公司被依法宣告破产的，依照有关企业破产的法律实施破产清算。

第十三章　外国公司的分支机构

第二百四十三条　本法所称外国公司，是指依照外国法律在中华人民共和国境外设立的公司。

第二百四十四条　外国公司在中华人民共和国境内设立分支机构，应当向中国主管机关提出申请，并提交其公司章程、所属国的公司登记证书等有关文件，经批准后，向公司登记机关依法办理登记，领取营业执照。

外国公司分支机构的审批办法由国务院另行规定。

第二百四十五条　外国公司在中华人民共和国境内设立分支机构，应当在中华人民共和国境内指定负责该分支机构的代表人或者代理人，并向该分支机构拨付与其所从事的经营活动相适应的资金。

对外国公司分支机构的经营资金需要规定最低限额的，由国务院另行规定。

第二百四十六条　外国公司的分支机构应当在其名称中标明该外国公司的国籍及责任形式。

外国公司的分支机构应当在本机构中置备该外国公司章程。

第二百四十七条　外国公司在中华人民共和国境内设立的分支机构不具有中国法人资格。

外国公司对其分支机构在中华人民共和国境内进行经营活动承担民事责任。

第二百四十八条　经批准设立的外国公司分支机构，在中华人民共和国境内从事业务活动，应当遵守中国的法律，不得损害中国的社会公共利益，其合法权益受中国法律保护。

第二百四十九条　外国公司撤销其在中华人民共和国境内的分支机构时，应当依法清偿债务，依照本法有关公司清算程序的规定进行清算。未清偿债务之前，不得将其分支机构的财产转移至中华人民共和国境外。

第十四章 法律责任

第二百五十条 违反本法规定，虚报注册资本、提交虚假材料或者采取其他欺诈手段隐瞒重要事实取得公司登记的，由公司登记机关责令改正，对虚报注册资本的公司，处以虚报注册资本金额百分之五以上百分之十五以下的罚款；对提交虚假材料或者采取其他欺诈手段隐瞒重要事实的公司，处以五万元以上二百万元以下的罚款；情节严重的，吊销营业执照；对直接负责的主管人员和其他直接责任人员处以三万元以上三十万元以下的罚款。

第二百五十一条 公司未依照本法第四十条规定公示有关信息或者不如实公示有关信息的，由公司登记机关责令改正，可以处以一万元以上五万元以下的罚款。情节严重的，处以五万元以上二十万元以下的罚款；对直接负责的主管人员和其他直接责任人员处以一万元以上十万元以下的罚款。

第二百五十二条 公司的发起人、股东虚假出资，未交付或者未按期交付作为出资的货币或者非货币财产的，由公司登记机关责令改正，可以处以五万元以上二十万元以下的罚款；情节严重的，处以虚假出资或者未出资金额百分之五以上百分之十五以下的罚款；对直接负责的主管人员和其他直接责任人员处以一万元以上十万元以下的罚款。

第二百五十三条 公司的发起人、股东在公司成立后，抽逃其出资的，由公司登记机关责令改正，处以所抽逃出资金额百分之五以上百分之十五以下的罚款；对直接负责的主管人员和其他直接责任人员处以三万元以上三十万元以下的罚款。

第二百五十四条 有下列行为之一的，由县级以上人民政府财政部门依照《中华人民共和国会计法》等法律、行政法规的规定处罚：

（一）在法定的会计账簿以外另立会计账簿；

（二）提供存在虚假记载或者隐瞒重要事实的财务会计报告。

第二百五十五条 公司在合并、分立、减少注册资本或者进行清算时，不依照本法规定通知或者公告债权人的，由公司登记机关责令改正，对公司处以一万元以上十万元以下的罚款。

第二百五十六条 公司在进行清算时，隐匿财产，对资产负债表或者财产清单作虚假记载，或者在未清偿债务前分配公司财产的，由公司登记机关责令改正，对公司处以隐匿财产或者未清偿债务前分配公司财产金额百分之五以上百分之十以下的罚款；对直接负责的主管人员和其他直接责任人员处以一万元以上十万元以下的罚款。

第二百五十七条 承担资产评估、验资或者验证的机构提供虚假材料或者提供有重大遗漏的报告的，由有关部门依照《中华人民共和国资产评估法》《中华人民共和国注册会计师法》等法律、行政法规的规定处罚。

承担资产评估、验资或者验证的机构因其出具的评估结果、验资或者验证证明不实，给公司债权人造成损失的，除能够证明自己没有过错的外，在其评估或者证明不实的金额范围内承担赔偿责任。

第二百五十八条　公司登记机关违反法律、行政法规规定未履行职责或者履行职责不当的，对负有责任的领导人员和直接责任人员依法给予政务处分。

第二百五十九条　未依法登记为有限责任公司或者股份有限公司，而冒用有限责任公司或者股份有限公司名义的，或者未依法登记为有限责任公司或者股份有限公司的分公司，而冒用有限责任公司或者股份有限公司的分公司名义的，由公司登记机关责令改正或者予以取缔，可以并处十万元以下的罚款。

第二百六十条　公司成立后无正当理由超过六个月未开业的，或者开业后自行停业连续六个月以上的，公司登记机关可以吊销营业执照，但公司依法办理歇业的除外。

公司登记事项发生变更时，未依照本法规定办理有关变更登记的，由公司登记机关责令限期登记；逾期不登记的，处以一万元以上十万元以下的罚款。

第二百六十一条　外国公司违反本法规定，擅自在中华人民共和国境内设立分支机构的，由公司登记机关责令改正或者关闭，可以并处五万元以上二十万元以下的罚款。

第二百六十二条　利用公司名义从事危害国家安全、社会公共利益的严重违法行为的，吊销营业执照。

第二百六十三条　公司违反本法规定，应当承担民事赔偿责任和缴纳罚款、罚金的，其财产不足以支付时，先承担民事赔偿责任。

第二百六十四条　违反本法规定，构成犯罪的，依法追究刑事责任。

第十五章　附则

第二百六十五条　本法下列用语的含义：

（一）高级管理人员，是指公司的经理、副经理、财务负责人，上市公司董事会秘书和公司章程规定的其他人员。

（二）控股股东，是指其出资额占有限责任公司资本总额超过百分之五十或者其持有的股份占股份有限公司股本总额超过百分之五十的股东；出资额或者持有股份的比例虽然低于百分之五十，但依其出资额或者持有的股份所享有的表决权已足以对股东会的决议产生重大影响的股东。

（三）实际控制人，是指通过投资关系、协议或者其他安排，能够实际支配公司行为的人。

（四）关联关系，是指公司控股股东、实际控制人、董事、监事、高级管理人员与其直接或者间接控制的企业之间的关系，以及可能导致公司利益转移的其他关系。但是，国家控股的企业之间不仅因为同受国家控股而具有关联关系。

第二百六十六条 本法自2024年7月1日起施行。

本法施行前已登记设立的公司，出资期限超过本法规定的期限的，除法律、行政法规或者国务院另有规定外，应当逐步调整至本法规定的期限以内；对于出资期限、出资额明显异常的，公司登记机关可以依法要求其及时调整。具体实施办法由国务院规定。

五、中华人民共和国企业所得税法

第一章 总则

第一条 在中华人民共和国境内，企业和其他取得收入的组织（以下统称企业）为企业所得税的纳税人，依照本法的规定缴纳企业所得税。

个人独资企业、合伙企业不适用本法。

第二条 企业分为居民企业和非居民企业。

本法所称居民企业，是指依法在中国境内成立，或者依照外国（地区）法律成立但实际管理机构在中国境内的企业。

本法所称非居民企业，是指依照外国（地区）法律成立且实际管理机构不在中国境内，但在中国境内设立机构、场所的，或者在中国境内未设立机构、场所，但有来源于中国境内所得的企业。

第三条 居民企业应当就其来源于中国境内、境外的所得缴纳企业所得税。

非居民企业在中国境内设立机构、场所的，应当就其所设机构、场所取得的来源于中国境内的所得，以及发生在中国境外但与其所设机构、场所有实际联系的所得，缴纳企业所得税。

非居民企业在中国境内未设立机构、场所的，或者虽设立机构、场所但取得的所得与其所设机构、场所没有实际联系的，应当就其来源于中国境内的所得缴纳企业所得税。

第四条 企业所得税的税率为25%。

非居民企业取得本法第三条第三款规定的所得，适用税率为20%。

第二章 应纳税所得额

第五条 企业每一纳税年度的收入总额，减除不征税收入、免税收入、各项扣除以及允许弥补的以前年度亏损后的余额，为应纳税所得额。

第六条 企业以货币形式和非货币形式从各种来源取得的收入，为收入总额。包括：

（一）销售货物收入；

（二）提供劳务收入；

（三）转让财产收入；
（四）股息、红利等权益性投资收益；
（五）利息收入；
（六）租金收入；
（七）特许权使用费收入；
（八）接受捐赠收入；
（九）其他收入。

第七条　收入总额中的下列收入为不征税收入：
（一）财政拨款；
（二）依法收取并纳入财政管理的行政事业性收费、政府性基金；
（三）国务院规定的其他不征税收入。

第八条　企业实际发生的与取得收入有关的、合理的支出，包括成本、费用、税金、损失和其他支出，准予在计算应纳税所得额时扣除。

第九条　企业发生的公益性捐赠支出，在年度利润总额12%以内的部分，准予在计算应纳税所得额时扣除；超过年度利润总额12%的部分，准予结转以后三年内在计算应纳税所得额时扣除。

第十条　在计算应纳税所得额时，下列支出不得扣除：
（一）向投资者支付的股息、红利等权益性投资收益款项；
（二）企业所得税税款；
（三）税收滞纳金；
（四）罚金、罚款和被没收财物的损失；
（五）本法第九条规定以外的捐赠支出；
（六）赞助支出；
（七）未经核定的准备金支出；
（八）与取得收入无关的其他支出。

第十一条　在计算应纳税所得额时，企业按照规定计算的固定资产折旧，准予扣除。

下列固定资产不得计算折旧扣除：
（一）房屋、建筑物以外未投入使用的固定资产；
（二）以经营租赁方式租入的固定资产；
（三）以融资租赁方式租出的固定资产；
（四）已足额提取折旧仍继续使用的固定资产；
（五）与经营活动无关的固定资产；
（六）单独估价作为固定资产入账的土地；
（七）其他不得计算折旧扣除的固定资产。

第十二条　在计算应纳税所得额时，企业按照规定计算的无形资产摊销费用，准予扣除。

下列无形资产不得计算摊销费用扣除：

（一）自行开发的支出已在计算应纳税所得额时扣除的无形资产；

（二）自创商誉；

（三）与经营活动无关的无形资产；

（四）其他不得计算摊销费用扣除的无形资产。

第十三条　在计算应纳税所得额时，企业发生的下列支出作为长期待摊费用，按照规定摊销的，准予扣除：

（一）已足额提取折旧的固定资产的改建支出；

（二）租入固定资产的改建支出；

（三）固定资产的大修理支出；

（四）其他应当作为长期待摊费用的支出。

第十四条　企业对外投资期间，投资资产的成本在计算应纳税所得额时不得扣除。

第十五条　企业使用或者销售存货，按照规定计算的存货成本，准予在计算应纳税所得额时扣除。

第十六条　企业转让资产，该项资产的净值，准予在计算应纳税所得额时扣除。

第十七条　企业在汇总计算缴纳企业所得税时，其境外营业机构的亏损不得抵减境内营业机构的盈利。

第十八条　企业纳税年度发生的亏损，准予向以后年度结转，用以后年度的所得弥补，但结转年限最长不得超过五年。

第十九条　非居民企业取得本法第三条第三款规定的所得，按照下列方法计算其应纳税所得额：

（一）股息、红利等权益性投资收益和利息、租金、特许权使用费所得，以收入全额为应纳税所得额；

（二）转让财产所得，以收入全额减除财产净值后的余额为应纳税所得额；

（三）其他所得，参照前两项规定的方法计算应纳税所得额。

第二十条　本章规定的收入、扣除的具体范围、标准和资产的税务处理的具体办法，由国务院财政、税务主管部门规定。

第二十一条　在计算应纳税所得额时，企业财务、会计处理办法与税收法律、行政法规的规定不一致的，应当依照税收法律、行政法规的规定计算。

第三章　应纳税额

第二十二条　企业的应纳税所得额乘以适用税率，减除依照本法关于税收优惠的规定减免和抵免的税额后的余额，为应纳税额。

第二十三条　企业取得的下列所得已在境外缴纳的所得税税额，可以从其当期应纳税额中抵免，抵免限额为该项所得依照本法规定计算的应纳税额；超过抵免限额的部分，可以在以后五个年度内，用每年度抵免限额抵免当年应抵税额后的余额进行抵补：

（一）居民企业来源于中国境外的应税所得；

（二）非居民企业在中国境内设立机构、场所，取得发生在中国境外但与该机构、场所有实际联系的应税所得。

第二十四条　居民企业从其直接或者间接控制的外国企业分得的来源于中国境外的股息、红利等权益性投资收益，外国企业在境外实际缴纳的所得税税额中属于该项所得负担的部分，可以作为该居民企业的可抵免境外所得税税额，在本法第二十三条规定的抵免限额内抵免。

第四章　税收优惠

第二十五条　国家对重点扶持和鼓励发展的产业和项目，给予企业所得税优惠。

第二十六条　企业的下列收入为免税收入：

（一）国债利息收入；

（二）符合条件的居民企业之间的股息、红利等权益性投资收益；

（三）在中国境内设立机构、场所的非居民企业从居民企业取得与该机构、场所有实际联系的股息、红利等权益性投资收益；

（四）符合条件的非营利组织的收入。

第二十七条　企业的下列所得，可以免征、减征企业所得税：

（一）从事农、林、牧、渔业项目的所得；

（二）从事国家重点扶持的公共基础设施项目投资经营的所得；

（三）从事符合条件的环境保护、节能节水项目的所得；

（四）符合条件的技术转让所得；

（五）本法第三条第三款规定的所得。

第二十八条　符合条件的小型微利企业，减按20%的税率征收企业所得税。

国家需要重点扶持的高新技术企业，减按15%的税率征收企业所得税。

第二十九条　民族自治地方的自治机关对本民族自治地方的企业应缴纳的企业所得税中属于地方分享的部分，可以决定减征或者免征。自治州、自治县决定减征或者免征的，须报省、自治区、直辖市人民政府批准。

第三十条　企业的下列支出，可以在计算应纳税所得额时加计扣除：

（一）开发新技术、新产品、新工艺发生的研究开发费用；

（二）安置残疾人员及国家鼓励安置的其他就业人员所支付的工资。

第三十一条　创业投资企业从事国家需要重点扶持和鼓励的创业投资，可以按投资额的一定比例抵扣应纳税所得额。

第三十二条　企业的固定资产由于技术进步等原因，确需加速折旧的，可以缩短折旧年限或者采取加速折旧的方法。

第三十三条　企业综合利用资源，生产符合国家产业政策规定的产品所取得的收入，可以在计算应纳税所得额时减计收入。

第三十四条　企业购置用于环境保护、节能节水、安全生产等专用设备的投资额，可以按一定比例实行税额抵免。

第三十五条　本法规定的税收优惠的具体办法，由国务院规定。

第三十六条　根据国民经济和社会发展的需要，或者由于突发事件等原因对企业经营活动产生重大影响的，国务院可以制定企业所得税专项优惠政策，报全国人民代表大会常务委员会备案。

第五章　源泉扣缴

第三十七条　对非居民企业取得本法第三条第三款规定的所得应缴纳的所得税，实行源泉扣缴，以支付人为扣缴义务人。税款由扣缴义务人在每次支付或者到期应支付时，从支付或者到期应支付的款项中扣缴。

第三十八条　对非居民企业在中国境内取得工程作业和劳务所得应缴纳的所得税，税务机关可以指定工程价款或者劳务费的支付人为扣缴义务人。

第三十九条　依照本法第三十七条、第三十八条规定应当扣缴的所得税，扣缴义务人未依法扣缴或者无法履行扣缴义务的，由纳税人在所得发生地缴纳。纳税人未依法缴纳的，税务机关可以从该纳税人在中国境内其他收入项目的支付人应付的款项中，追缴该纳税人的应纳税款。

第四十条　扣缴义务人每次代扣的税款，应当自代扣之日起七日内缴入国库，并向所在地的税务机关报送扣缴企业所得税报告表。

第六章　特别纳税调整

第四十一条　企业与其关联方之间的业务往来，不符合独立交易原则而减少企业或者其关联方应纳税收入或者所得额的，税务机关有权按照合理方法调整。

企业与其关联方共同开发、受让无形资产，或者共同提供、接受劳务发生的成本，在计算应纳税所得额时应当按照独立交易原则进行分摊。

第四十二条　企业可以向税务机关提出与其关联方之间业务往来的定价原则和计算方法，税务机关与企业协商、确认后，达成预约定价安排。

第四十三条　企业向税务机关报送年度企业所得税纳税申报表时，应当就其与关联方之间的业务往来，附送年度关联业务往来报告表。

税务机关在进行关联业务调查时，企业及其关联方，以及与关联业务调查有关的其他企业，应当按照规定提供相关资料。

第四十四条　企业不提供与其关联方之间业务往来资料，或者提供虚假、不完整资料，未能真实反映其关联业务往来情况的，税务机关有权依法核定其应纳税所得额。

第四十五条　由居民企业，或者由居民企业和中国居民控制的设立在实际税负明显低于本法第四条第一款规定税率水平的国家（地区）的企业，并非由于合理的经营需要而对利润不作分配或者减少分配的，上述利润中应归属于该居民企业的部分，应当计入该居民企业的当期收入。

第四十六条　企业从其关联方接受的债权性投资与权益性投资的比例超过规定标准而发生的利息支出，不得在计算应纳税所得额时扣除。

第四十七条　企业实施其他不具有合理商业目的的安排而减少其应纳税收入或者所得额的，税务机关有权按照合理方法调整。

第四十八条　税务机关依照本章规定作出纳税调整，需要补征税款的，应当补征税款，并按照国务院规定加收利息。

第七章　征收管理

第四十九条　企业所得税的征收管理除本法规定外，依照《中华人民共和国税收征收管理法》的规定执行。

第五十条　除税收法律、行政法规另有规定外，居民企业以企业登记注册地为纳税地点；但登记注册地在境外的，以实际管理机构所在地为纳税地点。

居民企业在中国境内设立不具有法人资格的营业机构的，应当汇总计算并缴纳企业所得税。

第五十一条　非居民企业取得本法第三条第二款规定的所得，以机构、场所所在地为纳税地点。非居民企业在中国境内设立两个或者两个以上机构、场所，符合国务院税务主管部门规定条件的，可以选择由其主要机构、场所汇总缴纳企业所得税。

非居民企业取得本法第三条第三款规定的所得，以扣缴义务人所在地为纳税地点。

第五十二条　除国务院另有规定外，企业之间不得合并缴纳企业所得税。

第五十三条　企业所得税按纳税年度计算。纳税年度自公历1月1日起至12月31日止。

企业在一个纳税年度中间开业，或者终止经营活动，使该纳税年度的实际经营期不足十二个月的，应当以其实际经营期为一个纳税年度。

企业依法清算时，应当以清算期间作为一个纳税年度。

第五十四条　企业所得税分月或者分季预缴。

企业应当自月份或者季度终了之日起十五日内，向税务机关报送预缴企业所得税纳税申报表，预缴税款。

企业应当自年度终了之日起五个月内，向税务机关报送年度企业所得税纳税申报表，并汇算清缴，结清应缴应退税款。

企业在报送企业所得税纳税申报表时，应当按照规定附送财务会计报告和其他有关资料。

第五十五条　企业在年度中间终止经营活动的，应当自实际经营终止之日起六十日内，向税务机关办理当期企业所得税汇算清缴。

企业应当在办理注销登记前，就其清算所得向税务机关申报并依法缴纳企业所得税。

第五十六条　依照本法缴纳的企业所得税，以人民币计算。所得以人民币以外的货币计算的，应当折合成人民币计算并缴纳税款。

第八章　附则

第五十七条　本法公布前已经批准设立的企业，依照当时的税收法律、行政法规规定，享受低税率优惠的，按照国务院规定，可以在本法施行后五年内，逐步过渡到本法规定的税率；享受定期减免税优惠的，按照国务院规定，可以在本法施行后继续享受到期满为止，但因未获利而尚未享受优惠的，优惠期限从本法施行年度起计算。

法律设置的发展对外经济合作和技术交流的特定地区内，以及国务院已规定执行上述地区特殊政策的地区内新设立的国家需要重点扶持的高新技术企业，可以享受过渡性税收优惠，具体办法由国务院规定。

国家已确定的其他鼓励类企业，可以按照国务院规定享受减免税优惠。

第五十八条　中华人民共和国政府同外国政府订立的有关税收的协定与本法有不同规定的，依照协定的规定办理。

第五十九条　国务院根据本法制定实施条例。

第六十条　本法自2008年1月1日起施行。1991年4月9日第七届全国人民代表大会第四次会议通过的《中华人民共和国外商投资企业和外国企业所得税法》和1993年12月13日国务院发布的《中华人民共和国企业所得税暂行条例》同时废止。

六、中华人民共和国安全生产法

第一章　总则

第一条　为了加强安全生产工作，防止和减少生产安全事故，保障人民群众生命和财产安全，促进经济社会持续健康发展，制定本法。

第二条　在中华人民共和国领域内从事生产经营活动的单位（以下统称生产经营单位）的安全生产，适用本法；有关法律、行政法规对消防安全和道路交通安全、铁路交通安全、水上交通安全、民用航空安全以及核与辐射安全、特种设备安全另有规定的,适用其规定。

第三条　安全生产工作坚持中国共产党的领导。

安全生产工作应当以人为本,坚持人民至上、生命至上,把保护人民生命安全摆在首位,树牢安全发展理念,坚持安全第一、预防为主、综合治理的方针,从源头上防范化解重大安全风险。

安全生产工作实行管行业必须管安全、管业务必须管安全、管生产经营必须管安全,强化和落实生产经营单位主体责任与政府监管责任,建立生产经营单位负责、职工参与、政府监管、行业自律和社会监督的机制。

第四条　生产经营单位必须遵守本法和其他有关安全生产的法律、法规,加强安全生产管理,建立健全全员安全生产责任制和安全生产规章制度,加大对安全生产资金、物资、技术、人员的投入保障力度,改善安全生产条件,加强安全生产标准化、信息化建设,构建安全风险分级管控和隐患排查治理双重预防机制,健全风险防范化解机制,提高安全生产水平,确保安全生产。

平台经济等新兴行业、领域的生产经营单位应当根据本行业、领域的特点,建立健全并落实全员安全生产责任制,加强从业人员安全生产教育和培训,履行本法和其他法律、法规规定的有关安全生产义务。

第五条　生产经营单位的主要负责人是本单位安全生产第一责任人,对本单位的安全生产工作全面负责。其他负责人对职责范围内的安全生产工作负责。

第六条　生产经营单位的从业人员有依法获得安全生产保障的权利,并应当依法履行安全生产方面的义务。

第七条　工会依法对安全生产工作进行监督。

生产经营单位的工会依法组织职工参加本单位安全生产工作的民主管理和民主监督,维护职工在安全生产方面的合法权益。生产经营单位制定或者修改有关安全生产的规章制度,应当听取工会的意见。

第八条　国务院和县级以上地方各级人民政府应当根据国民经济和社会发展规划制定安全生产规划,并组织实施。安全生产规划应当与国土空间规划等相关规划相衔接。

各级人民政府应当加强安全生产基础设施建设和安全生产监管能力建设,所需经费列入本级预算。

县级以上地方各级人民政府应当组织有关部门建立完善安全风险评估与论证机制,按照安全风险管控要求,进行产业规划和空间布局,并对位置相邻、行业相近、业态相似的生产经营单位实施重大安全风险联防联控。

第九条　国务院和县级以上地方各级人民政府应当加强对安全生产工作的领导,建立健全安全生产工作协调机制,支持、督促各有关部门依法履行安全生产监督管理职责,及时协调、解决安全生产监督管理中存在的重大问题。

乡镇人民政府和街道办事处,以及开发区、工业园区、港区、风景区等应当明确负责安全生产监督管理的有关工作机构及其职责，加强安全生产监管力量建设，按照职责对本行政区域或者管理区域内生产经营单位安全生产状况进行监督检查，协助人民政府有关部门或者按照授权依法履行安全生产监督管理职责。

第十条　国务院应急管理部门依照本法，对全国安全生产工作实施综合监督管理；县级以上地方各级人民政府应急管理部门依照本法，对本行政区域内安全生产工作实施综合监督管理。

国务院交通运输、住房和城乡建设、水利、民航等有关部门依照本法和其他有关法律、行政法规的规定，在各自的职责范围内对有关行业、领域的安全生产工作实施监督管理；县级以上地方各级人民政府有关部门依照本法和其他有关法律、法规的规定，在各自的职责范围内对有关行业、领域的安全生产工作实施监督管理。对新兴行业、领域的安全生产监督管理职责不明确的，由县级以上地方各级人民政府按照业务相近的原则确定监督管理部门。

应急管理部门和对有关行业、领域的安全生产工作实施监督管理的部门，统称负有安全生产监督管理职责的部门。负有安全生产监督管理职责的部门应当相互配合、齐抓共管、信息共享、资源共用，依法加强安全生产监督管理工作。

第十一条　国务院有关部门应当按照保障安全生产的要求，依法及时制定有关的国家标准或者行业标准，并根据科技进步和经济发展适时修订。

生产经营单位必须执行依法制定的保障安全生产的国家标准或者行业标准。

第十二条　国务院有关部门按照职责分工负责安全生产强制性国家标准的项目提出、组织起草、征求意见、技术审查。国务院应急管理部门统筹提出安全生产强制性国家标准的立项计划。国务院标准化行政主管部门负责安全生产强制性国家标准的立项、编号、对外通报和授权批准发布工作。国务院标准化行政主管部门、有关部门依据法定职责对安全生产强制性国家标准的实施进行监督检查。

第十三条　各级人民政府及其有关部门应当采取多种形式，加强对有关安全生产的法律、法规和安全生产知识的宣传，增强全社会的安全生产意识。

第十四条　有关协会组织依照法律、行政法规和章程，为生产经营单位提供安全生产方面的信息、培训等服务，发挥自律作用，促进生产经营单位加强安全生产管理。

第十五条　依法设立的为安全生产提供技术、管理服务的机构，依照法律、行政法规和执业准则，接受生产经营单位的委托为其安全生产工作提供技术、管理服务。

生产经营单位委托前款规定的机构提供安全生产技术、管理服务的，保证安全生产的责任仍由本单位负责。

第十六条　国家实行生产安全事故责任追究制度，依照本法和有关法律、法规的规定，追究生产安全事故责任单位和责任人员的法律责任。

第十七条　县级以上各级人民政府应当组织负有安全生产监督管理职责的部门

依法编制安全生产权力和责任清单,公开并接受社会监督。

第十八条　国家鼓励和支持安全生产科学技术研究和安全生产先进技术的推广应用,提高安全生产水平。

第十九条　国家对在改善安全生产条件、防止生产安全事故、参加抢险救护等方面取得显著成绩的单位和个人,给予奖励。

第二章　生产经营单位的安全生产保障

第二十条　生产经营单位应当具备本法和有关法律、行政法规和国家标准或者行业标准规定的安全生产条件;不具备安全生产条件的,不得从事生产经营活动。

第二十一条　生产经营单位的主要负责人对本单位安全生产工作负有下列职责:

(一)建立健全并落实本单位全员安全生产责任制,加强安全生产标准化建设;

(二)组织制定并实施本单位安全生产规章制度和操作规程;

(三)组织制定并实施本单位安全生产教育和培训计划;

(四)保证本单位安全生产投入的有效实施;

(五)组织建立并落实安全风险分级管控和隐患排查治理双重预防工作机制,督促、检查本单位的安全生产工作,及时消除生产安全事故隐患;

(六)组织制定并实施本单位的生产安全事故应急救援预案;

(七)及时、如实报告生产安全事故。

第二十二条　生产经营单位的全员安全生产责任制应当明确各岗位的责任人员、责任范围和考核标准等内容。

生产经营单位应当建立相应的机制,加强对全员安全生产责任制落实情况的监督考核,保证全员安全生产责任制的落实。

第二十三条　生产经营单位应当具备的安全生产条件所必需的资金投入,由生产经营单位的决策机构、主要负责人或者个人经营的投资人予以保证,并对由于安全生产所必需的资金投入不足导致的后果承担责任。

有关生产经营单位应当按照规定提取和使用安全生产费用,专门用于改善安全生产条件。安全生产费用在成本中据实列支。安全生产费用提取、使用和监督管理的具体办法由国务院财政部门会同国务院应急管理部门征求国务院有关部门意见后制定。

第二十四条　矿山、金属冶炼、建筑施工、运输单位和危险物品的生产、经营、储存、装卸单位,应当设置安全生产管理机构或者配备专职安全生产管理人员。

前款规定以外的其他生产经营单位,从业人员超过一百人的,应当设置安全生产管理机构或者配备专职安全生产管理人员;从业人员在一百人以下的,应当配备专职或者兼职的安全生产管理人员。

第二十五条　生产经营单位的安全生产管理机构以及安全生产管理人员履行下列职责:

（一）组织或者参与拟订本单位安全生产规章制度、操作规程和生产安全事故应急救援预案；

（二）组织或者参与本单位安全生产教育和培训，如实记录安全生产教育和培训情况；

（三）组织开展危险源辨识和评估，督促落实本单位重大危险源的安全管理措施；

（四）组织或者参与本单位应急救援演练；

（五）检查本单位的安全生产状况，及时排查生产安全事故隐患，提出改进安全生产管理的建议；

（六）制止和纠正违章指挥、强令冒险作业、违反操作规程的行为；

（七）督促落实本单位安全生产整改措施。

生产经营单位可以设置专职安全生产分管负责人，协助本单位主要负责人履行安全生产管理职责。

第二十六条　生产经营单位的安全生产管理机构以及安全生产管理人员应当恪尽职守，依法履行职责。

生产经营单位作出涉及安全生产的经营决策，应当听取安全生产管理机构以及安全生产管理人员的意见。

生产经营单位不得因安全生产管理人员依法履行职责而降低其工资、福利等待遇或者解除与其订立的劳动合同。

危险物品的生产、储存单位以及矿山、金属冶炼单位的安全生产管理人员的任免，应当告知主管的负有安全生产监督管理职责的部门。

第二十七条　生产经营单位的主要负责人和安全生产管理人员必须具备与本单位所从事的生产经营活动相应的安全生产知识和管理能力。

危险物品的生产、经营、储存、装卸单位以及矿山、金属冶炼、建筑施工、运输单位的主要负责人和安全生产管理人员，应当由主管的负有安全生产监督管理职责的部门对其安全生产知识和管理能力考核合格。考核不得收费。

危险物品的生产、储存、装卸单位以及矿山、金属冶炼单位应当有注册安全工程师从事安全生产管理工作。鼓励其他生产经营单位聘用注册安全工程师从事安全生产管理工作。注册安全工程师按专业分类管理，具体办法由国务院人力资源和社会保障部门、国务院应急管理部门会同国务院有关部门制定。

第二十八条　生产经营单位应当对从业人员进行安全生产教育和培训，保证从业人员具备必要的安全生产知识，熟悉有关的安全生产规章制度和安全操作规程，掌握本岗位的安全操作技能，了解事故应急处理措施，知悉自身在安全生产方面的权利和义务。未经安全生产教育和培训合格的从业人员，不得上岗作业。

生产经营单位使用被派遣劳动者的，应当将被派遣劳动者纳入本单位从业人员统一管理，对被派遣劳动者进行岗位安全操作规程和安全操作技能的教育和培训。

劳务派遣单位应当对被派遣劳动者进行必要的安全生产教育和培训。

生产经营单位接收中等职业学校、高等学校学生实习的，应当对实习学生进行相应的安全生产教育和培训，提供必要的劳动防护用品。学校应当协助生产经营单位对实习学生进行安全生产教育和培训。

生产经营单位应当建立安全生产教育和培训档案，如实记录安全生产教育和培训的时间、内容、参加人员以及考核结果等情况。

第二十九条　生产经营单位采用新工艺、新技术、新材料或者使用新设备，必须了解、掌握其安全技术特性，采取有效的安全防护措施，并对从业人员进行专门的安全生产教育和培训。

第三十条　生产经营单位的特种作业人员必须按照国家有关规定经专门的安全作业培训，取得相应资格，方可上岗作业。

特种作业人员的范围由国务院应急管理部门会同国务院有关部门确定。

第三十一条　生产经营单位新建、改建、扩建工程项目（以下统称建设项目）的安全设施，必须与主体工程同时设计、同时施工、同时投入生产和使用。安全设施投资应当纳入建设项目概算。

第三十二条　矿山、金属冶炼建设项目和用于生产、储存、装卸危险物品的建设项目，应当按照国家有关规定进行安全评价。

第三十三条　建设项目安全设施的设计人、设计单位应当对安全设施设计负责。

矿山、金属冶炼建设项目和用于生产、储存、装卸危险物品的建设项目的安全设施设计应当按照国家有关规定报经有关部门审查，审查部门及其负责审查的人员对审查结果负责。

第三十四条　矿山、金属冶炼建设项目和用于生产、储存、装卸危险物品的建设项目的施工单位必须按照批准的安全设施设计施工，并对安全设施的工程质量负责。

矿山、金属冶炼建设项目和用于生产、储存、装卸危险物品的建设项目竣工投入生产或者使用前，应当由建设单位负责组织对安全设施进行验收；验收合格后，方可投入生产和使用。负有安全生产监督管理职责的部门应当加强对建设单位验收活动和验收结果的监督核查。

第三十五条　生产经营单位应当在有较大危险因素的生产经营场所和有关设施、设备上，设置明显的安全警示标志。

第三十六条　安全设备的设计、制造、安装、使用、检测、维修、改造和报废，应当符合国家标准或者行业标准。

生产经营单位必须对安全设备进行经常性维护、保养，并定期检测，保证正常运转。维护、保养、检测应当作好记录，并由有关人员签字。

生产经营单位不得关闭、破坏直接关系生产安全的监控、报警、防护、救生设备、设施，或者篡改、隐瞒、销毁其相关数据、信息。

餐饮等行业的生产经营单位使用燃气的，应当安装可燃气体报警装置，并保障其正常使用。

第三十七条　生产经营单位使用的危险物品的容器、运输工具，以及涉及人身安全、危险性较大的海洋石油开采特种设备和矿山井下特种设备，必须按照国家有关规定，由专业生产单位生产，并经具有专业资质的检测、检验机构检测、检验合格，取得安全使用证或者安全标志，方可投入使用。检测、检验机构对检测、检验结果负责。

第三十八条　国家对严重危及生产安全的工艺、设备实行淘汰制度，具体目录由国务院应急管理部门会同国务院有关部门制定并公布。法律、行政法规对目录的制定另有规定的，适用其规定。

省、自治区、直辖市人民政府可以根据本地区实际情况制定并公布具体目录，对前款规定以外的危及生产安全的工艺、设备予以淘汰。

生产经营单位不得使用应当淘汰的危及生产安全的工艺、设备。

第三十九条　生产、经营、运输、储存、使用危险物品或者处置废弃危险物品的，由有关主管部门依照有关法律、法规的规定和国家标准或者行业标准审批并实施监督管理。

生产经营单位生产、经营、运输、储存、使用危险物品或者处置废弃危险物品，必须执行有关法律、法规和国家标准或者行业标准，建立专门的安全管理制度，采取可靠的安全措施，接受有关主管部门依法实施的监督管理。

第四十条　生产经营单位对重大危险源应当登记建档，进行定期检测、评估、监控，并制定应急预案，告知从业人员和相关人员在紧急情况下应当采取的应急措施。

生产经营单位应当按照国家有关规定将本单位重大危险源及有关安全措施、应急措施报有关地方人民政府应急管理部门和有关部门备案。有关地方人民政府应急管理部门和有关部门应当通过相关信息系统实现信息共享。

第四十一条　生产经营单位应当建立安全风险分级管控制度，按照安全风险分级采取相应的管控措施。

生产经营单位应当建立健全并落实生产安全事故隐患排查治理制度，采取技术、管理措施，及时发现并消除事故隐患。事故隐患排查治理情况应当如实记录，并通过职工大会或者职工代表大会、信息公示栏等方式向从业人员通报。其中，重大事故隐患排查治理情况应当及时向负有安全生产监督管理职责的部门和职工大会或者职工代表大会报告。

县级以上地方各级人民政府负有安全生产监督管理职责的部门应当将重大事故隐患纳入相关信息系统，建立健全重大事故隐患治理督办制度，督促生产经营单位消除重大事故隐患。

第四十二条　生产、经营、储存、使用危险物品的车间、商店、仓库不得与员工宿舍在同一座建筑物内,并应当与员工宿舍保持安全距离。

生产经营场所和员工宿舍应当设有符合紧急疏散要求、标志明显、保持畅通的出口、疏散通道。禁止占用、锁闭、封堵生产经营场所或者员工宿舍的出口、疏散通道。

第四十三条　生产经营单位进行爆破、吊装、动火、临时用电以及国务院应急管理部门会同国务院有关部门规定的其他危险作业,应当安排专门人员进行现场安全管理,确保操作规程的遵守和安全措施的落实。

第四十四条　生产经营单位应当教育和督促从业人员严格执行本单位的安全生产规章制度和安全操作规程;并向从业人员如实告知作业场所和工作岗位存在的危险因素、防范措施以及事故应急措施。

生产经营单位应当关注从业人员的身体、心理状况和行为习惯,加强对从业人员的心理疏导、精神慰藉,严格落实岗位安全生产责任,防范从业人员行为异常导致事故发生。

第四十五条　生产经营单位必须为从业人员提供符合国家标准或者行业标准的劳动防护用品,并监督、教育从业人员按照使用规则佩戴、使用。

第四十六条　生产经营单位的安全生产管理人员应当根据本单位的生产经营特点,对安全生产状况进行经常性检查;对检查中发现的安全问题,应当立即处理;不能处理的,应当及时报告本单位有关负责人,有关负责人应当及时处理。检查及处理情况应当如实记录在案。

生产经营单位的安全生产管理人员在检查中发现重大事故隐患,依照前款规定向本单位有关负责人报告,有关负责人不及时处理的,安全生产管理人员可以向主管的负有安全生产监督管理职责的部门报告,接到报告的部门应当依法及时处理。

第四十七条　生产经营单位应当安排用于配备劳动防护用品、进行安全生产培训的经费。

第四十八条　两个以上生产经营单位在同一作业区域内进行生产经营活动,可能危及对方生产安全的,应当签订安全生产管理协议,明确各自的安全生产管理职责和应当采取的安全措施,并指定专职安全生产管理人员进行安全检查与协调。

第四十九条　生产经营单位不得将生产经营项目、场所、设备发包或者出租给不具备安全生产条件或者相应资质的单位或者个人。

生产经营项目、场所发包或者出租给其他单位的,生产经营单位应当与承包单位、承租单位签订专门的安全生产管理协议,或者在承包合同、租赁合同中约定各自的安全生产管理职责;生产经营单位对承包单位、承租单位的安全生产工作统一协调、管理,定期进行安全检查,发现安全问题的,应当及时督促整改。

矿山、金属冶炼建设项目和用于生产、储存、装卸危险物品的建设项目的施工单位应当加强对施工项目的安全管理,不得倒卖、出租、出借、挂靠或者以其他形式非法转让施工资质,不得将其承包的全部建设工程转包给第三人或者将其承包的全部建设工程支解以后以分包的名义分别转包给第三人，不得将工程分包给不具备相应资质条件的单位。

第五十条　生产经营单位发生生产安全事故时，单位的主要负责人应当立即组织抢救，并不得在事故调查处理期间擅离职守。

第五十一条　生产经营单位必须依法参加工伤保险，为从业人员缴纳保险费。

国家鼓励生产经营单位投保安全生产责任保险；属于国家规定的高危行业、领域的生产经营单位，应当投保安全生产责任保险。具体范围和实施办法由国务院应急管理部门会同国务院财政部门、国务院保险监督管理机构和相关行业主管部门制定。

第三章　从业人员的安全生产权利义务

第五十二条　生产经营单位与从业人员订立的劳动合同，应当载明有关保障从业人员劳动安全、防止职业危害的事项，以及依法为从业人员办理工伤保险的事项。

生产经营单位不得以任何形式与从业人员订立协议，免除或者减轻其对从业人员因生产安全事故伤亡依法应承担的责任。

第五十三条　生产经营单位的从业人员有权了解其作业场所和工作岗位存在的危险因素、防范措施及事故应急措施，有权对本单位的安全生产工作提出建议。

第五十四条　从业人员有权对本单位安全生产工作中存在的问题提出批评、检举、控告；有权拒绝违章指挥和强令冒险作业。

生产经营单位不得因从业人员对本单位安全生产工作提出批评、检举、控告或者拒绝违章指挥、强令冒险作业而降低其工资、福利等待遇或者解除与其订立的劳动合同。

第五十五条　从业人员发现直接危及人身安全的紧急情况时，有权停止作业或者在采取可能的应急措施后撤离作业场所。

生产经营单位不得因从业人员在前款紧急情况下停止作业或者采取紧急撤离措施而降低其工资、福利等待遇或者解除与其订立的劳动合同。

第五十六条　生产经营单位发生生产安全事故后，应当及时采取措施救治有关人员。

因生产安全事故受到损害的从业人员，除依法享有工伤保险外，依照有关民事法律尚有获得赔偿的权利的，有权提出赔偿要求。

第五十七条　从业人员在作业过程中，应当严格落实岗位安全责任，遵守本单位的安全生产规章制度和操作规程，服从管理，正确佩戴和使用劳动防护用品。

第五十八条　从业人员应当接受安全生产教育和培训，掌握本职工作所需的安全生产知识，提高安全生产技能，增强事故预防和应急处理能力。

第五十九条　从业人员发现事故隐患或者其他不安全因素，应当立即向现场安全生产管理人员或者本单位负责人报告；接到报告的人员应当及时予以处理。

第六十条 工会有权对建设项目的安全设施与主体工程同时设计、同时施工、同时投入生产和使用进行监督，提出意见。

工会对生产经营单位违反安全生产法律、法规，侵犯从业人员合法权益的行为，有权要求纠正；发现生产经营单位违章指挥、强令冒险作业或者发现事故隐患时，有权提出解决的建议，生产经营单位应当及时研究答复；发现危及从业人员生命安全的情况时，有权向生产经营单位建议组织从业人员撤离危险场所，生产经营单位必须立即作出处理。

工会有权依法参加事故调查，向有关部门提出处理意见，并要求追究有关人员的责任。

第六十一条 生产经营单位使用被派遣劳动者的，被派遣劳动者享有本法规定的从业人员的权利，并应当履行本法规定的从业人员的义务。

第四章 安全生产的监督管理

第六十二条 县级以上地方各级人民政府应当根据本行政区域内的安全生产状况，组织有关部门按照职责分工，对本行政区域内容易发生重大生产安全事故的生产经营单位进行严格检查。

应急管理部门应当按照分类分级监督管理的要求，制定安全生产年度监督检查计划，并按照年度监督检查计划进行监督检查，发现事故隐患，应当及时处理。

第六十三条 负有安全生产监督管理职责的部门依照有关法律、法规的规定，对涉及安全生产的事项需要审查批准（包括批准、核准、许可、注册、认证、颁发证照等，下同）或者验收的，必须严格依照有关法律、法规和国家标准或者行业标准规定的安全生产条件和程序进行审查；不符合有关法律、法规和国家标准或者行业标准规定的安全生产条件的，不得批准或者验收通过。对未依法取得批准或者验收合格的单位擅自从事有关活动的，负责行政审批的部门发现或者接到举报后应当立即予以取缔，并依法予以处理。对已经依法取得批准的单位，负责行政审批的部门发现其不再具备安全生产条件的，应当撤销原批准。

第六十四条 负有安全生产监督管理职责的部门对涉及安全生产的事项进行审查、验收，不得收取费用；不得要求接受审查、验收的单位购买其指定品牌或者指定生产、销售单位的安全设备、器材或者其他产品。

第六十五条 应急管理部门和其他负有安全生产监督管理职责的部门依法开展安全生产行政执法工作，对生产经营单位执行有关安全生产的法律、法规和国家标准或者行业标准的情况进行监督检查，行使以下职权：

（一）进入生产经营单位进行检查，调阅有关资料，向有关单位和人员了解情况；

（二）对检查中发现的安全生产违法行为，当场予以纠正或者要求限期改正；对依法应当给予行政处罚的行为，依照本法和其他有关法律、行政法规的规定作出行政处罚决定；

（三）对检查中发现的事故隐患，应当责令立即排除；重大事故隐患排除前或者排除过程中无法保证安全的，应当责令从危险区域内撤出作业人员，责令暂时停产停业或者停止使用相关设施、设备；重大事故隐患排除后，经审查同意，方可恢复生产经营和使用；

（四）对有根据认为不符合保障安全生产的国家标准或者行业标准的设施、设备、器材以及违法生产、储存、使用、经营、运输的危险物品予以查封或者扣押，对违法生产、储存、使用、经营危险物品的作业场所予以查封，并依法作出处理决定。

监督检查不得影响被检查单位的正常生产经营活动。

第六十六条　生产经营单位对负有安全生产监督管理职责的部门的监督检查人员（以下统称安全生产监督检查人员）依法履行监督检查职责，应当予以配合，不得拒绝、阻挠。

第六十七条　安全生产监督检查人员应当忠于职守，坚持原则，秉公执法。

安全生产监督检查人员执行监督检查任务时，必须出示有效的行政执法证件；对涉及被检查单位的技术秘密和业务秘密，应当为其保密。

第六十八条　安全生产监督检查人员应当将检查的时间、地点、内容、发现的问题及其处理情况，作出书面记录，并由检查人员和被检查单位的负责人签字；被检查单位的负责人拒绝签字的，检查人员应当将情况记录在案，并向负有安全生产监督管理职责的部门报告。

第六十九条　负有安全生产监督管理职责的部门在监督检查中，应当互相配合，实行联合检查；确需分别进行检查的，应当互通情况，发现存在的安全问题应当由其他有关部门进行处理的，应当及时移送其他有关部门并形成记录备查，接受移送的部门应当及时进行处理。

第七十条　负有安全生产监督管理职责的部门依法对存在重大事故隐患的生产经营单位作出停产停业、停止施工、停止使用相关设施或者设备的决定，生产经营单位应当依法执行，及时消除事故隐患。生产经营单位拒不执行，有发生生产安全事故的现实危险的，在保证安全的前提下，经本部门主要负责人批准，负有安全生产监督管理职责的部门可以采取通知有关单位停止供电、停止供应民用爆炸物品等措施，强制生产经营单位履行决定。通知应当采用书面形式，有关单位应当予以配合。

负有安全生产监督管理职责的部门依照前款规定采取停止供电措施，除有危及生产安全的紧急情形外，应当提前二十四小时通知生产经营单位。生产经营单位依法履行行政决定、采取相应措施消除事故隐患的，负有安全生产监督管理职责的部门应当及时解除前款规定的措施。

第七十一条　监察机关依照监察法的规定，对负有安全生产监督管理职责的部门及其工作人员履行安全生产监督管理职责实施监察。

第七十二条　承担安全评价、认证、检测、检验职责的机构应当具备国家规定的资质条件，并对其作出的安全评价、认证、检测、检验结果的合法性、真实性负责。资质条件由国务院应急管理部门会同国务院有关部门制定。

承担安全评价、认证、检测、检验职责的机构应当建立并实施服务公开和报告公开制度，不得租借资质、挂靠、出具虚假报告。

第七十三条　负有安全生产监督管理职责的部门应当建立举报制度，公开举报电话、信箱或者电子邮件地址等网络举报平台，受理有关安全生产的举报；受理的举报事项经调查核实后，应当形成书面材料；需要落实整改措施的，报经有关负责人签字并督促落实。对不属于本部门职责，需要由其他有关部门进行调查处理的，转交其他有关部门处理。

涉及人员死亡的举报事项，应当由县级以上人民政府组织核查处理。

第七十四条　任何单位或者个人对事故隐患或者安全生产违法行为，均有权向负有安全生产监督管理职责的部门报告或者举报。

因安全生产违法行为造成重大事故隐患或者导致重大事故，致使国家利益或者社会公共利益受到侵害的，人民检察院可以根据民事诉讼法、行政诉讼法的相关规定提起公益诉讼。

第七十五条　居民委员会、村民委员会发现其所在区域内的生产经营单位存在事故隐患或者安全生产违法行为时，应当向当地人民政府或者有关部门报告。

第七十六条　县级以上各级人民政府及其有关部门对报告重大事故隐患或者举报安全生产违法行为的有功人员，给予奖励。具体奖励办法由国务院应急管理部门会同国务院财政部门制定。

第七十七条　新闻、出版、广播、电影、电视等单位有进行安全生产公益宣传教育的义务，有对违反安全生产法律、法规的行为进行舆论监督的权利。

第七十八条　负有安全生产监督管理职责的部门应当建立安全生产违法行为信息库，如实记录生产经营单位及其有关从业人员的安全生产违法行为信息；对违法行为情节严重的生产经营单位及其有关从业人员，应当及时向社会公告，并通报行业主管部门、投资主管部门、自然资源主管部门、生态环境主管部门、证券监督管理机构以及有关金融机构。有关部门和机构应当对存在失信行为的生产经营单位及其有关从业人员采取加大执法检查频次、暂停项目审批、上调有关保险费率、行业或者职业禁入等联合惩戒措施，并向社会公示。

负有安全生产监督管理职责的部门应当加强对生产经营单位行政处罚信息的及时归集、共享、应用和公开，对生产经营单位作出处罚决定后七个工作日内在监督管理部门公示系统予以公开曝光，强化对违法失信生产经营单位及其有关从业人员的社会监督，提高全社会安全生产诚信水平。

第五章　生产安全事故的应急救援与调查处理

第七十九条　国家加强生产安全事故应急能力建设，在重点行业、领域建立应急救援基地和应急救援队伍，并由国家安全生产应急救援机构统一协调指挥；鼓励生产经营单位和其他社会力量建立应急救援队伍，配备相应的应急救援装备和物资，提高应急救援的专业化水平。

国务院应急管理部门牵头建立全国统一的生产安全事故应急救援信息系统，国务院交通运输、住房和城乡建设、水利、民航等有关部门和县级以上地方人民政府建立健全相关行业、领域、地区的生产安全事故应急救援信息系统，实现互联互通、信息共享，通过推行网上安全信息采集、安全监管和监测预警，提升监管的精准化、智能化水平。

第八十条　县级以上地方各级人民政府应当组织有关部门制定本行政区域内生产安全事故应急救援预案，建立应急救援体系。

乡镇人民政府和街道办事处，以及开发区、工业园区、港区、风景区等应当制定相应的生产安全事故应急救援预案，协助人民政府有关部门或者按照授权依法履行生产安全事故应急救援工作职责。

第八十一条　生产经营单位应当制定本单位生产安全事故应急救援预案，与所在地县级以上地方人民政府组织制定的生产安全事故应急救援预案相衔接，并定期组织演练。

第八十二条　危险物品的生产、经营、储存单位以及矿山、金属冶炼、城市轨道交通运营、建筑施工单位应当建立应急救援组织；生产经营规模较小的，可以不建立应急救援组织，但应当指定兼职的应急救援人员。

危险物品的生产、经营、储存、运输单位以及矿山、金属冶炼、城市轨道交通运营、建筑施工单位应当配备必要的应急救援器材、设备和物资，并进行经常性维护、保养，保证正常运转。

第八十三条　生产经营单位发生生产安全事故后，事故现场有关人员应当立即报告本单位负责人。

单位负责人接到事故报告后，应当迅速采取有效措施，组织抢救，防止事故扩大，减少人员伤亡和财产损失，并按照国家有关规定立即如实报告当地负有安全生产监督管理职责的部门，不得隐瞒不报、谎报或者迟报，不得故意破坏事故现场、毁灭有关证据。

第八十四条　负有安全生产监督管理职责的部门接到事故报告后，应当立即按照国家有关规定上报事故情况。负有安全生产监督管理职责的部门和有关地方人民政府对事故情况不得隐瞒不报、谎报或者迟报。

第八十五条　有关地方人民政府和负有安全生产监督管理职责的部门的负责人接到生产安全事故报告后，应当按照生产安全事故应急救援预案的要求立即赶到事故现场，组织事故抢救。

参与事故抢救的部门和单位应当服从统一指挥，加强协同联动，采取有效的应急救援措施，并根据事故救援的需要采取警戒、疏散等措施，防止事故扩大和次生灾害的发生，减少人员伤亡和财产损失。

事故抢救过程中应当采取必要措施，避免或者减少对环境造成的危害。

任何单位和个人都应当支持、配合事故抢救，并提供一切便利条件。

第八十六条　事故调查处理应当按照科学严谨、依法依规、实事求是、注重实效的原则，及时、准确地查清事故原因，查明事故性质和责任，评估应急处置工作，总结事故教训，提出整改措施，并对事故责任单位和人员提出处理建议。事故调查报告应当依法及时向社会公布。事故调查和处理的具体办法由国务院制定。

事故发生单位应当及时全面落实整改措施，负有安全生产监督管理职责的部门应当加强监督检查。

负责事故调查处理的国务院有关部门和地方人民政府应当在批复事故调查报告后一年内，组织有关部门对事故整改和防范措施落实情况进行评估，并及时向社会公开评估结果；对不履行职责导致事故整改和防范措施没有落实的有关单位和人员，应当按照有关规定追究责任。

第八十七条　生产经营单位发生生产安全事故，经调查确定为责任事故的，除了应当查明事故单位的责任并依法予以追究外，还应当查明对安全生产的有关事项负有审查批准和监督职责的行政部门的责任，对有失职、渎职行为的，依照本法第九十条的规定追究法律责任。

第八十八条　任何单位和个人不得阻挠和干涉对事故的依法调查处理。

第八十九条　县级以上地方各级人民政府应急管理部门应当定期统计分析本行政区域内发生生产安全事故的情况，并定期向社会公布。

第六章　法律责任

第九十条　负有安全生产监督管理职责的部门的工作人员，有下列行为之一的，给予降级或者撤职的处分；构成犯罪的，依照刑法有关规定追究刑事责任：

（一）对不符合法定安全生产条件的涉及安全生产的事项予以批准或者验收通过的；

（二）发现未依法取得批准、验收的单位擅自从事有关活动或者接到举报后不予取缔或者不依法予以处理的；

（三）对已经依法取得批准的单位不履行监督管理职责，发现其不再具备安全生产条件而不撤销原批准或者发现安全生产违法行为不予查处的；

（四）在监督检查中发现重大事故隐患，不依法及时处理的。

负有安全生产监督管理职责的部门的工作人员有前款规定以外的滥用职权、玩忽职守、徇私舞弊行为的，依法给予处分；构成犯罪的，依照刑法有关规定追究刑事责任。

第九十一条　负有安全生产监督管理职责的部门，要求被审查、验收的单位购买其指定的安全设备、器材或者其他产品的，在对安全生产事项的审查、验收中收取费用的，由其上级机关或者监察机关责令改正，责令退还收取的费用；情节严重的，对直接负责的主管人员和其他直接责任人员依法给予处分。

第九十二条　承担安全评价、认证、检测、检验职责的机构出具失实报告的，责令停业整顿，并处三万元以上十万元以下的罚款；给他人造成损害的，依法承担赔偿责任。

承担安全评价、认证、检测、检验职责的机构租借资质、挂靠、出具虚假报告的，没收违法所得；违法所得在十万元以上的，并处违法所得二倍以上五倍以下的罚款，没有违法所得或者违法所得不足十万元的，单处或者并处十万元以上二十万元以下的罚款；对其直接负责的主管人员和其他直接责任人员处五万元以上十万元以下的罚款；给他人造成损害的，与生产经营单位承担连带赔偿责任；构成犯罪的，依照刑法有关规定追究刑事责任。

对有前款违法行为的机构及其直接责任人员，吊销其相应资质和资格，五年内不得从事安全评价、认证、检测、检验等工作；情节严重的，实行终身行业和职业禁入。

第九十三条　生产经营单位的决策机构、主要负责人或者个人经营的投资人不依照本法规定保证安全生产所必需的资金投入，致使生产经营单位不具备安全生产条件的，责令限期改正，提供必需的资金；逾期未改正的，责令生产经营单位停产停业整顿。

有前款违法行为，导致发生生产安全事故的，对生产经营单位的主要负责人给予撤职处分，对个人经营的投资人处二万元以上二十万元以下的罚款；构成犯罪的，依照刑法有关规定追究刑事责任。

第九十四条　生产经营单位的主要负责人未履行本法规定的安全生产管理职责的，责令限期改正，处二万元以上五万元以下的罚款；逾期未改正的，处五万元以上十万元以下的罚款，责令生产经营单位停产停业整顿。

生产经营单位的主要负责人有前款违法行为，导致发生生产安全事故的，给予撤职处分；构成犯罪的，依照刑法有关规定追究刑事责任。

生产经营单位的主要负责人依照前款规定受刑事处罚或者撤职处分的，自刑罚执行完毕或者受处分之日起，五年内不得担任任何生产经营单位的主要负责人；对重大、特别重大生产安全事故负有责任的，终身不得担任本行业生产经营单位的主要负责人。

第九十五条　生产经营单位的主要负责人未履行本法规定的安全生产管理职责，导致发生生产安全事故的，由应急管理部门依照下列规定处以罚款：

（一）发生一般事故的，处上一年年收入百分之四十的罚款；

（二）发生较大事故的，处上一年年收入百分之六十的罚款；

（三）发生重大事故的，处上一年年收入百分之八十的罚款；

（四）发生特别重大事故的，处上一年年收入百分之一百的罚款。

第九十六条 生产经营单位的其他负责人和安全生产管理人员未履行本法规定的安全生产管理职责的，责令限期改正，处一万元以上三万元以下的罚款；导致发生生产安全事故的，暂停或者吊销其与安全生产有关的资格，并处上一年年收入百分之二十以上百分之五十以下的罚款；构成犯罪的，依照刑法有关规定追究刑事责任。

第九十七条 生产经营单位有下列行为之一的，责令限期改正，处十万元以下的罚款；逾期未改正的，责令停产停业整顿，并处十万元以上二十万元以下的罚款，对其直接负责的主管人员和其他直接责任人员处二万元以上五万元以下的罚款：

（一）未按照规定设置安全生产管理机构或者配备安全生产管理人员、注册安全工程师的；

（二）危险物品的生产、经营、储存、装卸单位以及矿山、金属冶炼、建筑施工、运输单位的主要负责人和安全生产管理人员未按照规定经考核合格的；

（三）未按照规定对从业人员、被派遣劳动者、实习学生进行安全生产教育和培训，或者未按照规定如实告知有关的安全生产事项的；

（四）未如实记录安全生产教育和培训情况的；

（五）未将事故隐患排查治理情况如实记录或者未向从业人员通报的；

（六）未按照规定制定生产安全事故应急救援预案或者未定期组织演练的；

（七）特种作业人员未按照规定经专门的安全作业培训并取得相应资格，上岗作业的。

第九十八条 生产经营单位有下列行为之一的，责令停止建设或者停产停业整顿，限期改正，并处十万元以上五十万元以下的罚款，对其直接负责的主管人员和其他直接责任人员处二万元以上五万元以下的罚款；逾期未改正的，处五十万元以上一百万元以下的罚款，对其直接负责的主管人员和其他直接责任人员处五万元以上十万元以下的罚款；构成犯罪的，依照刑法有关规定追究刑事责任：

（一）未按照规定对矿山、金属冶炼建设项目或者用于生产、储存、装卸危险物品的建设项目进行安全评价的；

（二）矿山、金属冶炼建设项目或者用于生产、储存、装卸危险物品的建设项目没有安全设施设计或者安全设施设计未按照规定报经有关部门审查同意的；

（三）矿山、金属冶炼建设项目或者用于生产、储存、装卸危险物品的建设项目的施工单位未按照批准的安全设施设计施工的；

（四）矿山、金属冶炼建设项目或者用于生产、储存、装卸危险物品的建设项目竣工投入生产或者使用前，安全设施未经验收合格的。

第九十九条 生产经营单位有下列行为之一的，责令限期改正，处五万元以下的罚款；逾期未改正的，处五万元以上二十万元以下的罚款，对其直接负责的主管人员和其他直接责任人员处一万元以上二万元以下的罚款；情节严重的，责令停产停业整顿；构成犯罪的，依照刑法有关规定追究刑事责任：

（一）未在有较大危险因素的生产经营场所和有关设施、设备上设置明显的安全警示标志的；

（二）安全设备的安装、使用、检测、改造和报废不符合国家标准或者行业标准的；

（三）未对安全设备进行经常性维护、保养和定期检测的；

（四）关闭、破坏直接关系生产安全的监控、报警、防护、救生设备、设施，或者篡改、隐瞒、销毁其相关数据、信息的；

（五）未为从业人员提供符合国家标准或者行业标准的劳动防护用品的；

（六）危险物品的容器、运输工具，以及涉及人身安全、危险性较大的海洋石油开采特种设备和矿山井下特种设备未经具有专业资质的机构检测、检验合格，取得安全使用证或者安全标志，投入使用的；

（七）使用应当淘汰的危及生产安全的工艺、设备的；

（八）餐饮等行业的生产经营单位使用燃气未安装可燃气体报警装置的。

第一百条　未经依法批准，擅自生产、经营、运输、储存、使用危险物品或者处置废弃危险物品的，依照有关危险物品安全管理的法律、行政法规的规定予以处罚；构成犯罪的，依照刑法有关规定追究刑事责任。

第一百零一条　生产经营单位有下列行为之一的，责令限期改正，处十万元以下的罚款；逾期未改正的，责令停产停业整顿，并处十万元以上二十万元以下的罚款，对其直接负责的主管人员和其他直接责任人员处二万元以上五万元以下的罚款；构成犯罪的，依照刑法有关规定追究刑事责任：

（一）生产、经营、运输、储存、使用危险物品或者处置废弃危险物品，未建立专门安全管理制度、未采取可靠的安全措施的；

（二）对重大危险源未登记建档，未进行定期检测、评估、监控，未制定应急预案，或者未告知应急措施的；

（三）进行爆破、吊装、动火、临时用电以及国务院应急管理部门会同国务院有关部门规定的其他危险作业，未安排专门人员进行现场安全管理的；

（四）未建立安全风险分级管控制度或者未按照安全风险分级采取相应管控措施的；

（五）未建立事故隐患排查治理制度，或者重大事故隐患排查治理情况未按照规定报告的。

第一百零二条　生产经营单位未采取措施消除事故隐患的，责令立即消除或者限期消除，处五万元以下的罚款；生产经营单位拒不执行的，责令停产停业整顿，对其直接负责的主管人员和其他直接责任人员处五万元以上十万元以下的罚款；构成犯罪的，依照刑法有关规定追究刑事责任。

第一百零三条　生产经营单位将生产经营项目、场所、设备发包或者出租给不具备安全生产条件或者相应资质的单位或者个人的，责令限期改正，没收违法所得；违法所得十万元以上的，并处违法所得二倍以上五倍以下的罚款；没有违法所得或者违法所得不足十万元的，单处或者并处十万元以上二十万元以下的罚款；对其直接负责的主管人员和其他直接责任人员处一万元以上二万元以下的罚款；导致发生生产安全事故给他人造成损害的，与承包方、承租方承担连带赔偿责任。

生产经营单位未与承包单位、承租单位签订专门的安全生产管理协议或者未在承包合同、租赁合同中明确各自的安全生产管理职责，或者未对承包单位、承租单位的安全生产统一协调、管理的，责令限期改正，处五万元以下的罚款，对其直接负责的主管人员和其他直接责任人员处一万元以下的罚款；逾期未改正的，责令停产停业整顿。

矿山、金属冶炼建设项目和用于生产、储存、装卸危险物品的建设项目的施工单位未按照规定对施工项目进行安全管理的，责令限期改正，处十万元以下的罚款，对其直接负责的主管人员和其他直接责任人员处二万元以下的罚款；逾期未改正的，责令停产停业整顿。以上施工单位倒卖、出租、出借、挂靠或者以其他形式非法转让施工资质的，责令停产停业整顿，吊销资质证书，没收违法所得；违法所得十万元以上的，并处违法所得二倍以上五倍以下的罚款，没有违法所得或者违法所得不足十万元的，单处或者并处十万元以上二十万元以下的罚款；对其直接负责的主管人员和其他直接责任人员处五万元以上十万元以下的罚款；构成犯罪的，依照刑法有关规定追究刑事责任。

第一百零四条　两个以上生产经营单位在同一作业区域内进行可能危及对方安全生产的生产经营活动，未签订安全生产管理协议或者未指定专职安全生产管理人员进行安全检查与协调的，责令限期改正，处五万元以下的罚款，对其直接负责的主管人员和其他直接责任人员处一万元以下的罚款；逾期未改正的，责令停产停业。

第一百零五条　生产经营单位有下列行为之一的，责令限期改正，处五万元以下的罚款，对其直接负责的主管人员和其他直接责任人员处一万元以下的罚款；逾期未改正的，责令停产停业整顿；构成犯罪的，依照刑法有关规定追究刑事责任：

（一）生产、经营、储存、使用危险物品的车间、商店、仓库与员工宿舍在同一座建筑内，或者与员工宿舍的距离不符合安全要求的；

（二）生产经营场所和员工宿舍未设有符合紧急疏散需要、标志明显、保持畅通的出口、疏散通道，或者占用、锁闭、封堵生产经营场所或者员工宿舍出口、疏散通道的。

第一百零六条　生产经营单位与从业人员订立协议，免除或者减轻其对从业人员因生产安全事故伤亡依法应承担的责任的，该协议无效；对生产经营单位的主要负责人、个人经营的投资人处二万元以上十万元以下的罚款。

第一百零七条　生产经营单位的从业人员不落实岗位安全责任，不服从管理，违反安全生产规章制度或者操作规程的，由生产经营单位给予批评教育，依照有关规章制度给予处分；构成犯罪的，依照刑法有关规定追究刑事责任。

第一百零八条 违反本法规定，生产经营单位拒绝、阻碍负有安全生产监督管理职责的部门依法实施监督检查的，责令改正；拒不改正的，处二万元以上二十万元以下的罚款；对其直接负责的主管人员和其他直接责任人员处一万元以上二万元以下的罚款；构成犯罪的，依照刑法有关规定追究刑事责任。

第一百零九条 高危行业、领域的生产经营单位未按照国家规定投保安全生产责任保险的，责令限期改正，处五万元以上十万元以下的罚款；逾期未改正的，处十万元以上二十万元以下的罚款。

第一百一十条 生产经营单位的主要负责人在本单位发生生产安全事故时，不立即组织抢救或者在事故调查处理期间擅离职守或者逃匿的，给予降级、撤职的处分，并由应急管理部门处上一年年收入百分之六十至百分之一百的罚款；对逃匿的处十五日以下拘留；构成犯罪的，依照刑法有关规定追究刑事责任。

生产经营单位的主要负责人对生产安全事故隐瞒不报、谎报或者迟报的，依照前款规定处罚。

第一百一十一条 有关地方人民政府、负有安全生产监督管理职责的部门，对生产安全事故隐瞒不报、谎报或者迟报的，对直接负责的主管人员和其他直接责任人员依法给予处分；构成犯罪的，依照刑法有关规定追究刑事责任。

第一百一十二条 生产经营单位违反本法规定，被责令改正且受到罚款处罚，拒不改正的，负有安全生产监督管理职责的部门可以自作出责令改正之日的次日起，按照原处罚数额按日连续处罚。

第一百一十三条 生产经营单位存在下列情形之一的，负有安全生产监督管理职责的部门应当提请地方人民政府予以关闭，有关部门应当依法吊销其有关证照。生产经营单位主要负责人五年内不得担任任何生产经营单位的主要负责人；情节严重的，终身不得担任本行业生产经营单位的主要负责人：

（一）存在重大事故隐患，一百八十日内三次或者一年内四次受到本法规定的行政处罚的；

（二）经停产停业整顿，仍不具备法律、行政法规和国家标准或者行业标准规定的安全生产条件的；

（三）不具备法律、行政法规和国家标准或者行业标准规定的安全生产条件，导致发生重大、特别重大生产安全事故的；

（四）拒不执行负有安全生产监督管理职责的部门作出的停产停业整顿决定的。

第一百一十四条 发生生产安全事故，对负有责任的生产经营单位除要求其依法承担相应的赔偿等责任外，由应急管理部门依照下列规定处以罚款：

（一）发生一般事故的，处三十万元以上一百万元以下的罚款；

（二）发生较大事故的，处一百万元以上二百万元以下的罚款；

（三）发生重大事故的，处二百万元以上一千万元以下的罚款；

（四）发生特别重大事故的，处一千万元以上二千万元以下的罚款。

发生生产安全事故，情节特别严重、影响特别恶劣的，应急管理部门可以按照前款罚款数额的二倍以上五倍以下对负有责任的生产经营单位处以罚款。

第一百一十五条　本法规定的行政处罚，由应急管理部门和其他负有安全生产监督管理职责的部门按照职责分工决定；其中，根据本法第九十五条、第一百一十条、第一百一十四条的规定应当给予民航、铁路、电力行业的生产经营单位及其主要负责人行政处罚的，也可以由主管的负有安全生产监督管理职责的部门进行处罚。予以关闭的行政处罚，由负有安全生产监督管理职责的部门报请县级以上人民政府按照国务院规定的权限决定；给予拘留的行政处罚，由公安机关依照治安管理处罚的规定决定。

第一百一十六条　生产经营单位发生生产安全事故造成人员伤亡、他人财产损失的，应当依法承担赔偿责任；拒不承担或者其负责人逃匿的，由人民法院依法强制执行。

生产安全事故的责任人未依法承担赔偿责任，经人民法院依法采取执行措施后，仍不能对受害人给予足额赔偿的，应当继续履行赔偿义务；受害人发现责任人有其他财产的，可以随时请求人民法院执行。

第七章　附则

第一百一十七条　本法下列用语的含义：

危险物品，是指易燃易爆物品、危险化学品、放射性物品等能够危及人身安全和财产安全的物品。

重大危险源，是指长期地或者临时地生产、搬运、使用或者储存危险物品，且危险物品的数量等于或者超过临界量的单元（包括场所和设施）。

第一百一十八条　本法规定的生产安全一般事故、较大事故、重大事故、特别重大事故的划分标准由国务院规定。

国务院应急管理部门和其他负有安全生产监督管理职责的部门应当根据各自的职责分工，制定相关行业、领域重大危险源的辨识标准和重大事故隐患的判定标准。

第一百一十九条　本法自 2002 年 11 月 1 日起施行。

七、中华人民共和国残疾人保障法

第一章　总则

第一条　为了维护残疾人的合法权益，发展残疾人事业，保障残疾人平等地充分参与社会生活，共享社会物质文化成果，根据宪法，制定本法。

第二条　残疾人是指在心理、生理、人体结构上，某种组织、功能丧失或者不正常，全部或者部分丧失以正常方式从事某种活动能力的人。

残疾人包括视力残疾、听力残疾、言语残疾、肢体残疾、智力残疾、精神残疾、多重残疾和其他残疾的人。

残疾标准由国务院规定。

第三条　残疾人在政治、经济、文化、社会和家庭生活等方面享有同其他公民平等的权利。

残疾人的公民权利和人格尊严受法律保护。

禁止基于残疾的歧视。禁止侮辱、侵害残疾人。禁止通过大众传播媒介或者其他方式贬低损害残疾人人格。

第四条　国家采取辅助方法和扶持措施，对残疾人给予特别扶助，减轻或者消除残疾影响和外界障碍，保障残疾人权利的实现。

第五条　县级以上人民政府应当将残疾人事业纳入国民经济和社会发展规划，加强领导，综合协调，并将残疾人事业经费列入财政预算，建立稳定的经费保障机制。

国务院制定中国残疾人事业发展纲要，县级以上地方人民政府根据中国残疾人事业发展纲要，制定本行政区域的残疾人事业发展规划和年度计划，使残疾人事业与经济、社会协调发展。

县级以上人民政府负责残疾人工作的机构，负责组织、协调、指导、督促有关部门做好残疾人事业的工作。

各级人民政府和有关部门，应当密切联系残疾人，听取残疾人的意见，按照各自的职责，做好残疾人工作。

第六条　国家采取措施，保障残疾人依照法律规定，通过各种途径和形式，管理国家事务，管理经济和文化事业，管理社会事务。

制定法律、法规、规章和公共政策，对涉及残疾人权益和残疾人事业的重大问题，应当听取残疾人和残疾人组织的意见。

残疾人和残疾人组织有权向各级国家机关提出残疾人权益保障、残疾人事业发展等方面的意见和建议。

第七条　全社会应当发扬人道主义精神，理解、尊重、关心、帮助残疾人，支持残疾人事业。

国家鼓励社会组织和个人为残疾人提供捐助和服务。

国家机关、社会团体、企业事业单位和城乡基层群众性自治组织，应当做好所属范围内的残疾人工作。

从事残疾人工作的国家工作人员和其他人员，应当依法履行职责，努力为残疾人服务。

第八条　中国残疾人联合会及其地方组织，代表残疾人的共同利益，维护残疾人的合法权益，团结教育残疾人，为残疾人服务。

中国残疾人联合会及其地方组织依照法律、法规、章程或者接受政府委托，开展残疾人工作，动员社会力量，发展残疾人事业。

第九条　残疾人的扶养人必须对残疾人履行扶养义务。

残疾人的监护人必须履行监护职责，尊重被监护人的意愿，维护被监护人的合法权益。

残疾人的亲属、监护人应当鼓励和帮助残疾人增强自立能力。

禁止对残疾人实施家庭暴力，禁止虐待、遗弃残疾人。

第十条　国家鼓励残疾人自尊、自信、自强、自立，为社会主义建设贡献力量。

残疾人应当遵守法律、法规，履行应尽的义务，遵守公共秩序，尊重社会公德。

第十一条　国家有计划地开展残疾预防工作，加强对残疾预防工作的领导，宣传、普及母婴保健和预防残疾的知识，建立健全出生缺陷预防和早期发现、早期治疗机制，针对遗传、疾病、药物、事故、灾害、环境污染和其他致残因素，组织和动员社会力量，采取措施，预防残疾的发生，减轻残疾程度。

国家建立健全残疾人统计调查制度，开展残疾人状况的统计调查和分析。

第十二条　国家和社会对残疾军人、因公致残人员以及其他为维护国家和人民利益致残的人员实行特别保障，给予抚恤和优待。

第十三条　对在社会主义建设中做出显著成绩的残疾人，对维护残疾人合法权益、发展残疾人事业、为残疾人服务做出显著成绩的单位和个人，各级人民政府和有关部门给予表彰和奖励。

第十四条　每年5月的第三个星期日为全国助残日。

第二章　康复

第十五条　国家保障残疾人享有康复服务的权利。

各级人民政府和有关部门应当采取措施，为残疾人康复创造条件，建立和完善残疾人康复服务体系，并分阶段实施重点康复项目，帮助残疾人恢复或者补偿功能，增强其参与社会生活的能力。

第十六条　康复工作应当从实际出发，将现代康复技术与我国传统康复技术相结合；以社区康复为基础，康复机构为骨干，残疾人家庭为依托；以实用、易行、受益广的康复内容为重点，优先开展残疾儿童抢救性治疗和康复；发展符合康复要求的科学技术，鼓励自主创新，加强康复新技术的研究、开发和应用，为残疾人提供有效的康复服务。

第十七条　各级人民政府鼓励和扶持社会力量兴办残疾人康复机构。

地方各级人民政府和有关部门，应当组织和指导城乡社区服务组织、医疗预防保健机构、残疾人组织、残疾人家庭和其他社会力量，开展社区康复工作。

残疾人教育机构、福利性单位和其他为残疾人服务的机构，应当创造条件，开展康复训练活动。

残疾人在专业人员的指导和有关工作人员、志愿工作者及亲属的帮助下，应当努力进行功能、自理能力和劳动技能的训练。

第十八条 地方各级人民政府和有关部门应当根据需要有计划地在医疗机构设立康复医学科室，举办残疾人康复机构，开展康复医疗与训练、人员培训、技术指导、科学研究等工作。

第十九条 医学院校和其他有关院校应当有计划地开设康复课程，设置相关专业，培养各类康复专业人才。

政府和社会采取多种形式对从事康复工作的人员进行技术培训；向残疾人、残疾人亲属、有关工作人员和志愿工作者普及康复知识，传授康复方法。

第二十条 政府有关部门应当组织和扶持残疾人康复器械、辅助器具的研制、生产、供应、维修服务。

第三章 教育

第二十一条 国家保障残疾人享有平等接受教育的权利。

各级人民政府应当将残疾人教育作为国家教育事业的组成部分，统一规划，加强领导，为残疾人接受教育创造条件。

政府、社会、学校应当采取有效措施，解决残疾儿童、少年就学存在的实际困难，帮助其完成义务教育。

各级人民政府对接受义务教育的残疾学生、贫困残疾人家庭的学生提供免费教科书，并给予寄宿生活费等费用补助；对接受义务教育以外其他教育的残疾学生、贫困残疾人家庭的学生按照国家有关规定给予资助。

第二十二条 残疾人教育，实行普及与提高相结合、以普及为重点的方针，保障义务教育，着重发展职业教育，积极开展学前教育，逐步发展高级中等以上教育。

第二十三条 残疾人教育应当根据残疾人的身心特性和需要，按照下列要求实施：

（一）在进行思想教育、文化教育的同时，加强身心补偿和职业教育；

（二）依据残疾类别和接受能力，采取普通教育方式或者特殊教育方式；

（三）特殊教育的课程设置、教材、教学方法、入学和在校年龄，可以有适度弹性。

第二十四条 县级以上人民政府应当根据残疾人的数量、分布状况和残疾类别等因素，合理设置残疾人教育机构，并鼓励社会力量办学、捐资助学。

第二十五条 普通教育机构对具有接受普通教育能力的残疾人实施教育，并为其学习提供便利和帮助。

普通小学、初级中等学校，必须招收能适应其学习生活的残疾儿童、少年入学；普通高级中等学校、中等职业学校和高等学校，必须招收符合国家规定的录取要求的残疾考生入学，不得因其残疾而拒绝招收；拒绝招收的，当事人或者其亲属、监护人可以要求有关部门处理，有关部门应当责令该学校招收。

普通幼儿教育机构应当接收能适应其生活的残疾幼儿。

第二十六条　残疾幼儿教育机构、普通幼儿教育机构附设的残疾儿童班、特殊教育机构的学前班、残疾儿童福利机构、残疾儿童家庭，对残疾儿童实施学前教育。

初级中等以下特殊教育机构和普通教育机构附设的特殊教育班，对不具有接受普通教育能力的残疾儿童、少年实施义务教育。

高级中等以上特殊教育机构、普通教育机构附设的特殊教育班和残疾人职业教育机构，对符合条件的残疾人实施高级中等以上文化教育、职业教育。

提供特殊教育的机构应当具备适合残疾人学习、康复、生活特点的场所和设施。

第二十七条　政府有关部门、残疾人所在单位和有关社会组织应当对残疾人开展扫除文盲、职业培训、创业培训和其他成人教育，鼓励残疾人自学成才。

第二十八条　国家有计划地举办各级各类特殊教育师范院校、专业，在普通师范院校附设特殊教育班，培养、培训特殊教育师资。普通师范院校开设特殊教育课程或者讲授有关内容，使普通教师掌握必要的特殊教育知识。

特殊教育教师和手语翻译，享受特殊教育津贴。

第二十九条　政府有关部门应当组织和扶持盲文、手语的研究和应用，特殊教育教材的编写和出版，特殊教育教学用具及其他辅助用品的研制、生产和供应。

第四章　劳动就业

第三十条　国家保障残疾人劳动的权利。

各级人民政府应当对残疾人劳动就业统筹规划，为残疾人创造劳动就业条件。

第三十一条　残疾人劳动就业，实行集中与分散相结合的方针，采取优惠政策和扶持保护措施，通过多渠道、多层次、多种形式，使残疾人劳动就业逐步普及、稳定、合理。

第三十二条　政府和社会举办残疾人福利企业、盲人按摩机构和其他福利性单位，集中安排残疾人就业。

第三十三条　国家实行按比例安排残疾人就业制度。

国家机关、社会团体、企业事业单位、民办非企业单位应当按照规定的比例安排残疾人就业，并为其选择适当的工种和岗位。达不到规定比例的，按照国家有关规定履行保障残疾人就业义务。国家鼓励用人单位超过规定比例安排残疾人就业。

残疾人就业的具体办法由国务院规定。

第三十四条　国家鼓励和扶持残疾人自主择业、自主创业。

第三十五条　地方各级人民政府和农村基层组织，应当组织和扶持农村残疾人从事种植业、养殖业、手工业和其他形式的生产劳动。

第三十六条　国家对安排残疾人就业达到、超过规定比例或者集中安排残疾人就业的用人单位和从事个体经营的残疾人，依法给予税收优惠，并在生产、经营、技术、资金、物资、场地等方面给予扶持。国家对从事个体经营的残疾人，免除行政事业性收费。

县级以上地方人民政府及其有关部门应当确定适合残疾人生产、经营的产品、项目，优先安排残疾人福利性单位生产或者经营，并根据残疾人福利性单位的生产特点确定某些产品由其专产。

政府采购，在同等条件下应当优先购买残疾人福利性单位的产品或者服务。

地方各级人民政府应当开发适合残疾人就业的公益性岗位。

对申请从事个体经营的残疾人，有关部门应当优先核发营业执照。

对从事各类生产劳动的农村残疾人，有关部门应当在生产服务、技术指导、农用物资供应、农副产品购销和信贷等方面，给予帮助。

第三十七条　政府有关部门设立的公共就业服务机构，应当为残疾人免费提供就业服务。

残疾人联合会举办的残疾人就业服务机构，应当组织开展免费的职业指导、职业介绍和职业培训，为残疾人就业和用人单位招用残疾人提供服务和帮助。

第三十八条　国家保护残疾人福利性单位的财产所有权和经营自主权，其合法权益不受侵犯。

在职工的招用、转正、晋级、职称评定、劳动报酬、生活福利、休息休假、社会保险等方面，不得歧视残疾人。

残疾职工所在单位应当根据残疾职工的特点，提供适当的劳动条件和劳动保护，并根据实际需要对劳动场所、劳动设备和生活设施进行改造。

国家采取措施，保障盲人保健和医疗按摩人员从业的合法权益。

第三十九条　残疾职工所在单位应当对残疾职工进行岗位技术培训，提高其劳动技能和技术水平。

第四十条　任何单位和个人不得以暴力、威胁或者非法限制人身自由的手段强迫残疾人劳动。

第五章　文化生活

第四十一条　国家保障残疾人享有平等参与文化生活的权利。

各级人民政府和有关部门鼓励、帮助残疾人参加各种文化、体育、娱乐活动，积极创造条件，丰富残疾人精神文化生活。

第四十二条　残疾人文化、体育、娱乐活动应当面向基层，融于社会公共文化生活，适应各类残疾人的不同特点和需要，使残疾人广泛参与。

第四十三条　政府和社会采取下列措施，丰富残疾人的精神文化生活：

（一）通过广播、电影、电视、报刊、图书、网络等形式，及时宣传报道残疾人的工作、生活等情况，为残疾人服务；

（二）组织和扶持盲文读物、盲人有声读物及其他残疾人读物的编写和出版，根据盲人的实际需要，在公共图书馆设立盲文读物、盲人有声读物图书室；

（三）开办电视手语节目，开办残疾人专题广播栏目，推进电视栏目、影视作品加配字幕、解说；

（四）组织和扶持残疾人开展群众性文化、体育、娱乐活动，举办特殊艺术演出和残疾人体育运动会，参加国际性比赛和交流；

（五）文化、体育、娱乐和其他公共活动场所，为残疾人提供方便和照顾。有计划地兴办残疾人活动场所。

第四十四条　政府和社会鼓励、帮助残疾人从事文学、艺术、教育、科学、技术和其他有益于人民的创造性劳动。

第四十五条　政府和社会促进残疾人与其他公民之间的相互理解和交流，宣传残疾人事业和扶助残疾人的事迹，弘扬残疾人自强不息的精神，倡导团结、友爱、互助的社会风尚。

第六章　社会保障

第四十六条　国家保障残疾人享有各项社会保障的权利。

政府和社会采取措施，完善对残疾人的社会保障，保障和改善残疾人的生活。

第四十七条　残疾人及其所在单位应当按照国家有关规定参加社会保险。

残疾人所在城乡基层群众性自治组织、残疾人家庭，应当鼓励、帮助残疾人参加社会保险。

对生活确有困难的残疾人，按照国家有关规定给予社会保险补贴。

第四十八条　各级人民政府对生活确有困难的残疾人，通过多种渠道给予生活、教育、住房和其他社会救助。

县级以上地方人民政府对享受最低生活保障待遇后生活仍有特别困难的残疾人家庭，应当采取其他措施保障其基本生活。

各级人民政府对贫困残疾人的基本医疗、康复服务、必要的辅助器具的配置和更换，应当按照规定给予救助。

对生活不能自理的残疾人，地方各级人民政府应当根据情况给予护理补贴。

第四十九条　地方各级人民政府对无劳动能力、无扶养人或者扶养人不具有扶养能力、无生活来源的残疾人，按照规定予以供养。

国家鼓励和扶持社会力量举办残疾人供养、托养机构。

残疾人供养、托养机构及其工作人员不得侮辱、虐待、遗弃残疾人。

第五十条　县级以上人民政府对残疾人搭乘公共交通工具，应当根据实际情况给予便利和优惠。残疾人可以免费携带随身必备的辅助器具。

盲人持有效证件免费乘坐市内公共汽车、电车、地铁、渡船等公共交通工具。盲人读物邮件免费寄递。

国家鼓励和支持提供电信、广播电视服务的单位对盲人、听力残疾人、言语残疾人给予优惠。

各级人民政府应当逐步增加对残疾人的其他照顾和扶助。

第五十一条　政府有关部门和残疾人组织应当建立和完善社会各界为残疾人捐助和服务的渠道，鼓励和支持发展残疾人慈善事业，开展志愿者助残等公益活动。

第七章　无障碍环境

第五十二条　国家和社会应当采取措施，逐步完善无障碍设施，推进信息交流无障碍，为残疾人平等参与社会生活创造无障碍环境。

各级人民政府应当对无障碍环境建设进行统筹规划，综合协调，加强监督管理。

第五十三条　无障碍设施的建设和改造，应当符合残疾人的实际需要。

新建、改建和扩建建筑物、道路、交通设施等，应当符合国家有关无障碍设施工程建设标准。

各级人民政府和有关部门应当按照国家无障碍设施工程建设规定，逐步推进已建成设施的改造，优先推进与残疾人日常工作、生活密切相关的公共服务设施的改造。

对无障碍设施应当及时维修和保护。

第五十四条　国家采取措施，为残疾人信息交流无障碍创造条件。

各级人民政府和有关部门应当采取措施，为残疾人获取公共信息提供便利。

国家和社会研制、开发适合残疾人使用的信息交流技术和产品。

国家举办的各类升学考试、职业资格考试和任职考试，有盲人参加的，应当为盲人提供盲文试卷、电子试卷或者由专门的工作人员予以协助。

第五十五条　公共服务机构和公共场所应当创造条件，为残疾人提供语音和文字提示、手语、盲文等信息交流服务，并提供优先服务和辅助性服务。

公共交通工具应当逐步达到无障碍设施的要求。有条件的公共停车场应当为残疾人设置专用停车位。

第五十六条　组织选举的部门应当为残疾人参加选举提供便利；有条件的，应当为盲人提供盲文选票。

第五十七条　国家鼓励和扶持无障碍辅助设备、无障碍交通工具的研制和开发。

第五十八条　盲人携带导盲犬出入公共场所，应当遵守国家有关规定。

第八章　法律责任

第五十九条　残疾人的合法权益受到侵害的，可以向残疾人组织投诉，残疾人组织应当维护残疾人的合法权益，有权要求有关部门或者单位查处。有关部门或者单位应当依法查处，并予以答复。

残疾人组织对残疾人通过诉讼维护其合法权益需要帮助的，应当给予支持。

残疾人组织对侵害特定残疾人群体利益的行为，有权要求有关部门依法查处。

第六十条　残疾人的合法权益受到侵害的，有权要求有关部门依法处理，或者依法向仲裁机构申请仲裁，或者依法向人民法院提起诉讼。

对有经济困难或者其他原因确需法律援助或者司法救助的残疾人，当地法律援助机构或者人民法院应当给予帮助，依法为其提供法律援助或者司法救助。

第六十一条　违反本法规定，对侵害残疾人权益行为的申诉、控告、检举，推诿、拖延、压制不予查处，或者对提出申诉、控告、检举的人进行打击报复的，由其所在单位、主管部门或者上级机关责令改正，并依法对直接负责的主管人员和其他直接责任人员给予处分。

国家工作人员未依法履行职责，对侵害残疾人权益的行为未及时制止或者未给予受害残疾人必要帮助，造成严重后果的，由其所在单位或者上级机关依法对直接负责的主管人员和其他直接责任人员给予处分。

第六十二条　违反本法规定，通过大众传播媒介或者其他方式贬低损害残疾人人格的，由文化、广播电视、电影、新闻出版或者其他有关主管部门依据各自的职权责令改正，并依法给予行政处罚。

第六十三条　违反本法规定，有关教育机构拒不接收残疾学生入学，或者在国家规定的录取要求以外附加条件限制残疾学生就学的，由有关主管部门责令改正，并依法对直接负责的主管人员和其他直接责任人员给予处分。

第六十四条　违反本法规定，在职工的招用等方面歧视残疾人的，由有关主管部门责令改正；残疾人劳动者可以依法向人民法院提起诉讼。

第六十五条　违反本法规定，供养、托养机构及其工作人员侮辱、虐待、遗弃残疾人的，对直接负责的主管人员和其他直接责任人员依法给予处分；构成违反治安管理行为的，依法给予行政处罚。

第六十六条　违反本法规定，新建、改建和扩建建筑物、道路、交通设施，不符合国家有关无障碍设施工程建设标准，或者对无障碍设施未进行及时维修和保护造成后果的，由有关主管部门依法处理。

第六十七条　违反本法规定，侵害残疾人的合法权益，其他法律、法规规定行政处罚的，从其规定；造成财产损失或者其他损害的，依法承担民事责任；构成犯罪的，依法追究刑事责任。

第九章　附则

第六十八条　本法自 2008 年 7 月 1 日起施行。

八、残疾人就业保障金征收使用管理办法

第一章 总则

第一条 为了规范残疾人就业保障金（以下简称保障金）征收使用管理，促进残疾人就业，根据《残疾人保障法》《残疾人就业条例》的规定，制定本办法。

第二条 保障金是为保障残疾人权益，由未按规定安排残疾人就业的机关、团体、企业、事业单位和民办非企业单位（以下简称用人单位）缴纳的资金。

第三条 保障金的征收、使用和管理，适用本办法。

第四条 本办法所称残疾人，是指持有《中华人民共和国残疾人证》上注明属于视力残疾、听力残疾、言语残疾、肢体残疾、智力残疾、精神残疾和多重残疾的人员，或者持有《中华人民共和国残疾军人证》（1至8级）的人员。

第五条 保障金的征收、使用和管理应当接受财政部门的监督检查和审计机关的审计监督。

第二章 征收缴库

第六条 用人单位安排残疾人就业的比例不得低于本单位在职职工总数的1.5%。具体比例由各省、自治区、直辖市人民政府根据本地区的实际情况规定。

用人单位安排残疾人就业达不到其所在地省、自治区、直辖市人民政府规定比例的，应当缴纳保障金。

第七条 用人单位将残疾人录用为在编人员或依法与就业年龄段内的残疾人签订1年以上（含1年）劳动合同（服务协议），且实际支付的工资不低于当地最低工资标准，并足额缴纳社会保险费的，方可计入用人单位所安排的残疾人就业人数。

用人单位安排1名持有《中华人民共和国残疾人证》（1至2级）或《中华人民共和国残疾军人证》（1至3级）的人员就业的，按照安排2名残疾人就业计算。

用人单位跨地区招用残疾人的，应当计入所安排的残疾人就业人数。

第八条 保障金按上年用人单位安排残疾人就业未达到规定比例的差额人数和本单位在职职工年平均工资之积计算缴纳。计算公式如下：

保障金年缴纳额＝（上年用人单位在职职工人数×所在地省、自治区、直辖市人民政府规定的安排残疾人就业比例－上年用人单位实际安排的残疾人就业人数）×上年用人单位在职职工年平均工资。

用人单位在职职工，是指用人单位在编人员或依法与用人单位签订1年以上（含1年）劳动合同（服务协议）的人员。季节性用工应当折算为年平均用工人数。以劳务派遣用工的，计入派遣单位在职职工人数。

用人单位安排残疾人就业未达到规定比例的差额人数，以公式计算结果为准，

可以不是整数。

上年用人单位在职职工年平均工资,按用人单位上年在职职工工资总额除以用人单位在职职工人数计算。

第九条 保障金由用人单位所在地的地方税务局负责征收。没有分设地方税务局的地方,由国家税务局负责征收。

有关省、自治区、直辖市对保障金征收机关另有规定的,按其规定执行。

第十条 保障金一般按月缴纳。

用人单位应按规定时限向保障金征收机关申报缴纳保障金。在申报时,应提供本单位在职职工人数、实际安排残疾人就业人数、在职职工年平均工资等信息,并保证信息的真实性和完整性。

第十一条 保障金征收机关应当定期对用人单位进行检查。发现用人单位申报不实、少缴纳保障金的,征收机关应当催报并追缴保障金。

第十二条 残疾人就业服务机构应当配合保障金征收机关做好保障金征收工作。

用人单位应按规定时限如实向残疾人就业服务机构申报上年本单位安排的残疾人就业人数。未在规定时限申报的,视为未安排残疾人就业。

残疾人就业服务机构进行审核后,确定用人单位实际安排的残疾人就业人数,并及时提供给保障金征收机关。

第十三条 保障金征收机关征收保障金时,应当向用人单位开具省级财政部门统一印制的票据或税收票证。

第十四条 保障金全额缴入地方国库。

地方各级人民政府之间保障金的分配比例,由各省、自治区、直辖市财政部门商残疾人联合会确定。

具体缴库办法按照省级财政部门的规定执行。

第十五条 保障金由税务机关负责征收的,应积极采取财税库银税收收入电子缴库横向联网方式征缴保障金。

第十六条 自工商登记注册之日起3年内,对安排残疾人就业未达到规定比例、在职职工总数20人以下(含20人)的小微企业,免征保障金。

第十七条 用人单位遇不可抗力自然灾害或其他突发事件遭受重大直接经济损失,可以申请减免或者缓缴保障金。具体办法由各省、自治区、直辖市财政部门规定。

用人单位申请减免保障金的最高限额不得超过1年的保障金应缴额,申请缓缴保障金的最长期限不得超过6个月。

批准减免或者缓缴保障金的用人单位名单,应当每年公告一次。公告内容应当包括批准机关、批准文号、批准减免或缓缴保障金的主要理由等。

第十八条 保障金征收机关应当严格按规定的范围、标准和时限要求征收保障金,确保保障金及时、足额征缴到位。

第十九条　任何单位和个人均不得违反本办法规定,擅自减免或缓征保障金,不得自行改变保障金的征收对象、范围和标准。

第二十条　各地应当建立用人单位按比例安排残疾人就业及缴纳保障金公示制度。

残疾人联合会应当每年向社会公布本地区用人单位应安排残疾人就业人数、实际安排残疾人就业人数和未按规定安排残疾人就业人数。

保障金征收机关应当定期向社会公布本地区用人单位缴纳保障金情况。

第三章　使用管理

第二十一条　保障金纳入地方一般公共预算统筹安排,主要用于支持残疾人就业和保障残疾人生活。支持方向包括:

(一)残疾人职业培训、职业教育和职业康复支出。

(二)残疾人就业服务机构提供残疾人就业服务和组织职业技能竞赛(含展能活动)支出。补贴用人单位安排残疾人就业所需设施设备购置、改造和支持性服务费用。补贴辅助性就业机构建设和运行费用。

(三)残疾人从事个体经营、自主创业、灵活就业的经营场所租赁、启动资金、设施设备购置补贴和小额贷款贴息。各种形式就业残疾人的社会保险缴费补贴和用人单位岗位补贴。扶持农村残疾人从事种植、养殖、手工业及其他形式生产劳动。

(四)奖励超比例安排残疾人就业的用人单位,以及为安排残疾人就业做出显著成绩的单位或个人。

(五)对从事公益性岗位就业、辅助性就业、灵活就业,收入达不到当地最低工资标准、生活确有困难的残疾人的救济补助。

(六)经地方人民政府及其财政部门批准用于促进残疾人就业和保障困难残疾人、重度残疾人生活等其他支出。

第二十二条　地方各级残疾人联合会所属残疾人就业服务机构的正常经费开支,由地方同级财政预算统筹安排。

第二十三条　各地要积极推行政府购买服务,按照政府采购法律制度规定选择符合要求的公办、民办等各类就业服务机构,承接残疾人职业培训、职业教育、职业康复、就业服务和就业援助等工作。

第二十四条　地方各级残疾人联合会、财政部门应当每年向社会公布保障金用于支持残疾人就业和保障残疾人生活支出情况,接受社会监督。

第四章　法律责任

第二十五条　单位和个人违反本办法规定,有下列情形之一的,依照《财政违法行为处罚处分条例》和《违反行政事业性收费和罚没收入收支两条线管理规定行政处分暂行规定》等国家有关规定追究法律责任;涉嫌犯罪的,依法移送司法机关处理:

（一）擅自减免保障金或者改变保障金征收范围、对象和标准的；

（二）隐瞒、坐支应当上缴的保障金的；

（三）滞留、截留、挪用应当上缴的保障金的；

（四）不按照规定的预算级次、预算科目将保障金缴入国库的；

（五）违反规定使用保障金的；

（六）其他违反国家财政收入管理规定的行为。

第二十六条 用人单位未按规定缴纳保障金的，按照《残疾人就业条例》的规定，由保障金征收机关提交财政部门，由财政部门予以警告，责令限期缴纳；逾期仍不缴纳的，除补缴欠缴数额外，还应当自欠缴之日起，按日加收5‰的滞纳金。滞纳金按照保障金入库预算级次缴入国库。

第二十七条 保障金征收、使用管理有关部门的工作人员违反本办法规定，在保障金征收和使用管理工作中滥用职权、玩忽职守、徇私舞弊的，依法给予处分；涉嫌犯罪的，依法移送司法机关。

第五章 附则

第二十八条 各省、自治区、直辖市财政部门会同税务部门、残疾人联合会根据本办法制定具体实施办法，并报财政部、国家税务总局、中国残疾人联合会备案。

第二十九条 本办法由财政部会同国家税务总局、中国残疾人联合会负责解释。

第三十条 本办法自2015年10月1日起施行。《财政部关于发布〈残疾人就业保障金管理暂行规定〉的通知》（财综字〔1995〕5号）及其他与本办法不符的规定同时废止。

九、关于促进残疾人就业增值税优惠政策的通知

各省、自治区、直辖市、计划单列市财政厅（局）、国家税务局，新疆生产建设兵团财务局：

为继续发挥税收政策促进残疾人就业的作用，进一步保障残疾人权益，经国务院批准，决定对促进残疾人就业的增值税政策进行调整完善。现将有关政策通知如下：

一、对安置残疾人的单位和个体工商户（以下称纳税人），实行由税务机关按纳税人安置残疾人的人数，限额即征即退增值税的办法。

安置的每位残疾人每月可退还的增值税具体限额，由县级以上税务机关根据纳税人所在区县（含县级市、旗，下同）适用的经省（含自治区、直辖市、计划单列市，下同）人民政府批准的月最低工资标准的4倍确定。

二、享受税收优惠政策的条件

（一）纳税人（除盲人按摩机构外）月安置的残疾人占在职职工人数的比例不

低于25%（含25%），并且安置的残疾人人数不少于10人（含10人）；

盲人按摩机构月安置的残疾人占在职职工人数的比例不低于25%（含25%），并且安置的残疾人人数不少于5人（含5人）。

（二）依法与安置的每位残疾人签订了一年以上（含一年）的劳动合同或服务协议。

（三）为安置的每位残疾人按月足额缴纳了基本养老保险、基本医疗保险、失业保险、工伤保险和生育保险等社会保险。

（四）通过银行等金融机构向安置的每位残疾人，按月支付了不低于纳税人所在区县适用的经省人民政府批准的月最低工资标准的工资。

三、《财政部国家税务总局关于教育税收政策的通知》（财税〔2004〕39号）第一条第7项规定的特殊教育学校举办的企业，只要符合本通知第二条第（一）项第一款规定的条件，即可享受本通知第一条规定的增值税优惠政策。这类企业在计算残疾人人数时可将在企业上岗工作的特殊教育学校的全日制在校学生计算在内，在计算企业在职职工人数时也要将上述学生计算在内。

四、纳税人中纳税信用等级为税务机关评定的C级或D级的，不得享受本通知第一条、第三条规定的政策。

五、纳税人按照纳税期限向主管国税机关申请退还增值税。本纳税期已交增值税额不足退还的，可在本纳税年度内以前纳税期已交增值税扣除已退增值税的余额中退还，仍不足退还的可结转本纳税年度内以后纳税期退还，但不得结转以后年度退还。纳税期限不为按月的，只能对其符合条件的月份退还增值税。

六、本通知第一条规定的增值税优惠政策仅适用于生产销售货物，提供加工、修理修配劳务，以及提供营改增现代服务和生活服务税目（不含文化体育服务和娱乐服务）范围的服务取得的收入之和，占其增值税收入的比例达到50%的纳税人，但不适用于上述纳税人直接销售外购货物（包括商品批发和零售）以及销售委托加工的货物取得的收入。

纳税人应当分别核算上述享受税收优惠政策和不得享受税收优惠政策业务的销售额，不能分别核算的，不得享受本通知规定的优惠政策。

七、如果既适用促进残疾人就业增值税优惠政策，又适用重点群体、退役士兵、随军家属、军转干部等支持就业的增值税优惠政策的，纳税人可自行选择适用的优惠政策，但不能累加执行。一经选定，36个月内不得变更。

八、残疾人个人提供的加工、修理修配劳务，免征增值税。

九、税务机关发现已享受本通知增值税优惠政策的纳税人，存在不符合本通知第二条、第三条规定条件，或者采用伪造或重复使用残疾人证、残疾军人证等手段骗取本通知规定的增值税优惠的，应将纳税人发生上述违法违规行为的纳税期内按本通知已享受到的退税全额追缴入库，并自发现当月起36个月内停止其享受本通知规定的各项税收优惠。

十、本通知有关定义

（一）残疾人，是指法定劳动年龄内，持有《中华人民共和国残疾人证》或者《中华人民共和国残疾军人证（1 至 8 级）》的自然人，包括具有劳动条件和劳动意愿的精神残疾人。

（二）残疾人个人，是指自然人。

（三）在职职工人数，是指与纳税人建立劳动关系并依法签订劳动合同或者服务协议的雇员人数。

（四）特殊教育学校举办的企业，是指特殊教育学校主要为在校学生提供实习场所、并由学校出资自办、由学校负责经营管理、经营收入全部归学校所有的企业。

十一、本通知规定的增值税优惠政策的具体征收管理办法，由国家税务总局制定。

十二、本通知自 2016 年 5 月 1 日起执行，《财政部国家税务总局关于促进残疾人就业税收优惠政策的通知》（财税〔2007〕92 号）、《财政部国家税务总局关于将铁路运输和邮政业纳入营业税改征增值税试点的通知》（财税〔2013〕106 号）附件 3 第二条第（二）项同时废止。纳税人 2016 年 5 月 1 日前执行财税〔2007〕92 号和财税〔2013〕106 号文件发生的应退未退的增值税余额，可按照本通知第五条规定执行。

财政部　国家税务总局
2016 年 5 月 5 日

第二章 入职法规

第一节 招聘就业

一、中华人民共和国宪法（部分）

第四十八条 中华人民共和国妇女在政治的、经济的、文化的、社会的和家庭的生活等各方面享有同男子平等的权利。

国家保护妇女的权利和利益，实行男女同工同酬，培养和选拔妇女干部。

二、人才市场管理规定（部分）

第二十一条 人才中介服务机构举办人才交流会的，应当制定相应的组织实施办法、应急预案和安全保卫工作方案，并对参加人才交流会的招聘单位的主体资格真实性和招用人员简章真实性进行核实，对招聘中的各项活动进行管理。

第二十二条 用人单位可以通过委托人才中介服务机构、参加人才交流会、在公共媒体和互联网发布信息以及其他合法方式招聘人才。

第二十三条 用人单位公开招聘人才，应当出具有关部门批准其设立的文件或营业执照（副本），并如实公布拟聘用人员的数量、岗位和条件。

用人单位在招聘人才时，不得以民族、宗教信仰为由拒绝聘用或者提高聘用标准；除国家规定的不适合妇女工作的岗位外，不得以性别为由拒绝招聘妇女或提高对妇女的招聘条件。

第二十四条 用人单位招聘人才，不得以任何名义向应聘者收取费用，不得有欺诈行为或采取其他方式谋取非法利益。

第二十五条 人才中介服务机构通过各种形式、在各种媒体（含互联网）为用人单位发布人才招聘广告，不得超出许可业务范围。广告发布者不得为超出许可业务范围或无许可证的中介服务机构发布人才招聘广告。

第二十六条 用人单位不得招聘下列人员：

（一）正在承担国家、省重点工程、科研项目的技术和管理的主要人员，未经

单位或主管部门同意的;

(二)由国家统一派出而又未满轮换年限的赴新疆、西藏工作的人员;

(三)正在从事涉及国家安全或重要机密工作的人员;

(四)有违法违纪嫌疑正在依法接受审查尚未结案的人员;

(五)法律、法规规定暂时不能流动的其他特殊岗位的人员。

三、就业服务与就业管理规定(部分)

第九条　用人单位依法享有自主用人的权利。用人单位招用人员,应当向劳动者提供平等的就业机会和公平的就业条件。

第十条　用人单位可以通过下列途径自主招用人员:

(一)委托公共就业服务机构或职业中介机构;

(二)参加职业招聘洽谈会;

(三)委托报纸、广播、电视、互联网站等大众传播媒介发布招聘信息;

(四)利用本企业场所、企业网站等自有途径发布招聘信息;

(五)其他合法途径。

第十一条　用人单位委托公共就业服务机构或职业中介机构招用人员,或者参加招聘洽谈会时,应当提供招用人员简章,并出示营业执照(副本)或者有关部门批准其设立的文件、经办人的身份证件和受用人单位委托的证明。

招用人员简章应当包括用人单位基本情况、招用人数、工作内容、招录条件、劳动报酬、福利待遇、社会保险等内容,以及法律、法规规定的其他内容。

第十二条　用人单位招用人员时,应当依法如实告知劳动者有关工作内容、工作条件、工作地点、职业危害、安全生产状况、劳动报酬以及劳动者要求了解的其他情况。

用人单位应当根据劳动者的要求,及时向其反馈是否录用的情况。

……

第十四条　用人单位招用人员不得有下列行为:

(一)提供虚假招聘信息,发布虚假招聘广告;

(二)扣押被录用人员的居民身份证和其他证件;

(三)以担保或者其他名义向劳动者收取财物;

(四)招用未满16周岁的未成年人以及国家法律、行政法规规定不得招用的其他人员;

(五)招用无合法身份证件的人员;

(六)以招用人员为名牟取不正当利益或进行其他违法活动。

第十五条　用人单位不得以诋毁其他用人单位信誉、商业贿赂等不正当手段招聘人员。

第十六条 用人单位在招用人员时，除国家规定的不适合妇女从事的工种或者岗位外，不得以性别为由拒绝录用妇女或者提高对妇女的录用标准。

用人单位录用女职工，不得在劳动合同中规定限制女职工结婚、生育的内容。

第十七条 用人单位招用人员，应当依法对少数民族劳动者给予适当照顾。

第十八条 用人单位招用人员，不得歧视残疾人。

第十九条 用人单位招用人员，不得以是传染病病原携带者为由拒绝录用。但是，经医学鉴定传染病病原携带者在治愈前或者排除传染嫌疑前，不得从事法律、行政法规和国务院卫生行政部门规定禁止从事的易使传染病扩散的工作。

用人单位招用人员，除国家法律、行政法规和国务院卫生行政部门规定禁止乙肝病原携带者从事的工作外，不得强行将乙肝病毒血清学指标作为体检标准。

第二十条 用人单位发布的招用人员简章或招聘广告，不得包含歧视性内容。

第二十一条 用人单位招用从事涉及公共安全、人身健康、生命财产安全等特殊工种的劳动者，应当依法招用持相应工种职业资格证书的人员；招用未持相应工种职业资格证书人员的，须组织其在上岗前参加专门培训，使其取得职业资格证书后方可上岗。

第二十二条 用人单位招用台港澳人员后，应当按有关规定到当地劳动保障行政部门备案，并为其办理《台港澳人员就业证》。

第二十三条 用人单位招用外国人，应当在外国人入境前，按有关规定到当地劳动保障行政部门为其申请就业许可，经批准并获得《中华人民共和国外国人就业许可证书》后方可招用。

用人单位招用外国人的岗位必须是有特殊技能要求、国内暂无适当人选的岗位，并且不违反国家有关规定。

四、中华人民共和国劳动法（部分）

第十二条 劳动者就业，不因民族、种族、性别、宗教信仰不同而受歧视。

第十三条 妇女享有与男子平等的就业权利。在录用职工时，除国家规定的不适合妇女的工种或者岗位外，不得以性别为由拒绝录用妇女或者提高对妇女的录用标准。

第十五条 禁止用人单位招用未满十六周岁的未成年人。（普通案例72篇）

文艺、体育和特种工艺单位招用未满十六周岁的未成年人，必须遵守国家有关规定，并保障其接受义务教育的权利。

五、中华人民共和国就业促进法（部分）

第一章　总则

第三条　劳动者依法享有平等就业和自主择业的权利。

劳动者就业，不因民族、种族、性别、宗教信仰等不同而受歧视。

第二章　公平就业

第二十六条　用人单位招用人员、职业中介机构从事职业中介活动，应当向劳动者提供平等的就业机会和公平的就业条件，不得实施就业歧视。

第二十七条　国家保障妇女享有与男子平等的劳动权利。

用人单位招用人员，除国家规定的不适合妇女的工种或者岗位外，不得以性别为由拒绝录用妇女或者提高对妇女的录用标准。

用人单位录用女职工，不得在劳动合同中规定限制女职工结婚、生育的内容。

第二十八条　各民族劳动者享有平等的劳动权利。

用人单位招用人员，应当依法对少数民族劳动者给予适当照顾。

第二十九条　国家保障残疾人的劳动权利。

各级人民政府应当对残疾人就业统筹规划，为残疾人创造就业条件。

用人单位招用人员，不得歧视残疾人。

第三十条　用人单位招用人员，不得以是传染病病原携带者为由拒绝录用。但是，经医学鉴定传染病病原携带者在治愈前或者排除传染嫌疑前，不得从事法律、行政法规和国务院卫生行政部门规定禁止从事的易使传染病扩散的工作。

第三十一条　农村劳动者进城就业享有与城镇劳动者平等的劳动权利，不得对农村劳动者进城就业设置歧视性限制。

六、中华人民共和国未成年人保护法（部分）

第六十一条　任何组织或者个人不得招用未满十六周岁未成年人，国家另有规定的除外。

营业性娱乐场所、酒吧、互联网上网服务营业场所等不适宜未成年人活动的场所不得招用已满十六周岁的未成年人。

招用已满十六周岁未成年人的单位和个人应当执行国家在工种、劳动时间、劳动强度和保护措施等方面的规定，不得安排其从事过重、有毒、有害等危害未成年人身心健康的劳动或者危险作业。

任何组织或者个人不得组织未成年人进行危害其身心健康的表演等活动。经未成年人的父母或者其他监护人同意,未成年人参与演出、节目制作等活动,活动组织方应当根据国家有关规定,保障未成年人合法权益。

第六十二条 密切接触未成年人的单位招聘工作人员时,应当向公安机关、人民检察院查询应聘者是否具有性侵害、虐待、拐卖、暴力伤害等违法犯罪记录;发现其具有前述行为记录的,不得录用。

密切接触未成年人的单位应当每年定期对工作人员是否具有上述违法犯罪记录进行查询。通过查询或者其他方式发现其工作人员具有上述行为的,应当及时解聘。

七、禁止使用童工规定(部分)

第二条 国家机关、社会团体、企业事业单位、民办非企业单位或者个体工商户(以下统称用人单位)均不得招用不满16周岁的未成年人(招用不满16周岁的未成年人,以下统称使用童工)。

禁止任何单位或者个人为不满16周岁的未成年人介绍就业。(地方规范性文件2篇)

禁止不满16周岁的未成年人开业从事个体经营活动。

第三条 不满16周岁的未成年人的父母或者其他监护人应当保护其身心健康,保障其接受义务教育的权利,不得允许其被用人单位非法招用。不满16周岁的未成年人的父母或者其他监护人允许其被用人单位非法招用的,所在地的乡(镇)人民政府、城市街道办事处以及村民委员会、居民委员会应当给予批评教育。

第四条 用人单位招用人员时,必须核查被招用人员的身份证;对不满16周岁的未成年人,一律不得录用。用人单位录用人员的录用登记、核查材料应当妥善保管。

第六条 用人单位使用童工的,由劳动保障行政部门按照每使用一名童工每月处5 000元罚款的标准给予处罚;在使用有毒物品的作业场所使用童工的,按照《使用有毒物品作业场所劳动保护条例》规定的罚款幅度,或者按照每使用一名童工每月处5 000元罚款的标准,从重处罚。劳动保障行政部门并应当责令用人单位限期将童工送回原居住地交其父母或者其他监护人,所需交通和食宿费用全部由用人单位承担。

用人单位经劳动保障行政部门依照前款规定责令限期改正,逾期仍不将童工送交其父母或者其他监护人的,从责令限期改正之日起,由劳动保障行政部门按照每使用一名童工每月处1万元罚款的标准处罚,并由工商行政管理部门吊销其营业执照或者由民政部门撤销民办非企业单位登记;用人单位是国家机关、事业单位的,由有关单位依法对直接负责的主管人员和其他直接责任人员给予降级或者撤职的行政处分或者纪律处分。

第七条 单位或者个人为不满16周岁的未成年人介绍就业的,由劳动保障行政部门按照每介绍一人处 5 000 元罚款的标准给予处罚；职业中介机构为不满 16 周岁的未成年人介绍就业的，并由劳动保障行政部门吊销其职业介绍许可证。

第九条　无营业执照、被依法吊销营业执照的单位以及未依法登记、备案的单位使用童工或者介绍童工就业的，依照本规定第六条、第七条、第八条规定的标准加一倍罚款，该非法单位由有关的行政主管部门予以取缔。

第十条　童工患病或者受伤的，用人单位应当负责送到医疗机构治疗，并负担治疗期间的全部医疗和生活费用。

童工伤残或者死亡的，用人单位由工商行政管理部门吊销营业执照或者由民政部门撤销民办非企业单位登记；用人单位是国家机关、事业单位的，由有关单位依法对直接负责的主管人员和其他直接责任人员给予降级或者撤职的行政处分或者纪律处分；用人单位还应当一次性地对伤残的童工、死亡童工的直系亲属给予赔偿，赔偿金额按照国家工伤保险的有关规定计算。

第十一条　拐骗童工，强迫童工劳动，使用童工从事高空、井下、放射性、高毒、易燃易爆以及国家规定的第四级体力劳动强度的劳动，使用不满 14 周岁的童工，或者造成童工死亡或者严重伤残的，依照刑法关于拐卖儿童罪、强迫劳动罪或者其他罪的规定，依法追究刑事责任。

第十三条　文艺、体育单位经未成年人的父母或者其他监护人同意，可以招用不满 16 周岁的专业文艺工作者、运动员。用人单位应当保障被招用的不满 16 周岁的未成年人的身心健康，保障其接受义务教育的权利。文艺、体育单位招用不满 16 周岁的专业文艺工作者、运动员的办法，由国务院劳动保障行政部门会同国务院文化、体育行政部门制定。

学校、其他教育机构以及职业培训机构按照国家有关规定组织不满 16 周岁的未成年人进行不影响其人身安全和身心健康的教育实践劳动、职业技能培训劳动，不属于使用童工。

八、非法用工单位伤亡人员一次性赔偿办法（部分）

第二条　本办法所称非法用工单位伤亡人员，是指无营业执照或者未经依法登记、备案的单位以及被依法吊销营业执照或者撤销登记、备案的单位受到事故伤害或者患职业病的职工，或者用人单位使用童工造成的伤残、死亡童工。

前款所列单位必须按照本办法的规定向伤残职工或者死亡职工的近亲属、伤残童工或者死亡童工的近亲属给予一次性赔偿。

第三条　一次性赔偿包括受到事故伤害或者患职业病的职工或童工在治疗期间的费用和一次性赔偿金。一次性赔偿金数额应当在受到事故伤害或者患职业病的职工或童工死亡或者经劳动能力鉴定后确定。

劳动能力鉴定按照属地原则由单位所在地设区的市级劳动能力鉴定委员会办理。

劳动能力鉴定费用由伤亡职工或童工所在单位支付。

第四条　职工或童工受到事故伤害或者患职业病，在劳动能力鉴定之前进行治疗期间的生活费按照统筹地区上年度职工月平均工资标准确定，医疗费、护理费、住院期间的伙食补助费以及所需的交通费等费用按照《工伤保险条例》规定的标准和范围确定，并全部由伤残职工或童工所在单位支付。

第五条　一次性赔偿金按照以下标准支付：

一级伤残的为赔偿基数的16倍，二级伤残的为赔偿基数的14倍，三级伤残的为赔偿基数的12倍，四级伤残的为赔偿基数的10倍，五级伤残的为赔偿基数的8倍，六级伤残的为赔偿基数的6倍，七级伤残的为赔偿基数的4倍，八级伤残的为赔偿基数的3倍，九级伤残的为赔偿基数的2倍，十级伤残的为赔偿基数的1倍。

前款所称赔偿基数，是指单位所在工伤保险统筹地区上年度职工年平均工资。

第六条　受到事故伤害或者患职业病造成死亡的，按照上一年度全国城镇居民人均可支配收入的20倍支付一次性赔偿金，并按照上一年度全国城镇居民人均可支配收入的10倍一次性支付丧葬补助等其他赔偿金。

第二节　劳动关系

一、中华人民共和国劳动合同法（部分）

第七条　用人单位自用工之日起即与劳动者建立劳动关系。用人单位应当建立职工名册备查。

第八条　用人单位招用劳动者时，应当如实告知劳动者工作内容、工作条件、工作地点、职业危害、安全生产状况、劳动报酬，以及劳动者要求了解的其他情况；用人单位有权了解劳动者与劳动合同直接相关的基本情况，劳动者应当如实说明。

第九条　用人单位招用劳动者，不得扣押劳动者的居民身份证和其他证件，不得要求劳动者提供担保或者以其他名义向劳动者收取财物。

第十条　建立劳动关系，应当订立书面劳动合同。

已建立劳动关系，未同时订立书面劳动合同的，应当自用工之日起一个月内订立书面劳动合同。

用人单位与劳动者在用工前订立劳动合同的，劳动关系自用工之日起建立。

第十一条　用人单位未在用工的同时订立书面劳动合同，与劳动者约定的劳动报酬不明确的，新招用的劳动者的劳动报酬按照集体合同规定的标准执行；没有集体合同或者集体合同未规定的，实行同工同酬。

第十二条　劳动合同分为固定期限劳动合同、无固定期限劳动合同和以完成一定工作任务为期限的劳动合同。

第十三条　固定期限劳动合同，是指用人单位与劳动者约定合同终止时间的劳动合同。

用人单位与劳动者协商一致，可以订立固定期限劳动合同。

第十四条　无固定期限劳动合同，是指用人单位与劳动者约定无确定终止时间的劳动合同。

用人单位与劳动者协商一致，可以订立无固定期限劳动合同。有下列情形之一，劳动者提出或者同意续订、订立劳动合同的，除劳动者提出订立固定期限劳动合同外，应当订立无固定期限劳动合同：

（一）劳动者在该用人单位连续工作满十年的；

（二）用人单位初次实行劳动合同制度或者国有企业改制重新订立劳动合同时，劳动者在该用人单位连续工作满十年且距法定退休年龄不足十年的；

（三）连续订立二次固定期限劳动合同，且劳动者没有本法第三十九条和第四十条第一项、第二项规定的情形，续订劳动合同的。

用人单位自用工之日起满一年不与劳动者订立书面劳动合同的，视为用人单位与劳动者已订立无固定期限劳动合同。

第十五条　以完成一定工作任务为期限的劳动合同，是指用人单位与劳动者约定以某项工作的完成为合同期限的劳动合同。

用人单位与劳动者协商一致，可以订立以完成一定工作任务为期限的劳动合同。

第十六条　劳动合同由用人单位与劳动者协商一致，并经用人单位与劳动者在劳动合同文本上签字或者盖章生效。

劳动合同文本由用人单位和劳动者各执一份。

第十七条　劳动合同应当具备以下条款：

（一）用人单位的名称、住所和法定代表人或者主要负责人；

（二）劳动者的姓名、住址和居民身份证或者其他有效身份证件号码；

（三）劳动合同期限；

（四）工作内容和工作地点；

（五）工作时间和休息休假；

（六）劳动报酬；

（七）社会保险；

（八）劳动保护、劳动条件和职业危害防护；

（九）法律、法规规定应当纳入劳动合同的其他事项。

劳动合同除前款规定的必备条款外，用人单位与劳动者可以约定试用期、培训、保守秘密、补充保险和福利待遇等其他事项。

第十八条　劳动合同对劳动报酬和劳动条件等标准约定不明确，引发争议的，用人单位与劳动者可以重新协商；协商不成的，适用集体合同规定；没有集体合同或者集体合同未规定劳动报酬的，实行同工同酬；没有集体合同或者集体合同未规定劳动条件等标准的，适用国家有关规定。

第十九条　劳动合同期限三个月以上不满一年的，试用期不得超过一个月；劳动合同期限一年以上不满三年的，试用期不得超过二个月；三年以上固定期限和无固定期限的劳动合同，试用期不得超过六个月。

同一用人单位与同一劳动者只能约定一次试用期。

以完成一定工作任务为期限的劳动合同或者劳动合同期限不满三个月的，不得约定试用期。

试用期包含在劳动合同期限内。劳动合同仅约定试用期的，试用期不成立，该期限为劳动合同期限。

第二十条　劳动者在试用期的工资不得低于本单位相同岗位最低档工资或者劳动合同约定工资的百分之八十，并不得低于用人单位所在地的最低工资标准。

第二十一条　在试用期中，除劳动者有本法第三十九条和第四十条第一项、第二项规定的情形外，用人单位不得解除劳动合同。用人单位在试用期解除劳动合同的，应当向劳动者说明理由。

第二十二条　用人单位为劳动者提供专项培训费用，对其进行专业技术培训的，可以与该劳动者订立协议，约定服务期。

劳动者违反服务期约定的，应当按照约定向用人单位支付违约金。违约金的数额不得超过用人单位提供的培训费用。用人单位要求劳动者支付的违约金不得超过服务期尚未履行部分所应分摊的培训费用。

用人单位与劳动者约定服务期的，不影响按照正常的工资调整机制提高劳动者在服务期期间的劳动报酬。

第二十三条　用人单位与劳动者可以在劳动合同中约定保守用人单位的商业秘密和与知识产权相关的保密事项。

对负有保密义务的劳动者，用人单位可以在劳动合同或者保密协议中与劳动者约定竞业限制条款，并约定在解除或者终止劳动合同后，在竞业限制期限内按月给予劳动者经济补偿。劳动者违反竞业限制约定的，应当按照约定向用人单位支付违约金。

第二十四条　竞业限制的人员限于用人单位的高级管理人员、高级技术人员和其他负有保密义务的人员。竞业限制的范围、地域、期限由用人单位与劳动者约定，竞业限制的约定不得违反法律、法规的规定。

在解除或者终止劳动合同后，前款规定的人员到与本单位生产或者经营同类产品、从事同类业务的有竞争关系的其他用人单位，或者自己开业生产或者经营同类产品、从事同类业务的竞业限制期限，不得超过二年。

第二十五条　除本法第二十二条和第二十三条规定的情形外，用人单位不得与劳动者约定由劳动者承担违约金。

第二十六条　下列劳动合同无效或者部分无效：

（一）以欺诈、胁迫的手段或者乘人之危，使对方在违背真实意思的情况下订立或者变更劳动合同的；

（二）用人单位免除自己的法定责任、排除劳动者权利的；

（三）违反法律、行政法规强制性规定的。

对劳动合同的无效或者部分无效有争议的，由劳动争议仲裁机构或者人民法院确认。

第二十七条　劳动合同部分无效，不影响其他部分效力的，其他部分仍然有效。

第二十八条　劳动合同被确认无效，劳动者已付出劳动的，用人单位应当向劳动者支付劳动报酬。劳动报酬的数额，参照本单位相同或者相近岗位劳动者的劳动报酬确定。

……

第八十一条　用人单位提供的劳动合同文本未载明本法规定的劳动合同必备条款或者用人单位未将劳动合同文本交付劳动者的，由劳动行政部门责令改正；给劳动者造成损害的，应当承担赔偿责任。

第八十二条　用人单位自用工之日起超过一个月不满一年未与劳动者订立书面劳动合同的，应当向劳动者每月支付二倍的工资。

用人单位违反本法规定不与劳动者订立无固定期限劳动合同的，自应当订立无固定期限劳动合同之日起向劳动者每月支付二倍的工资。

第八十三条　用人单位违反本法规定与劳动者约定试用期的，由劳动行政部门责令改正；违法约定的试用期已经履行的，由用人单位以劳动者试用期满月工资为标准，按已经履行的超过法定试用期的期间向劳动者支付赔偿金。

第八十四条　用人单位违反本法规定，扣押劳动者居民身份证等证件的，由劳动行政部门责令限期退还劳动者本人，并依照有关法律规定给予处罚。

用人单位违反本法规定，以担保或者其他名义向劳动者收取财物的，由劳动行政部门责令限期退还劳动者本人，并以每人五百元以上二千元以下的标准处以罚款；给劳动者造成损害的，应当承担赔偿责任。

劳动者依法解除或者终止劳动合同，用人单位扣押劳动者档案或者其他物品的，依照前款规定处罚。

第八十六条　劳动合同依照本法第二十六条规定被确认无效，给对方造成损害的，有过错的一方应当承担赔偿责任。

第九十条　劳动者违反本法规定解除劳动合同，或者违反劳动合同中约定的保密义务或者竞业限制，给用人单位造成损失的，应当承担赔偿责任。

第九十一条　用人单位招用与其他用人单位尚未解除或者终止劳动合同的劳动者，给其他用人单位造成损失的，应当承担连带赔偿责任。

二、中华人民共和国劳动合同法实施条例（部分）

第四条 劳动合同法规定的用人单位设立的分支机构，依法取得营业执照或者登记证书的，可以作为用人单位与劳动者订立劳动合同；未依法取得营业执照或者登记证书的，受用人单位委托可以与劳动者订立劳动合同。

第五条 自用工之日起一个月内，经用人单位书面通知后，劳动者不与用人单位订立书面劳动合同的，用人单位应当书面通知劳动者终止劳动关系，无需向劳动者支付经济补偿，但是应当依法向劳动者支付其实际工作时间的劳动报酬。

第六条 用人单位自用工之日起超过一个月不满一年未与劳动者订立书面劳动合同的，应当依照劳动合同法第八十二条的规定向劳动者每月支付两倍的工资，并与劳动者补订书面劳动合同；劳动者不与用人单位订立书面劳动合同的，用人单位应当书面通知劳动者终止劳动关系，并依照劳动合同法第四十七条的规定支付经济补偿。

前款规定的用人单位向劳动者每月支付两倍工资的起算时间为用工之日起满一个月的次日，截止时间为补订书面劳动合同的前一日。

第七条 用人单位自用工之日起满一年未与劳动者订立书面劳动合同的，自用工之日起满一个月的次日至满一年的前一日应当依照劳动合同法第八十二条的规定向劳动者每月支付两倍的工资，并视为自用工之日起满一年的当日已经与劳动者订立无固定期限劳动合同，应当立即与劳动者补订书面劳动合同。

第八条 劳动合同法第七条规定的职工名册，应当包括劳动者姓名、性别、公民身份号码、户籍地址及现住址、联系方式、用工形式、用工起始时间、劳动合同期限等内容。

第九条 劳动合同法第十四条第二款规定的连续工作满10年的起始时间，应当自用人单位用工之日起计算，包括劳动合同法施行前的工作年限。

第十条 劳动者非因本人原因从原用人单位被安排到新用人单位工作的，劳动者在原用人单位的工作年限合并计算为新用人单位的工作年限。原用人单位已经向劳动者支付经济补偿的，新用人单位在依法解除、终止劳动合同计算支付经济补偿的工作年限时，不再计算劳动者在原用人单位的工作年限。

第十一条 除劳动者与用人单位协商一致的情形外，劳动者依照劳动合同法第十四条第二款的规定，提出订立无固定期限劳动合同的，用人单位应当与其订立无固定期限劳动合同。对劳动合同的内容，双方应当按照合法、公平、平等自愿、协商一致、诚实信用的原则协商确定；对协商不一致的内容，依照劳动合同法第十八条的规定执行。

第十五条 劳动者在试用期的工资不得低于本单位相同岗位最低档工资的80%或者不得低于劳动合同约定工资的80%，并不得低于用人单位所在地的最低工资标准。

三、劳动部关于实行劳动合同制度若干问题的通知（部分）
（劳部发〔1996〕354号）

17. 用人单位招用职工时应查验终止、解除劳动合同证明，以及其他能证明该职工与任何用人单位不存在劳动关系的凭证，方可与其签订劳动合同。

四、违反《劳动法》有关劳动合同规定的赔偿办法（部分）
（劳部发〔1995〕223号）

第六条　用人单位招用尚未解除劳动合同的劳动者，对原用人单位造成经济损失的，除该劳动者承担直接赔偿责任外，该用人单位应当承担连带赔偿责任，其连带赔偿的份额应不低于对原用人单位造成经济损失总额的百分之七十。向原用人单位赔偿下列损失：

（一）对生产、经营和工作造成的直接经济损失；

（二）因获取商业秘密给原用人单位造成的经济损失。

赔偿本条第（二）项规定的损失，按《反不正当竞争法》第二十条的规定执行。

五、中华人民共和国职业病防治法（部分）

第三十三条　用人单位与劳动者订立劳动合同（含聘用合同，下同）时，应当将工作过程中可能产生的职业病危害及其后果、职业病防护措施和待遇等如实告知劳动者，并在劳动合同中写明，不得隐瞒或者欺骗。

劳动者在已订立劳动合同期间因工作岗位或者工作内容变更，从事与所订立劳动合同中未告知的存在职业病危害的作业时，用人单位应当依照前款规定，向劳动者履行如实告知的义务，并协商变更原劳动合同相关条款。

用人单位违反前两款规定的，劳动者有权拒绝从事存在职业病危害的作业，用人单位不得因此解除与劳动者所订立的劳动合同。

第三十五条　对从事接触职业病危害的作业的劳动者，用人单位应当按照国务院卫生行政部门的规定组织上岗前、在岗期间和离岗时的职业健康检查，并将检查结果书面告知劳动者。职业健康检查费用由用人单位承担。

用人单位不得安排未经上岗前职业健康检查的劳动者从事接触职业病危害的作业；不得安排有职业禁忌的劳动者从事其所禁忌的作业；对在职业健康检查中发现有与所从事的职业相关的健康损害的劳动者，应当调离原工作岗位，并妥善安置；对未进行离岗前职业健康检查的劳动者不得解除或者终止与其订立的劳动合同。

职业健康检查应当由取得《医疗机构执业许可证》的医疗卫生机构承担。卫生行政部门应当加强对职业健康检查工作的规范管理，具体管理办法由国务院卫生行政部门制定。

第三十八条 用人单位不得安排未成年工从事接触职业病危害的作业；不得安排孕期、哺乳期的女职工从事对本人和胎儿、婴儿有危害的作业。

第三节 入职培训

一、中华人民共和国劳动法（部分）

第六十八条 用人单位应当建立职业培训制度，按照国家规定提取和使用职业培训经费，根据本单位实际，有计划地对劳动者进行职业培训。

从事技术工种的劳动者，上岗前必须经过培训。

二、中华人民共和国劳动合同法（部分）

第二十二条 用人单位为劳动者提供专项培训费用，对其进行专业技术培训的，可以与该劳动者订立协议，约定服务期。

劳动者违反服务期约定的，应当按照约定向用人单位支付违约金。违约金的数额不得超过用人单位提供的培训费用。用人单位要求劳动者支付的违约金不得超过服务期尚未履行部分所应分摊的培训费用。

用人单位与劳动者约定服务期的，不影响按照正常的工资调整机制提高劳动者在服务期期间的劳动报酬。

三、中华人民共和国职业病防治法（部分）

第三十四条 用人单位的主要负责人和职业卫生管理人员应当接受职业卫生培训，遵守职业病防治法律、法规，依法组织本单位的职业病防治工作。

用人单位应当对劳动者进行上岗前的职业卫生培训和在岗期间的定期职业卫生培训，普及职业卫生知识，督促劳动者遵守职业病防治法律、法规、规章和操作规程，指导劳动者正确使用职业病防护设备和个人使用的职业病防护用品。

劳动者应当学习和掌握相关的职业卫生知识，增强职业病防范意识，遵守职业病防治法律、法规、规章和操作规程，正确使用、维护职业病防护设备和个人使用的职业病防护用品，发现职业病危害事故隐患应当及时报告。

劳动者不履行前款规定义务的，用人单位应当对其进行教育。

四、中华人民共和国劳动合同法实施条例（部分）

第十六条　劳动合同法第二十二条第二款规定的培训费用，包括用人单位为了对劳动者进行专业技术培训而支付的有凭证的培训费用、培训期间的差旅费用以及因培训产生的用于该劳动者的其他直接费用。

第十七条　劳动合同期满，但是用人单位与劳动者依照劳动合同法第二十二条的规定约定的服务期尚未到期的，劳动合同应当续延至服务期满；双方另有约定的，从其约定。

第三章　在职法规

第一节　劳动关系管理

一、中华人民共和国劳动合同法（部分）

第二十九条　用人单位与劳动者应当按照劳动合同的约定，全面履行各自的义务。

第三十条　用人单位应当按照劳动合同约定和国家规定，向劳动者及时足额支付劳动报酬。

用人单位拖欠或者未足额支付劳动报酬的，劳动者可以依法向当地人民法院申请支付令，人民法院应当依法发出支付令。

第三十一条　用人单位应当严格执行劳动定额标准，不得强迫或者变相强迫劳动者加班。用人单位安排加班的，应当按照国家有关规定向劳动者支付加班费。

第三十二条　劳动者拒绝用人单位管理人员违章指挥、强令冒险作业的，不视为违反劳动合同。

劳动者对危害生命安全和身体健康的劳动条件，有权对用人单位提出批评、检举和控告。

第三十三条　用人单位变更名称、法定代表人、主要负责人或者投资人等事项，不影响劳动合同的履行。

第三十四条　用人单位发生合并或者分立等情况，原劳动合同继续有效，劳动合同由承继其权利和义务的用人单位继续履行。

第三十五条　用人单位与劳动者协商一致，可以变更劳动合同约定的内容。变更劳动合同，应当采用书面形式。

变更后的劳动合同文本由用人单位和劳动者各执一份。

二、中华人民共和国劳动合同法实施条例（部分）

第二十八条　用人单位或者其所属单位出资或者合伙设立的劳务派遣单位，向本单位或者所属单位派遣劳动者的，属于劳动合同法第六十七条规定的不得设立的劳务派遣单位。

第二十九条　用工单位应当履行劳动合同法第六十二条规定的义务，维护被派遣劳动者的合法权益。

第三十条　劳务派遣单位不得以非全日制用工形式招用被派遣劳动者。

第三十一条　劳务派遣单位或者被派遣劳动者依法解除、终止劳动合同的经济补偿，依照劳动合同法第四十六条、第四十七条的规定执行。

第三十二条　劳务派遣单位违法解除或者终止被派遣劳动者的劳动合同的，依照劳动合同法第四十八条的规定执行。

三、最高人民法院关于审理劳动争议案件适用法律问题的解释（一）（部分）
法释〔2020〕26号

第三十四条　劳动合同期满后，劳动者仍在原用人单位工作，原用人单位未表示异议的，视为双方同意以原条件继续履行劳动合同。一方提出终止劳动关系的，人民法院应予支持。

根据劳动合同法第十四条规定，用人单位应当与劳动者签订无固定期限劳动合同而未签订的，人民法院可以视为双方之间存在无固定期限劳动合同关系，并以原劳动合同确定双方的权利义务关系。

第三十五条　劳动者与用人单位就解除或者终止劳动合同办理相关手续、支付工资报酬、加班费、经济补偿或者赔偿金等达成的协议，不违反法律、行政法规的强制性规定，且不存在欺诈、胁迫或者乘人之危情形的，应当认定有效。

前款协议存在重大误解或者显失公平情形，当事人请求撤销的，人民法院应予支持。

第三十六条　当事人在劳动合同或者保密协议中约定了竞业限制，但未约定解除或者终止劳动合同后给予劳动者经济补偿，劳动者履行了竞业限制义务，要求用人单位按照劳动者在劳动合同解除或者终止前十二个月平均工资的30%按月支付经济补偿的，人民法院应予支持。

前款规定的月平均工资的30%低于劳动合同履行地最低工资标准的，按照劳动合同履行地最低工资标准支付。

第三十七条　当事人在劳动合同或者保密协议中约定了竞业限制和经济补偿，当事人解除劳动合同时，除另有约定外，用人单位要求劳动者履行竞业限制义务，或者劳动者履行了竞业限制义务后要求用人单位支付经济补偿的，人民法院应予支持。

第三十八条　当事人在劳动合同或者保密协议中约定了竞业限制和经济补偿，劳动合同解除或者终止后，因用人单位的原因导致三个月未支付经济补偿，劳动者请求解除竞业限制约定的，人民法院应予支持。

第三十九条　在竞业限制期限内，用人单位请求解除竞业限制协议的，人民法院应予支持。

在解除竞业限制协议时，劳动者请求用人单位额外支付劳动者三个月的竞业限制经济补偿的，人民法院应予支持。

第四十条　劳动者违反竞业限制约定，向用人单位支付违约金后，用人单位要求劳动者按照约定继续履行竞业限制义务的，人民法院应予支持。

第四十一条　劳动合同被确认为无效，劳动者已付出劳动的，用人单位应当按照劳动合同法第二十八条、第四十六条、第四十七条的规定向劳动者支付劳动报酬和经济补偿。

由于用人单位原因订立无效劳动合同，给劳动者造成损害的，用人单位应当赔偿劳动者因合同无效所造成的经济损失。

第四十二条　劳动者主张加班费的，应当就加班事实的存在承担举证责任。但劳动者有证据证明用人单位掌握加班事实存在的证据，用人单位不提供的，由用人单位承担不利后果。

第四十三条　用人单位与劳动者协商一致变更劳动合同，虽未采用书面形式，但已经实际履行了口头变更的劳动合同超过一个月，变更后的劳动合同内容不违反法律、行政法规且不违背公序良俗，当事人以未采用书面形式为由主张劳动合同变更无效的，人民法院不予支持。

四、劳动和社会保障部关于非全日制用工若干问题的意见（部分）

一、关于非全日制用工的劳动关系

1. 非全日制用工是指以小时计酬、劳动者在同一用人单位平均每日工作时间不超过 5 小时累计每周工作时间不超过 30 小时的用工形式。

从事非全日制工作的劳动者，可以与一个或一个以上用人单位建立劳动关系。用人单位与非全日制劳动者建立劳动关系，应当订立劳动合同。劳动合同一般以书面形式订立。劳动合同期限在一个月以下的，经双方协商同意，可以订立口头劳动合同。但劳动者提出订立书面劳动合同的，应当以书面形式订立。

2. 劳动者通过依法成立的劳务派遣组织为其他单位、家庭或个人提供非全日制劳动的，由劳务派遣组织与非全日制劳动者签订劳动合同。

3. 非全日制劳动合同的内容由双方协商确定，应当包括工作时间和期限、工作内容、劳动报酬、劳动保护和劳动条件五项必备条款，但不得约定试用期。

4. 非全日制劳动合同的终止条件，按照双方的约定办理。劳动合同中，当事人未约定终止劳动合同提前通知期的，任何一方均可以随时通知对方终止劳动合同；双方约定了违约责任的，按照约定承担赔偿责任。

5. 用人单位招用劳动者从事非全日制工作，应当在录用后到当地劳动保障行政部门办理录用备案手续。

6. 从事非全日制工作的劳动者档案可由本人户口所在地劳动保障部门的公共职业介绍机构代管。

二、关于非全日制用工的工资支付

7. 用人单位应当按时足额支付非全日制劳动者的工资。用人单位支付非全日制劳动者的小时工资不得低于当地政府颁布的小时最低工资标准。

8. 非全日制用工的小时最低工资标准由省、自治区、直辖市规定，并报劳动保障部备案。确定和调整小时最低工资标准应当综合参考以下因素：当地政府颁布的月最低工资标准；单位应缴纳的基本养老保险费和基本医疗保险费（当地政府颁布的月最低工资标准未包含个人缴纳社会保险费因素的，还应考虑个人应缴纳的社会保险费）；非全日制劳动者在工作稳定性、劳动条件和劳动强度、福利等方面与全日制就业人员之间的差异。小时最低工资标准的测算方法为：

小时最低工资标准＝[（月最低工资标准÷20.92÷8)×(1+单位应当缴纳的基本养老保险费和基本医疗保险费比例之和)]×(1+浮动系数)

9. 非全日制用工的工资支付可以按小时、日、周或月为单位结算。

三、关于非全日制用工的社会保险

10. 从事非全日制工作的劳动者应当参加基本养老保险，原则上参照个体工商户的参保办法执行。对于已参加过基本养老保险和建立个人账户的人员，前后缴费年限合并计算，跨统筹地区转移的，应办理基本养老保险关系和个人账户的转移、接续手续。符合退休条件时，按国家规定计发基本养老金。

11. 从事非全日制工作的劳动者可以以个人身份参加基本医疗保险，并按照待遇水平与缴费水平相挂钩的原则，享受相应的基本医疗保险待遇。参加基本医疗保险的具体办法由各地劳动保障部门研究制定。

12. 用人单位应当按照国家有关规定为建立劳动关系的非全日制劳动者缴纳工伤保险费。从事非全日制工作的劳动者发生工伤，依法享受工伤保险待遇；被鉴定为伤残5~10级的，经劳动者与用人单位协商一致，可以一次性结算伤残待遇及有关费用。

五、中华人民共和国工会法（部分）

第二十条 企业、事业单位、社会组织违反职工代表大会制度和其他民主管理制度，工会有权要求纠正，保障职工依法行使民主管理的权利。

法律、法规规定应当提交职工大会或者职工代表大会审议、通过、决定的事项，企业、事业单位、社会组织应当依法办理。

第二十一条　工会帮助、指导职工与企业、实行企业化管理的事业单位、社会组织签订劳动合同。

工会代表职工与企业、实行企业化管理的事业单位、社会组织进行平等协商，依法签订集体合同。集体合同草案应当提交职工代表大会或者全体职工讨论通过。

工会签订集体合同，上级工会应当给予支持和帮助。

企业、事业单位、社会组织违反集体合同，侵犯职工劳动权益的，工会可以依法要求企业、事业单位、社会组织予以改正并承担责任；因履行集体合同发生争议，经协商解决不成的，工会可以向劳动争议仲裁机构提请仲裁，仲裁机构不予受理或者对仲裁裁决不服的，可以向人民法院提起诉讼。

第二十二条　企业、事业单位、社会组织处分职工，工会认为不适当的，有权提出意见。

用人单位单方面解除职工劳动合同时，应当事先将理由通知工会，工会认为用人单位违反法律、法规和有关合同，要求重新研究处理时，用人单位应当研究工会的意见，并将处理结果书面通知工会。

职工认为用人单位侵犯其劳动权益而申请劳动争议仲裁或者向人民法院提起诉讼的，工会应当给予支持和帮助。

第二十三条　企业、事业单位、社会组织违反劳动法律法规规定，有下列侵犯职工劳动权益情形，工会应当代表职工与企业、事业单位、社会组织交涉，要求企业、事业单位、社会组织采取措施予以改正；企业、事业单位、社会组织应当予以研究处理，并向工会作出答复；企业、事业单位、社会组织拒不改正的，工会可以提请当地人民政府依法作出处理：

（一）克扣、拖欠职工工资的；

（二）不提供劳动安全卫生条件的；

（三）随意延长劳动时间的；

（四）侵犯女职工和未成年工特殊权益的；

（五）其他严重侵犯职工劳动权益的。

第二十四条　工会依照国家规定对新建、扩建企业和技术改造工程中的劳动条件和安全卫生设施与主体工程同时设计、同时施工、同时投产使用进行监督。对工会提出的意见，企业或者主管部门应当认真处理，并将处理结果书面通知工会。

第二十五条　工会发现企业违章指挥、强令工人冒险作业，或者生产过程中发现明显重大事故隐患和职业危害，有权提出解决的建议，企业应当及时研究答复；发现危及职工生命安全的情况时，工会有权向企业建议组织职工撤离危险现场，企业必须及时作出处理决定。

第二十六条　工会有权对企业、事业单位、社会组织侵犯职工合法权益的问题进行调查，有关单位应当予以协助。

第二十七条　职工因工伤亡事故和其他严重危害职工健康问题的调查处理，必须有工会参加。工会应当向有关部门提出处理意见，并有权要求追究直接负责的主管人员和有关责任人员的责任。对工会提出的意见，应当及时研究，给予答复。

第二十八条　企业、事业单位、社会组织发生停工、怠工事件，工会应当代表职工同企业、事业单位、社会组织或者有关方面协商，反映职工的意见和要求并提出解决意见。对于职工的合理要求，企业、事业单位、社会组织应当予以解决。工会协助企业、事业单位、社会组织做好工作，尽快恢复生产、工作秩序。

第二十九条　工会参加企业的劳动争议调解工作。

地方劳动争议仲裁组织应当有同级工会代表参加。

六、中华人民共和国职业病防治法（部分）

第四十三条　职业病诊断应当由取得《医疗机构执业许可证》的医疗卫生机构承担。卫生行政部门应当加强对职业病诊断工作的规范管理，具体管理办法由国务院卫生行政部门制定。

承担职业病诊断的医疗卫生机构还应当具备下列条件：

（一）具有与开展职业病诊断相适应的医疗卫生技术人员；

（二）具有与开展职业病诊断相适应的仪器、设备；

（三）具有健全的职业病诊断质量管理制度。

承担职业病诊断的医疗卫生机构不得拒绝劳动者进行职业病诊断的要求。

第四十四条　劳动者可以在用人单位所在地、本人户籍所在地或者经常居住地依法承担职业病诊断的医疗卫生机构进行职业病诊断。

第四十五条　职业病诊断标准和职业病诊断、鉴定办法由国务院卫生行政部门制定。职业病伤残等级的鉴定办法由国务院劳动保障行政部门会同国务院卫生行政部门制定。

第四十六条　职业病诊断，应当综合分析下列因素：

（一）病人的职业史；

（二）职业病危害接触史和工作场所职业病危害因素情况；

（三）临床表现以及辅助检查结果等。

没有证据否定职业病危害因素与病人临床表现之间的必然联系的，应当诊断为职业病。

职业病诊断证明书应当由参与诊断的取得职业病诊断资格的执业医师签署，并经承担职业病诊断的医疗卫生机构审核盖章。

第四十七条　用人单位应当如实提供职业病诊断、鉴定所需的劳动者职业史和职业病危害接触史、工作场所职业病危害因素检测结果等资料；卫生行政部门应当监督检查和督促用人单位提供上述资料；劳动者和有关机构也应当提供与职业病诊断、鉴定有关的资料。

职业病诊断、鉴定机构需要了解工作场所职业病危害因素情况时，可以对工作场所进行现场调查，也可以向卫生行政部门提出，卫生行政部门应当在十日内组织现场调查。用人单位不得拒绝、阻挠。

第四十八条　职业病诊断、鉴定过程中，用人单位不提供工作场所职业病危害因素检测结果等资料的，诊断、鉴定机构应当结合劳动者的临床表现、辅助检查结果和劳动者的职业史、职业病危害接触史，并参考劳动者的自述、卫生行政部门提供的日常监督检查信息等，作出职业病诊断、鉴定结论。

劳动者对用人单位提供的工作场所职业病危害因素检测结果等资料有异议，或者因劳动者的用人单位解散、破产，无用人单位提供上述资料的，诊断、鉴定机构应当提请卫生行政部门进行调查，卫生行政部门应当自接到申请之日起三十日内对存在异议的资料或者工作场所职业病危害因素情况作出判定；有关部门应当配合。

第四十九条　职业病诊断、鉴定过程中，在确认劳动者职业史、职业病危害接触史时，当事人对劳动关系、工种、工作岗位或者在岗时间有争议的，可以向当地的劳动人事争议仲裁委员会申请仲裁；接到申请的劳动人事争议仲裁委员会应当受理，并在三十日内作出裁决。

当事人在仲裁过程中对自己提出的主张，有责任提供证据。劳动者无法提供由用人单位掌握管理的与仲裁主张有关的证据的，仲裁庭应当要求用人单位在指定期限内提供；用人单位在指定期限内不提供的，应当承担不利后果。

劳动者对仲裁裁决不服的，可以依法向人民法院提起诉讼。

用人单位对仲裁裁决不服的，可以在职业病诊断、鉴定程序结束之日起十五日内依法向人民法院提起诉讼；诉讼期间，劳动者的治疗费用按照职业病待遇规定的途径支付。

第五十条　用人单位和医疗卫生机构发现职业病病人或者疑似职业病病人时，应当及时向所在地卫生行政部门报告。确诊为职业病的，用人单位还应当向所在地劳动保障行政部门报告。接到报告的部门应当依法作出处理。

第五十一条　县级以上地方人民政府卫生行政部门负责本行政区域内的职业病统计报告的管理工作，并按照规定上报。

第五十二条　当事人对职业病诊断有异议的，可以向作出诊断的医疗卫生机构所在地地方人民政府卫生行政部门申请鉴定。

职业病诊断争议由设区的市级以上地方人民政府卫生行政部门根据当事人的申请，组织职业病诊断鉴定委员会进行鉴定。

当事人对设区的市级职业病诊断鉴定委员会的鉴定结论不服的，可以向省、自治区、直辖市人民政府卫生行政部门申请再鉴定。

第五十三条　职业病诊断鉴定委员会由相关专业的专家组成。

省、自治区、直辖市人民政府卫生行政部门应当设立相关的专家库，需要对职业病争议作出诊断鉴定时，由当事人或者当事人委托有关卫生行政部门从专家库中以随机抽取的方式确定参加诊断鉴定委员会的专家。

职业病诊断鉴定委员会应当按照国务院卫生行政部门颁布的职业病诊断标准和职业病诊断、鉴定办法进行职业病诊断鉴定，向当事人出具职业病诊断鉴定书。职业病诊断、鉴定费用由用人单位承担。

第五十四条　职业病诊断鉴定委员会组成人员应当遵守职业道德，客观、公正地进行诊断鉴定，并承担相应的责任。职业病诊断鉴定委员会组成人员不得私下接触当事人，不得收受当事人的财物或者其他好处，与当事人有利害关系的，应当回避。

人民法院受理有关案件需要进行职业病鉴定时，应当从省、自治区、直辖市人民政府卫生行政部门依法设立的相关的专家库中选取参加鉴定的专家。

第五十五条　医疗卫生机构发现疑似职业病病人时，应当告知劳动者本人并及时通知用人单位。

用人单位应当及时安排对疑似职业病病人进行诊断；在疑似职业病病人诊断或者医学观察期间，不得解除或者终止与其订立的劳动合同。

疑似职业病病人在诊断、医学观察期间的费用，由用人单位承担。

第五十六条　用人单位应当保障职业病病人依法享受国家规定的职业病待遇。

用人单位应当按照国家有关规定，安排职业病病人进行治疗、康复和定期检查。

用人单位对不适宜继续从事原工作的职业病病人，应当调离原岗位，并妥善安置。

用人单位对从事接触职业病危害的作业的劳动者，应当给予适当岗位津贴。

第五十七条　职业病病人的诊疗、康复费用，伤残以及丧失劳动能力的职业病病人的社会保障，按照国家有关工伤保险的规定执行。

第五十八条　职业病病人除依法享有工伤保险外，依照有关民事法律，尚有获得赔偿的权利的，有权向用人单位提出赔偿要求。

第五十九条　劳动者被诊断患有职业病，但用人单位没有依法参加工伤保险的，其医疗和生活保障由该用人单位承担。

第六十条　职业病病人变动工作单位，其依法享有的待遇不变。

用人单位在发生分立、合并、解散、破产等情形时，应当对从事接触职业病危害的作业的劳动者进行健康检查，并按照国家有关规定妥善安置职业病病人。

第六十一条　用人单位已经不存在或者无法确认劳动关系的职业病病人，可以向地方人民政府医疗保障、民政部门申请医疗救助和生活等方面的救助。

地方各级人民政府应当根据本地区的实际情况，采取其他措施，使前款规定的职业病病人获得医疗救治。

七、劳动保障监察条例（部分）

第十三条　对用人单位的劳动保障监察，由用人单位用工所在地的县级或者设区的市级劳动保障行政部门管辖。

上级劳动保障行政部门根据工作需要，可以调查处理下级劳动保障行政部门管辖的案件。劳动保障行政部门对劳动保障监察管辖发生争议的，报请共同的上一级劳动保障行政部门指定管辖。

省、自治区、直辖市人民政府可以对劳动保障监察的管辖制定具体办法。

第十四条　劳动保障监察以日常巡视检查、审查用人单位按照要求报送的书面材料以及接受举报投诉等形式进行。

劳动保障行政部门认为用人单位有违反劳动保障法律、法规或者规章的行为，需要进行调查处理的，应当及时立案。

劳动保障行政部门或者受委托实施劳动保障监察的组织应当设立举报、投诉信箱和电话。

对因违反劳动保障法律、法规或者规章的行为引起的群体性事件，劳动保障行政部门应当根据应急预案，迅速会同有关部门处理。

第十五条　劳动保障行政部门实施劳动保障监察，有权采取下列调查、检查措施：

（一）进入用人单位的劳动场所进行检查；

（二）就调查、检查事项询问有关人员；

（三）要求用人单位提供与调查、检查事项相关的文件资料，并作出解释和说明，必要时可以发出调查询问书；

（四）采取记录、录音、录像、照像或者复制等方式收集有关情况和资料；

（五）委托会计师事务所对用人单位工资支付、缴纳社会保险费的情况进行审计；

（六）法律、法规规定可以由劳动保障行政部门采取的其他调查、检查措施。

劳动保障行政部门对事实清楚、证据确凿、可以当场处理的违反劳动保障法律、法规或者规章的行为有权当场予以纠正。

第十六条　劳动保障监察员进行调查、检查，不得少于2人，并应当佩戴劳动保障监察标志、出示劳动保障监察证件。

劳动保障监察员办理的劳动保障监察事项与本人或者其近亲属有直接利害关系的，应当回避。

第十七条　劳动保障行政部门对违反劳动保障法律、法规或者规章的行为的调查，应当自立案之日起60个工作日内完成；对情况复杂的，经劳动保障行政部门负责人批准，可以延长30个工作日。

第十八条　劳动保障行政部门对违反劳动保障法律、法规或者规章的行为，根据调查、检查的结果，作出以下处理：

（一）对依法应当受到行政处罚的，依法作出行政处罚决定；

（二）对应当改正未改正的，依法责令改正或者作出相应的行政处理决定；

（三）对情节轻微且已改正的，撤销立案。

发现违法案件不属于劳动保障监察事项的，应当及时移送有关部门处理；涉嫌犯罪的，应当依法移送司法机关。

第十九条　劳动保障行政部门对违反劳动保障法律、法规或者规章的行为作出行政处罚或者行政处理决定前，应当听取用人单位的陈述、申辩；作出行政处罚或者行政处理决定，应当告知用人单位依法享有申请行政复议或者提起行政诉讼的权利。

第二十条　违反劳动保障法律、法规或者规章的行为在 2 年内未被劳动保障行政部门发现，也未被举报、投诉的，劳动保障行政部门不再查处。

前款规定的期限，自违反劳动保障法律、法规或者规章的行为发生之日起计算；违反劳动保障法律、法规或者规章的行为有连续或者继续状态的，自行为终了之日起计算。

第二十一条　用人单位违反劳动保障法律、法规或者规章，对劳动者造成损害的，依法承担赔偿责任。劳动者与用人单位就赔偿发生争议的，依照国家有关劳动争议处理的规定处理。

对应当通过劳动争议处理程序解决的事项或者已经按照劳动争议处理程序申请调解、仲裁或者已经提起诉讼的事项，劳动保障行政部门应当告知投诉人依照劳动争议处理或者诉讼的程序办理。

第二十二条　劳动保障行政部门应当建立用人单位劳动保障守法诚信档案。用人单位有重大违反劳动保障法律、法规或者规章的行为的，由有关的劳动保障行政部门向社会公布。

第二节　薪酬待遇管理

一、工资发放

（一）中华人民共和国劳动法（部分）

第四十六条　工资分配应当遵循按劳分配原则，实行同工同酬。

工资水平在经济发展的基础上逐步提高。国家对工资总量实行宏观调控。

第四十七条　用人单位根据本单位的生产经营特点和经济效益，依法自主确定本单位的工资分配方式和工资水平。

第四十八条 国家实行最低工资保障制度。最低工资的具体标准由省、自治区、直辖市人民政府规定，报国务院备案。

用人单位支付劳动者的工资不得低于当地最低工资标准。

第四十九条 确定和调整最低工资标准应当综合参考下列因素：

（一）劳动者本人及平均赡养人口的最低生活费用；

（二）社会平均工资水平；

（三）劳动生产率；

（四）就业状况；

（五）地区之间经济发展水平的差异。

第五十条 工资应当以货币形式按月支付给劳动者本人。不得克扣或者无故拖欠劳动者的工资。

第五十一条 劳动者在法定休假日和婚丧假期间以及依法参加社会活动期间，用人单位应当依法支付工资。

（二）工资支付暂行规定

第一条 为维护劳动者通过劳动获得劳动报酬的权利，规范用人单位的工资支付行为，根据《中华人民共和国劳动法》有关规定，制定本规定。

第二条 本规定适用于在中华人民共和国境内的企业、个体经济组织（以下统称用人单位）和与之形成劳动关系的劳动者。

国家机关、事业组织、社会团体和与之建立劳动合同关系的劳动者，依照本规定执行。

第三条 本规定所称工资是指用人单位依据劳动合同的规定，以各种形式支付给劳动者的工资报酬。

第四条 工资支付主要包括：工资支付项目、工资支付水平、工资支付形式、工资支付对象、工资支付时间以及特殊情况下的工资支付。

第五条 工资应当以法定货币支付。不得以实物及有价证券替代货币支付。

第六条 用人单位应将工资支付给劳动者本人。劳动者本人因故不能领取工资时，可由其亲属或委托他人代领。

用人单位可委托银行代发工资。

用人单位必须书面记录支付劳动者工资的数额、时间、领取者的姓名以及签字，并保存两年以上备查。用人单位在支付工资时应向劳动者提供一份其个人的工资清单。

第七条 工资必须在用人单位与劳动者约定的日期支付。如遇节假日或休息日，则应提前在最近的工作日支付。工资至少每月支付一次，实行周、日、小时工资制的可按周、日、小时支付工资。

第八条 对完成一次性临时劳动或某项具体工作的劳动者,用人单位应按有关协议或合同规定在其完成劳动任务后即支付工资。

第九条 劳动关系双方依法解除或终止劳动合同时,用人单位应在解除或终止劳动合同时一次付清劳动者工资。

第十条 劳动者在法定工作时间内依法参加社会活动期间,用人单位应视同其提供了正常劳动而支付工资。社会活动包括:依法行使选举权或被选举权;当选代表出席乡(镇)、区以上政府、党派、工会、青年团、妇女联合会等组织召开的会议;出任人民法庭证明人;出席劳动模范、先进工作者大会;《工会法》规定的不脱产工会基层委员会委员因工会活动占用的生产或工作时间;其他依法参加的社会活动。

第十一条 劳动者依法享受年休假、探亲假、婚假、丧假期间,用人单位应按劳动合同规定的标准支付劳动者工资。

第十二条 非因劳动者原因造成单位停工、停产在一个工资支付周期内的,用人单位应按劳动合同规定的标准支付劳动者工资。超过一个工资支付周期的,若劳动者提供了正常劳动,则支付给劳动者的劳动报酬不得低于当地的最低工资标准;若劳动者没有提供正常劳动,应按国家有关规定办理。

第十三条 用人单位在劳动者完成劳动定额或规定的工作任务后,根据实际需要安排劳动者在法定标准工作时间以外工作的,应按以下标准支付工资:

(一)用人单位依法安排劳动者在日法定标准工作时间以外延长工作时间的,按照不低于劳动合同规定的劳动者本人小时工资标准的150%支付劳动者工资;

(二)用人单位依法安排劳动者在休息日工作,而又不能安排补休的,按照不低于劳动合同规定的劳动者本人日或小时工资标准的200%支付劳动者工资;

(三)用人单位依法安排劳动者在法定休假节日工作的,按照不低于劳动合同规定的劳动者本人日或小时工资标准的300%支付劳动者工资。

实行计件工资的劳动者,在完成计件定额任务后,由用人单位安排延长工作时间的,应根据上述规定的原则,分别按照不低于其本人法定工作时间计件单价的150%、200%、300%支付其工资。

经劳动行政部门批准实行综合计算工时工作制的,其综合计算工作时间超过法定标准工作时间的部分,应视为延长工作时间,并应按本规定支付劳动者延长工作时间的工资。

实行不定时工时制度的劳动者,不执行上述规定。

第十四条 用人单位依法破产时,劳动者有权获得其工资。在破产清偿中用人单位应按《中华人民共和国企业破产法》规定的清偿顺序,首先支付欠付本单位劳动者的工资。

第十五条 用人单位不得克扣劳动者工资。有下列情况之一的,用人单位可以代扣劳动者工资:

（一）用人单位代扣代缴的个人所得税；

（二）用人单位代扣代缴的应由劳动者个人负担的各项社会保险费用；

（三）法院判决、裁定中要求代扣的抚养费、赡养费；

（四）法律、法规规定可以从劳动者工资中扣除的其他费用。

第十六条　因劳动者本人原因给用人单位造成经济损失的，用人单位可按照劳动合同的约定要求其赔偿经济损失。经济损失的赔偿，可从劳动者本人的工资中扣除。但每月扣除的部分不得超过劳动者当月工资的20%。若扣除后的剩余工资部分低于当地月最低工资标准，则按最低工资标准支付。

第十七条　用人单位应根据本规定，通过与职工大会、职工代表大会或者其他形式协商制定内部的工资支付制度，并告知本单位全体劳动者，同时抄报当地劳动行政部门备案。

第十八条　各级劳动行政部门有权监察用人单位工资支付的情况。用人单位有下列侵害劳动者合法权益行为的，由劳动行政部门责令其支付劳动者工资和经济补偿，并可责令其支付赔偿金：

（一）克扣或者无故拖欠劳动者工资的；

（二）拒不支付劳动者延长工作时间工资的；

（三）低于当地最低工资标准支付劳动者工资的。

经济补偿和赔偿金的标准，按国家有关规定执行。

第十九条　劳动者与用人单位因工资支付发生劳动争议的，当事人可依法向劳动争议仲裁机关申请仲裁。对仲裁裁决不服的，可以向人民法院提起诉讼。

第二十条　本规定自一九九五年一月一日起执行。

二、社保公积金缴纳

（一）中华人民共和国劳动法（部分）

第七十条　国家发展社会保险事业，建立社会保险制度，设立社会保险基金，使劳动者在年老、患病、工伤、失业、生育等情况下获得帮助和补偿。

第七十一条　社会保险水平应当与社会经济发展水平和社会承受能力相适应。

第七十二条　社会保险基金按照保险类型确定资金来源，逐步实行社会统筹。用人单位和劳动者必须依法参加社会保险，缴纳社会保险费。

第七十三条　劳动者在下列情形下，依法享受社会保险待遇：

（一）退休；

（二）患病、负伤；

（三）因工伤残或者患职业病；

（四）失业；

（五）生育。

劳动者死亡后，其遗属依法享受遗属津贴。

劳动者享受社会保险待遇的条件和标准由法律、法规规定。

劳动者享受的社会保险金必须按时足额支付。

第七十四条　社会保险基金经办机构依照法律规定收支、管理和运营社会保险基金，并负有使社会保险基金保值增值的责任。

社会保险基金监督机构依照法律规定，对社会保险基金的收支、管理和运营实施监督。

社会保险基金经办机构和社会保险基金监督机构的设立和职能由法律规定。

任何组织和个人不得挪用社会保险基金。

第七十五条　国家鼓励用人单位根据本单位实际情况为劳动者建立补充保险。

国家提倡劳动者个人进行储蓄性保险。

第七十六条　国家发展社会福利事业，兴建公共福利设施，为劳动者休息、休养和疗养提供条件。

用人单位应当创造条件，改善集体福利，提高劳动者的福利待遇。

（二）中华人民共和国社会保险法（部分）

第十条　职工应当参加基本养老保险，由用人单位和职工共同缴纳基本养老保险费。无雇工的个体工商户、未在用人单位参加基本养老保险的非全日制从业人员以及其他灵活就业人员可以参加基本养老保险，由个人缴纳基本养老保险费。

公务员和参照公务员法管理的工作人员养老保险的办法由国务院规定。

第十一条　基本养老保险实行社会统筹与个人账户相结合。

基本养老保险基金由用人单位和个人缴费以及政府补贴等组成。

第十二条　用人单位应当按照国家规定的本单位职工工资总额的比例缴纳基本养老保险费，记入基本养老保险统筹基金。

职工应当按照国家规定的本人工资的比例缴纳基本养老保险费，记入个人账户。

无雇工的个体工商户、未在用人单位参加基本养老保险的非全日制从业人员以及其他灵活就业人员参加基本养老保险的，应当按照国家规定缴纳基本养老保险费，分别记入基本养老保险统筹基金和个人账户。

第十三条　国有企业、事业单位职工参加基本养老保险前，视同缴费年限期间应当缴纳的基本养老保险费由政府承担。

基本养老保险基金出现支付不足时，政府给予补贴。

第十四条　个人账户不得提前支取，记账利率不得低于银行定期存款利率，免征利息税。个人死亡的，个人账户余额可以继承。

第十五条　基本养老金由统筹养老金和个人账户养老金组成。

基本养老金根据个人累计缴费年限、缴费工资、当地职工平均工资、个人账户金额、城镇人口平均预期寿命等因素确定。

第十六条　参加基本养老保险的个人，达到法定退休年龄时累计缴费满十五年的，按月领取基本养老金。

参加基本养老保险的个人，达到法定退休年龄时累计缴费不足十五年的，可以缴费至满十五年，按月领取基本养老金；也可以转入新型农村社会养老保险或者城镇居民社会养老保险，按照国务院规定享受相应的养老保险待遇。

第十七条　参加基本养老保险的个人，因病或者非因工死亡的，其遗属可以领取丧葬补助金和抚恤金；在未达到法定退休年龄时因病或者非因工致残完全丧失劳动能力的，可以领取病残津贴。所需资金从基本养老保险基金中支付。

第十八条　国家建立基本养老金正常调整机制。根据职工平均工资增长、物价上涨情况，适时提高基本养老保险待遇水平。

第十九条　个人跨统筹地区就业的，其基本养老保险关系随本人转移，缴费年限累计计算。个人达到法定退休年龄时，基本养老金分段计算、统一支付。具体办法由国务院规定。

第二十条　国家建立和完善新型农村社会养老保险制度。

新型农村社会养老保险实行个人缴费、集体补助和政府补贴相结合。

第二十一条　新型农村社会养老保险待遇由基础养老金和个人账户养老金组成。

参加新型农村社会养老保险的农村居民，符合国家规定条件的，按月领取新型农村社会养老保险待遇。

第二十二条　国家建立和完善城镇居民社会养老保险制度。

省、自治区、直辖市人民政府根据实际情况，可以将城镇居民社会养老保险和新型农村社会养老保险合并实施。

第三章　基本医疗保险

第二十三条　职工应当参加职工基本医疗保险，由用人单位和职工按照国家规定共同缴纳基本医疗保险费。

无雇工的个体工商户、未在用人单位参加职工基本医疗保险的非全日制从业人员以及其他灵活就业人员可以参加职工基本医疗保险，由个人按照国家规定缴纳基本医疗保险费。

第二十四条　国家建立和完善新型农村合作医疗制度。

新型农村合作医疗的管理办法，由国务院规定。

第二十五条　国家建立和完善城镇居民基本医疗保险制度。

城镇居民基本医疗保险实行个人缴费和政府补贴相结合。

享受最低生活保障的人、丧失劳动能力的残疾人、低收入家庭六十周岁以上的老年人和未成年人等所需个人缴费部分，由政府给予补贴。

第二十六条　职工基本医疗保险、新型农村合作医疗和城镇居民基本医疗保险的待遇标准按照国家规定执行。

第二十七条　参加职工基本医疗保险的个人，达到法定退休年龄时累计缴费达到国家规定年限的，退休后不再缴纳基本医疗保险费，按照国家规定享受基本医疗保险待遇；未达到国家规定年限的，可以缴费至国家规定年限。

第二十八条　符合基本医疗保险药品目录、诊疗项目、医疗服务设施标准以及急诊、抢救的医疗费用，按照国家规定从基本医疗保险基金中支付。

第二十九条　参保人员医疗费用中应当由基本医疗保险基金支付的部分，由社会保险经办机构与医疗机构、药品经营单位直接结算。

社会保险行政部门和卫生行政部门应当建立异地就医医疗费用结算制度，方便参保人员享受基本医疗保险待遇。

第三十条　下列医疗费用不纳入基本医疗保险基金支付范围：

（一）应当从工伤保险基金中支付的；

（二）应当由第三人负担的；

（三）应当由公共卫生负担的；

（四）在境外就医的。

医疗费用依法应当由第三人负担，第三人不支付或者无法确定第三人的，由基本医疗保险基金先行支付。基本医疗保险基金先行支付后，有权向第三人追偿。

第三十一条　社会保险经办机构根据管理服务的需要，可以与医疗机构、药品经营单位签订服务协议，规范医疗服务行为。

医疗机构应当为参保人员提供合理、必要的医疗服务。

第三十二条　个人跨统筹地区就业的，其基本医疗保险关系随本人转移，缴费年限累计计算。

第四章　工伤保险

第三十三条　职工应当参加工伤保险，由用人单位缴纳工伤保险费，职工不缴纳工伤保险费。

第三十四条　国家根据不同行业的工伤风险程度确定行业的差别费率，并根据使用工伤保险基金、工伤发生率等情况在每个行业内确定费率档次。行业差别费率和行业内费率档次由国务院社会保险行政部门制定，报国务院批准后公布施行。

社会保险经办机构根据用人单位使用工伤保险基金、工伤发生率和所属行业费率档次等情况，确定用人单位缴费费率。

第三十五条　用人单位应当按照本单位职工工资总额，根据社会保险经办机构确定的费率缴纳工伤保险费。

第三十六条　职工因工作原因受到事故伤害或者患职业病，且经工伤认定的，享受工伤保险待遇；其中，经劳动能力鉴定丧失劳动能力的，享受伤残待遇。

工伤认定和劳动能力鉴定应当简捷、方便。

第三十七条　职工因下列情形之一导致本人在工作中伤亡的，不认定为工伤：

（一）故意犯罪；

（二）醉酒或者吸毒；

（三）自残或者自杀；

（四）法律、行政法规规定的其他情形。

第三十八条　因工伤发生的下列费用，按照国家规定从工伤保险基金中支付：

（一）治疗工伤的医疗费用和康复费用；

（二）住院伙食补助费；

（三）到统筹地区以外就医的交通食宿费；

（四）安装配置伤残辅助器具所需费用；

（五）生活不能自理的，经劳动能力鉴定委员会确认的生活护理费；

（六）一次性伤残补助金和一至四级伤残职工按月领取的伤残津贴；

（七）终止或者解除劳动合同时，应当享受的一次性医疗补助金；

（八）因工死亡的，其遗属领取的丧葬补助金、供养亲属抚恤金和因工死亡补助金；

（九）劳动能力鉴定费。

第三十九条　因工伤发生的下列费用，按照国家规定由用人单位支付：

（一）治疗工伤期间的工资福利；

（二）五级、六级伤残职工按月领取的伤残津贴；

（三）终止或者解除劳动合同时，应当享受的一次性伤残就业补助金。

第四十条　工伤职工符合领取基本养老金条件的，停发伤残津贴，享受基本养老保险待遇。基本养老保险待遇低于伤残津贴的，从工伤保险基金中补足差额。

第四十一条　职工所在用人单位未依法缴纳工伤保险费，发生工伤事故的，由用人单位支付工伤保险待遇。用人单位不支付的，从工伤保险基金中先行支付。

从工伤保险基金中先行支付的工伤保险待遇应当由用人单位偿还。用人单位不偿还的，社会保险经办机构可以依照本法第六十三条的规定追偿。

第四十二条　由于第三人的原因造成工伤，第三人不支付工伤医疗费用或者无法确定第三人的，由工伤保险基金先行支付。工伤保险基金先行支付后，有权向第三人追偿。

第四十三条　工伤职工有下列情形之一的，停止享受工伤保险待遇：

（一）丧失享受待遇条件的；

（二）拒不接受劳动能力鉴定的；

（三）拒绝治疗的。

第五章　失业保险

第四十四条　职工应当参加失业保险，由用人单位和职工按照国家规定共同缴纳失业保险费。

第四十五条　失业人员符合下列条件的，从失业保险基金中领取失业保险金：

（一）失业前用人单位和本人已经缴纳失业保险费满一年的；

（二）非因本人意愿中断就业的；

（三）已经进行失业登记，并有求职要求的。

第四十六条　失业人员失业前用人单位和本人累计缴费满一年不足五年的，领取失业保险金的期限最长为十二个月；累计缴费满五年不足十年的，领取失业保险金的期限最长为十八个月；累计缴费十年以上的，领取失业保险金的期限最长为二十四个月。重新就业后，再次失业的，缴费时间重新计算，领取失业保险金的期限与前次失业应当领取而尚未领取的失业保险金的期限合并计算，最长不超过二十四个月。

第四十七条　失业保险金的标准，由省、自治区、直辖市人民政府确定，不得低于城市居民最低生活保障标准。

第四十八条　失业人员在领取失业保险金期间，参加职工基本医疗保险，享受基本医疗保险待遇。

失业人员应当缴纳的基本医疗保险费从失业保险基金中支付，个人不缴纳基本医疗保险费。

第四十九条　失业人员在领取失业保险金期间死亡的，参照当地对在职职工死亡的规定，向其遗属发给一次性丧葬补助金和抚恤金。所需资金从失业保险基金中支付。

个人死亡同时符合领取基本养老保险丧葬补助金、工伤保险丧葬补助金和失业保险丧葬补助金条件的，其遗属只能选择领取其中的一项。

第五十条　用人单位应当及时为失业人员出具终止或者解除劳动关系的证明，并将失业人员的名单自终止或者解除劳动关系之日起十五日内告知社会保险经办机构。

失业人员应当持本单位为其出具的终止或者解除劳动关系的证明，及时到指定的公共就业服务机构办理失业登记。

失业人员凭失业登记证明和个人身份证明，到社会保险经办机构办理领取失业保险金的手续。失业保险金领取期限自办理失业登记之日起计算。

第五十一条　失业人员在领取失业保险金期间有下列情形之一的，停止领取失业保险金，并同时停止享受其他失业保险待遇：

（一）重新就业的；

（二）应征服兵役的；

（三）移居境外的；

（四）享受基本养老保险待遇的；

（五）无正当理由，拒不接受当地人民政府指定部门或者机构介绍的适当工作或者提供的培训的。

第五十二条　职工跨统筹地区就业的，其失业保险关系随本人转移，缴费年限累计计算。

第六章 生育保险

第五十三条 职工应当参加生育保险，由用人单位按照国家规定缴纳生育保险费，职工不缴纳生育保险费。

第五十四条 用人单位已经缴纳生育保险费的，其职工享受生育保险待遇；职工未就业配偶按照国家规定享受生育医疗费用待遇。所需资金从生育保险基金中支付。

生育保险待遇包括生育医疗费用和生育津贴。

第五十五条 生育医疗费用包括下列各项：

（一）生育的医疗费用；

（二）计划生育的医疗费用；

（三）法律、法规规定的其他项目费用。

第五十六条 职工有下列情形之一的，可以按照国家规定享受生育津贴：

（一）女职工生育享受产假；

（二）享受计划生育手术休假；

（三）法律、法规规定的其他情形。

生育津贴按照职工所在用人单位上年度职工月平均工资计发。

（三）社会保险费征缴暂行条例（部分）

第七条 缴费单位必须向当地社会保险经办机构办理社会保险登记，参加社会保险。登记事项包括：单位名称、住所、经营地点、单位类型、法定代表人或者负责人、开户银行帐号以及国务院劳动保障行政部门规定的其他事项。

第八条 企业在办理登记注册时，同步办理社会保险登记。

前款规定以外的缴费单位应当自成立之日起 30 日内，向当地社会保险经办机构申请办理社会保险登记。

第九条 缴费单位的社会保险登记事项发生变更或者缴费单位依法终止的，应当自变更或者终止之日起 30 日内，到社会保险经办机构办理变更或者注销社会保险登记手续。

第十条 缴费单位必须按月向社会保险经办机构申报应缴纳的社会保险费数额，经社会保险经办机构核定后，在规定的期限内缴纳社会保险费。

缴费单位不按规定申报应缴纳的社会保险费数额的，由社会保险经办机构暂按该单位上月缴费数额的 110% 确定应缴数额；没有上月缴费数额的，由社会保险经办机构暂按该单位的经营状况、职工人数等有关情况确定应缴数额。缴费单位补办申报手续并按核定数额缴纳社会保险费后，由社会保险经办机构按照规定结算。

第十一条 省、自治区、直辖市人民政府规定由税务机关征收社会保险费的，社会保险经办机构应当及时向税务机关提供缴费单位社会保险登记、变更登记、注销登记以及缴费申报的情况。

第十二条　缴费单位和缴费个人应当以货币形式全额缴纳社会保险费。

缴费个人应当缴纳的社会保险费，由所在单位从其本人工资中代扣代缴。

社会保险费不得减免。

第十三条　缴费单位未按规定缴纳和代扣代缴社会保险费的，由劳动保险行政部门或者税务机关责令限期缴纳；逾期仍不缴纳的，除补缴欠缴数额外，从欠缴之日起，按日加收千分之二的滞纳金。滞纳金并入社会保险基金。

第十四条　征收的社会保险费存入财政部门在国有商业银行开设的社会保障基金财政专户。

社会保险基金按照不同险种的统筹范围，分别建立基本养老保险基金、基本医疗保险基金、失业保险基金。各项社会保险基金分别单独核算。社会保险基金不计征税、费。

第十五条　省、自治区、直辖市人民政府规定由税务机关征收社会保险费的，税务机关应当及时向社会保险经办机构提供缴费单位和缴费个人的缴费情况；社会保险经办机构应当将有关情况汇总，报劳动保障行政部门。

第十六条　社会保险经办机构应当建立缴费记录，其中基本养老保险、基本医疗保险并应当按照规定记录个人帐户。社会保险经办机构负责保存缴费记录，并保证其完整、安全。社会保险经办机构应当至少每年向缴费个人发送一次基本养老保险、基本医疗保险个人帐户通知单。

缴费单位、缴费个人有权按照规定查询缴费记录。

（四）工伤保险条例（部分）

第三十条　职工因工作遭受事故伤害或者患职业病进行治疗，享受工伤医疗待遇。

职工治疗工伤应当在签订服务协议的医疗机构就医，情况紧急时可以先到就近的医疗机构急救。

治疗工伤所需费用符合工伤保险诊疗项目目录、工伤保险药品目录、工伤保险住院服务标准的，从工伤保险基金支付。工伤保险诊疗项目目录、工伤保险药品目录、工伤保险住院服务标准，由国务院社会保险行政部门会同国务院卫生行政部门、食品药品监督管理部门等部门规定。

职工住院治疗工伤的伙食补助费，以及经医疗机构出具证明，报经办机构同意，工伤职工到统筹地区以外就医所需的交通、食宿费用从工伤保险基金支付，基金支付的具体标准由统筹地区人民政府规定。

工伤职工治疗非工伤引发的疾病，不享受工伤医疗待遇，按照基本医疗保险办法处理。

工伤职工到签订服务协议的医疗机构进行工伤康复的费用，符合规定的，从工伤保险基金支付。

第三十一条 社会保险行政部门作出认定为工伤的决定后发生行政复议、行政诉讼的,行政复议和行政诉讼期间不停止支付工伤职工治疗工伤的医疗费用。

第三十二条 工伤职工因日常生活或者就业需要,经劳动能力鉴定委员会确认,可以安装假肢、矫形器、假眼、假牙和配置轮椅等辅助器具,所需费用按照国家规定的标准从工伤保险基金支付。

第三十三条 职工因工作遭受事故伤害或者患职业病需要暂停工作接受工伤医疗的,在停工留薪期内,原工资福利待遇不变,由所在单位按月支付。

停工留薪期一般不超过 12 个月。伤情严重或者情况特殊,经设区的市级劳动能力鉴定委员会确认,可以适当延长,但延长不得超过 12 个月。工伤职工评定伤残等级后,停发原待遇,按照本章的有关规定享受伤残待遇。工伤职工在停工留薪期满后仍需治疗的,继续享受工伤医疗待遇。

生活不能自理的工伤职工在停工留薪期需要护理的,由所在单位负责。

第三十四条 工伤职工已经评定伤残等级并经劳动能力鉴定委员会确认需要生活护理的,从工伤保险基金按月支付生活护理费。

生活护理费按照生活完全不能自理、生活大部分不能自理或者生活部分不能自理 3 个不同等级支付,其标准分别为统筹地区上年度职工月平均工资的 50%、40% 或者 30%。

第三十五条 职工因工致残被鉴定为一级至四级伤残的,保留劳动关系,退出工作岗位,享受以下待遇:

(一)从工伤保险基金按伤残等级支付一次性伤残补助金,标准为:一级伤残为 27 个月的本人工资,二级伤残为 25 个月的本人工资,三级伤残为 23 个月的本人工资,四级伤残为 21 个月的本人工资;

(二)从工伤保险基金按月支付伤残津贴,标准为:一级伤残为本人工资的 90%,二级伤残为本人工资的 85%,三级伤残为本人工资的 80%,四级伤残为本人工资的 75%。伤残津贴实际金额低于当地最低工资标准的,由工伤保险基金补足差额;

(三)工伤职工达到退休年龄并办理退休手续后,停发伤残津贴,按照国家有关规定享受基本养老保险待遇。基本养老保险待遇低于伤残津贴的,由工伤保险基金补足差额。

职工因工致残被鉴定为一级至四级伤残的,由用人单位和职工个人以伤残津贴为基数,缴纳基本医疗保险费。

第三十六条 职工因工致残被鉴定为五级、六级伤残的,享受以下待遇:

(一)从工伤保险基金按伤残等级支付一次性伤残补助金,标准为:五级伤残为 18 个月的本人工资,六级伤残为 16 个月的本人工资;

(二)保留与用人单位的劳动关系,由用人单位安排适当工作。难以安排工作的,由用人单位按月发给伤残津贴,标准为:五级伤残为本人工资的 70%,六级伤残为本人工资的60%，并由用人单位按照规定为其缴纳应缴纳的各项社会保险费。伤残津贴实际金额低于当地最低工资标准的，由用人单位补足差额。

经工伤职工本人提出，该职工可以与用人单位解除或者终止劳动关系，由工伤保险基金支付一次性工伤医疗补助金，由用人单位支付一次性伤残就业补助金。一次性工伤医疗补助金和一次性伤残就业补助金的具体标准由省、自治区、直辖市人民政府规定。

第三十七条　职工因工致残被鉴定为七级至十级伤残的，享受以下待遇：

（一）从工伤保险基金按伤残等级支付一次性伤残补助金，标准为：七级伤残为13个月的本人工资，八级伤残为11个月的本人工资，九级伤残为9个月的本人工资，十级伤残为7个月的本人工资；

（二）劳动、聘用合同期满终止，或者职工本人提出解除劳动、聘用合同的，由工伤保险基金支付一次性工伤医疗补助金，由用人单位支付一次性伤残就业补助金。一次性工伤医疗补助金和一次性伤残就业补助金的具体标准由省、自治区、直辖市人民政府规定。

第三十八条　工伤职工工伤复发，确认需要治疗的，享受本条例第三十条、第三十二条和第三十三条规定的工伤待遇。

第三十九条　职工因工死亡，其近亲属按照下列规定从工伤保险基金领取丧葬补助金、供养亲属抚恤金和一次性工亡补助金：

（一）丧葬补助金为6个月的统筹地区上年度职工月平均工资；

（二）供养亲属抚恤金按照职工本人工资的一定比例发给由因工死亡职工生前提供主要生活来源、无劳动能力的亲属。标准为：配偶每月40%，其他亲属每人每月30%，孤寡老人或者孤儿每人每月在上述标准的基础上增加10%。核定的各供养亲属的抚恤金之和不应高于因工死亡职工生前的工资。供养亲属的具体范围由国务院社会保险行政部门规定；

（三）一次性工亡补助金标准为上一年度全国城镇居民人均可支配收入的20倍。

伤残职工在停工留薪期内因工伤导致死亡的，其近亲属享受本条第一款规定的待遇。

一级至四级伤残职工在停工留薪期满后死亡的，其近亲属可以享受本条第一款第（一）项、第（二）项规定的待遇。

第四十条　伤残津贴、供养亲属抚恤金、生活护理费由统筹地区社会保险行政部门根据职工平均工资和生活费用变化等情况适时调整。调整办法由省、自治区、直辖市人民政府规定。

第四十一条　职工因工外出期间发生事故或者在抢险救灾中下落不明的，从事故发生当月起3个月内照发工资，从第4个月起停发工资，由工伤保险基金向其供养亲属按月支付供养亲属抚恤金。生活有困难的，可以预支一次性工亡补助金的

50%。职工被人民法院宣告死亡的,按照本条例第三十九条职工因工死亡的规定处理。

第四十二条　工伤职工有下列情形之一的,停止享受工伤保险待遇:
(一)丧失享受待遇条件的;
(二)拒不接受劳动能力鉴定的;
(三)拒绝治疗的。

第四十三条　用人单位分立、合并、转让的,承继单位应当承担原用人单位的工伤保险责任;原用人单位已经参加工伤保险的,承继单位应当到当地经办机构办理工伤保险变更登记。

用人单位实行承包经营的,工伤保险责任由职工劳动关系所在单位承担。

职工被借调期间受到工伤事故伤害的,由原用人单位承担工伤保险责任,但原用人单位与借调单位可以约定补偿办法。

企业破产的,在破产清算时依法拨付应当由单位支付的工伤保险待遇费用。

第四十四条　职工被派遣出境工作,依据前往国家或者地区的法律应当参加当地工伤保险的,参加当地工伤保险,其国内工伤保险关系中止;不能参加当地工伤保险的,其国内工伤保险关系不中止。

第四十五条　职工再次发生工伤,根据规定应当享受伤残津贴的,按照新认定的伤残等级享受伤残津贴待遇。

(五)失业保险条例(部分)

第十四条　具备下列条件的失业人员,可以领取失业保险金:
(一)按照规定参加失业保险,所在单位和本人已按照规定履行缴费义务满1年的;
(二)非因本人意愿中断就业的;
(三)已办理失业登记,并有求职要求的。

失业人员在领取失业保险金期间,按照规定同时享受其他失业保险待遇。

第十五条　失业人员在领取失业保险金期间有下列情形之一的,停止领取失业保险金,并同时停止享受其他失业保险待遇:
(一)重新就业的;
(二)应征服兵役的;
(三)移居境外的;
(四)享受基本养老保险待遇的;
(五)被判刑收监执行或者被劳动教养的;
(六)无正当理由,拒不接受当地人民政府指定的部门或者机构介绍的工作的;
(七)有法律、行政法规规定的其他情形的。

第十六条　城镇企业事业单位应当及时为失业人员出具终止或者解除劳动关系

的证明，告知其按照规定享受失业保险待遇的权利，并将失业人员的名单自终止或者解除劳动关系之日起 7 日内报社会保险经办机构备案。

城镇企业事业单位职工失业后，应当持本单位为其出具的终止或者解除劳动关系的证明，及时到指定的社会保险经办机构办理失业登记。失业保险金自办理失业登记之日起计算。

失业保险金由社会保险经办机构按月发放。社会保险经办机构为失业人员开具领取失业保险金的单证，失业人员凭单证到指定银行领取失业保险金。

第十七条 失业人员失业前所在单位和本人按照规定累计缴费时间满 1 年不足 5 年的，领取失业保险金的期限最长为 12 个月；累计缴费时间满 5 年不足 10 年的，领取失业保险金的期限最长为 18 个月；累计缴费时间 10 年以上的，领取失业保险金的期限最长为 24 个月。重新就业后，再次失业的，缴费时间重新计算，领取失业保险金的期限可以与前次失业应领取而尚未领取的失业保险金的期限合并计算，但是最长不得超过 24 个月。

第十八条 失业保险金的标准，按照低于当地最低工资标准、高于城市居民最低生活保障标准的水平，由省、自治区、直辖市人民政府确定。

第十九条 失业人员在领取失业保险金期间患病就医的，可以按照规定向社会保险经办机构申请领取医疗补助金。医疗补助金的标准由省、自治区、直辖市人民政府规定。

第二十条 失业人员在领取失业保险金期间死亡的，参照当地对在职职工的规定，对其家属一次性发给丧葬补助金和抚恤金。

第二十一条 单位招用的农民合同制工人连续工作满 1 年，本单位并已缴纳失业保险费，劳动合同期满未续订或者提前解除劳动合同的，由社会保险经办机构根据其工作时间长短，对其支付一次性生活补助。补助的办法和标准由省、自治区、直辖市人民政府规定。

第二十二条 城镇企业事业单位成建制跨统筹地区转移，失业人员跨统筹地区流动的，失业保险关系随之转迁。

第二十三条 失业人员符合城市居民最低生活保障条件的，按照规定享受城市居民最低生活保障待遇。

（六）住房公积金管理条例（部分）

第十三条 住房公积金管理中心应当在受委托银行设立住房公积金专户。

单位应当向住房公积金管理中心办理住房公积金缴存登记，并为本单位职工办理住房公积金账户设立手续。每个职工只能有一个住房公积金账户。

住房公积金管理中心应当建立职工住房公积金明细账，记载职工个人住房公积金的缴存、提取等情况。

第十四条 新设立的单位应当自设立之日起 30 日内向住房公积金管理中心办理

住房公积金缴存登记，并自登记之日起 20 日内，为本单位职工办理住房公积金账户设立手续。

单位合并、分立、撤销、解散或者破产的，应当自发生上述情况之日起 30 日内由原单位或者清算组织向住房公积金管理中心办理变更登记或者注销登记，并自办妥变更登记或者注销登记之日起 20 日内，为本单位职工办理住房公积金账户转移或者封存手续。

第十五条 单位录用职工的，应当自录用之日起 30 日内向住房公积金管理中心办理缴存登记，并办理职工住房公积金账户的设立或者转移手续。

单位与职工终止劳动关系的，单位应当自劳动关系终止之日起 30 日内向住房公积金管理中心办理变更登记，并办理职工住房公积金账户转移或者封存手续。

第十六条 职工住房公积金的月缴存额为职工本人上一年度月平均工资乘以职工住房公积金缴存比例。

单位为职工缴存的住房公积金的月缴存额为职工本人上一年度月平均工资乘以单位住房公积金缴存比例。

第十七条 新参加工作的职工从参加工作的第二个月开始缴存住房公积金，月缴存额为职工本人当月工资乘以职工住房公积金缴存比例。

单位新调入的职工从调入单位发放工资之日起缴存住房公积金，月缴存额为职工本人当月工资乘以职工住房公积金缴存比例。

第十八条 职工和单位住房公积金的缴存比例均不得低于职工上一年度月平均工资的 5%；有条件的城市，可以适当提高缴存比例。具体缴存比例由住房公积金管理委员会拟订，经本级人民政府审核后，报省、自治区、直辖市人民政府批准。

第十九条 职工个人缴存的住房公积金，由所在单位每月从其工资中代扣代缴。

单位应当于每月发放职工工资之日起 5 日内将单位缴存的和为职工代缴的住房公积金汇缴到住房公积金专户内，由受委托银行计入职工住房公积金账户。

第二十条 单位应当按时、足额缴存住房公积金，不得逾期缴存或者少缴。

对缴存住房公积金确有困难的单位，经本单位职工代表大会或者工会讨论通过，并经住房公积金管理中心审核，报住房公积金管理委员会批准后，可以降低缴存比例或者缓缴；待单位经济效益好转后，再提高缴存比例或者补缴缓缴。

第二十一条 住房公积金自存入职工住房公积金账户之日起按照国家规定的利率计息。

第二十二条 住房公积金管理中心应当为缴存住房公积金的职工发放缴存住房公积金的有效凭证。

第二十三条 单位为职工缴存的住房公积金，按照下列规定列支：

（一）机关在预算中列支；

（二）事业单位由财政部门核定收支后，在预算或者费用中列支；

（三）企业在成本中列支。

三、休息休假管理

（一）中华人民共和国劳动法（部分）

第三十六条　国家实行劳动者每日工作时间不超过八小时、平均每周工作时间不超过四十四小时的工时制度。

第三十七条　对实行计件工作的劳动者，用人单位应当根据本法第三十六条规定的工时制度合理确定其劳动定额和计件报酬标准。

第三十八条　用人单位应当保证劳动者每周至少休息一日。

第三十九条　企业因生产特点不能实行本法第三十六条、第三十八条规定的，经劳动行政部门批准，可以实行其他工作和休息办法。

第四十条　用人单位在下列节日期间应当依法安排劳动者休假：

（一）元旦；

（二）春节；

（三）国际劳动节；

（四）国庆节；

（五）法律、法规规定的其他休假节日。

第四十一条　用人单位由于生产经营需要，经与工会和劳动者协商后可以延长工作时间，一般每日不得超过一小时；因特殊原因需要延长工作时间的，在保障劳动者身体健康的条件下延长工作时间每日不得超过三小时，但是每月不得超过三十六小时。

第四十二条　有下列情形之一的，延长工作时间不受本法第四十一条规定的限制：

（一）发生自然灾害、事故或者因其他原因，威胁劳动者生命健康和财产安全，需要紧急处理的；

（二）生产设备、交通运输线路、公共设施发生故障，影响生产和公众利益，必须及时抢修的；

（三）法律、行政法规规定的其他情形。

第四十三条　用人单位不得违反本法规定延长劳动者的工作时间。

第四十四条　有下列情形之一的，用人单位应当按照下列标准支付高于劳动者正常工作时间工资的工资报酬：

（一）安排劳动者延长工作时间的，支付不低于工资的百分之一百五十的工资报酬；

（二）休息日安排劳动者工作又不能安排补休的，支付不低于工资的百分之二百的工资报酬；

（三）法定休假日安排劳动者工作的，支付不低于工资的百分之三百的工资报酬。

第四十五条　国家实行带薪年休假制度。

劳动者连续工作一年以上的，享受带薪年休假。具体办法由国务院规定。

（二）职工带薪年休假条例

第一条　为了维护职工休息休假权利，调动职工工作积极性，根据 劳动法和公务员法，制定本条例。

第二条　机关、团体、企业、事业单位、民办非企业单位、有雇工的个体工商户等单位的职工连续工作1年以上的，享受带薪年休假（以下简称年休假）。单位应当保证职工享受年休假。职工在年休假期间享受与正常工作期间相同的工资收入。

第三条　职工累计工作已满1年不满10年的，年休假5天；已满10年不满20年的，年休假10天；已满20年的，年休假15天。

国家法定休假日、休息日不计入年休假的假期。

第四条　职工有下列情形之一的，不享受当年的年休假：

（一）职工依法享受寒暑假，其休假天数多于年休假天数的；

（二）职工请事假累计20天以上且单位按照规定不扣工资的；

（三）累计工作满1年不满10年的职工，请病假累计2个月以上的；

（四）累计工作满10年不满20年的职工，请病假累计3个月以上的；

（五）累计工作满20年以上的职工，请病假累计4个月以上的。

第五条　单位根据生产、工作的具体情况，并考虑职工本人意愿，统筹安排职工年休假。

年休假在1个年度内可以集中安排，也可以分段安排，一般不跨年度安排。单位因生产、工作特点确有必要跨年度安排职工年休假的，可以跨1个年度安排。

单位确因工作需要不能安排职工休年休假的，经职工本人同意，可以不安排职工休年休假。对职工应休未休的年休假天数，单位应当按照该职工日工资收入的300%支付年休假工资报酬。

第六条　县级以上地方人民政府人事部门、劳动保障部门应当依据职权对单位执行本条例的情况主动进行监督检查。

工会组织依法维护职工的年休假权利。

第七条　单位不安排职工休年休假又不依照本条例规定给予年休假工资报酬的，由县级以上地方人民政府人事部门或者劳动保障部门依据职权责令限期改正；对逾期不改正的，除责令该单位支付年休假工资报酬外，单位还应当按照年休假工资报酬的数额向职工加付赔偿金；对拒不支付年休假工资报酬、赔偿金的，属于公务员和参照 公务员法管理的人员所在单位的，对直接负责的主管人员以及其他直接责任人员依法给予处分；属于其他单位的，由劳动保障部门、人事部门或者职工当事人民法院强制执行。

第八条 职工与单位因年休假发生的争议，依照国家有关法律、行政法规的规定处理。

第九条 国务院人事部门、国务院劳动保障部门依据职权，分别制定本条例的实施办法。

第十条 本条例自2008年1月1日起施行。

（三）企业职工带薪年休假实施办法

第一条 为了实施《职工带薪年休假条例》（以下简称条例），制定本实施办法。

第二条 中华人民共和国境内的企业、民办非企业单位、有雇工的个体工商户等单位（以下称用人单位）和与其建立劳动关系的职工，适用本办法。

第三条 职工连续工作满12个月以上的，享受带薪年休假（以下简称年休假）。

第四条 年休假天数根据职工累计工作时间确定。职工在同一或者不同用人单位工作期间，以及依照法律、行政法规或者国务院规定视同工作期间，应当计为累计工作时间。

第五条 职工新进用人单位且符合本办法第三条规定的，当年度年休假天数，按照在本单位剩余日历天数折算确定，折算后不足1整天的部分不享受年休假。

前款规定的折算方法为：（当年度在本单位剩余日历天数÷365天）×职工本人全年应当享受的年休假天数。

第六条 职工依法享受的探亲假、婚丧假、产假等国家规定的假期以及因工伤停工留薪期间不计入年休假假期。

第七条 职工享受寒暑假天数多于其年休假天数的，不享受当年的年休假。确因工作需要，职工享受的寒暑假天数少于其年休假天数的，用人单位应当安排补足年休假天数。

第八条 职工已享受当年的年休假，年度内又出现条例第四条第（二）、（三）、（四）、（五）项规定情形之一的，不享受下一年度的年休假。

第九条 用人单位根据生产、工作的具体情况，并考虑职工本人意愿，统筹安排年休假。用人单位确因工作需要不能安排职工年休假或者跨1个年度安排年休假的，应征得职工本人同意。

第十条 用人单位经职工同意不安排年休假或者安排职工年休假天数少于应休年休假天数，应当在本年度内对职工应休未休年休假天数，按照其日工资收入的300%支付未休年休假工资报酬，其中包含用人单位支付职工正常工作期间的工资收入。

用人单位安排职工休年休假，但是职工因本人原因且书面提出不休年休假的，用人单位可以只支付其正常工作期间的工资收入。

第十一条　计算未休年休假工资报酬的日工资收入按照职工本人的月工资除以月计薪天数（21.75 天）进行折算。

前款所称月工资是指职工在用人单位支付其未休年休假工资报酬前 12 个月剔除加班工资后的月平均工资。在本用人单位工作时间不满 12 个月的，按实际月份计算月平均工资。

职工在年休假期间享受与正常工作期间相同的工资收入。实行计件工资、提成工资或者其他绩效工资制的职工，日工资收入的计发办法按照本条第一款、第二款的规定执行。

第十二条　用人单位与职工解除或者终止劳动合同时，当年度未安排职工休满应休年休假的，应当按照职工当年已工作时间折算应休未休年休假天数并支付未休年休假工资报酬，但折算后不足 1 整天的部分不支付未休年休假工资报酬。

前款规定的折算方法为：（当年度在本单位已过日历天数÷365 天）×职工本人全年应当享受的年休假天数-当年度已安排年休假天数。

用人单位当年已安排职工年休假的，多于折算应休年休假的天数不再扣回。

第十三条　劳动合同、集体合同约定的或者用人单位规章制度规定的年休假天数、未休年休假工资报酬高于法定标准的，用人单位应当按照有关约定或者规定执行。

第十四条　劳务派遣单位的职工符合本办法第三条规定条件的，享受年休假。

被派遣职工在劳动合同期限内无工作期间由劳务派遣单位依法支付劳动报酬的天数多于其全年应当享受的年休假天数的，不享受当年的年休假；少于其全年应当享受的年休假天数的，劳务派遣单位、用工单位应当协商安排补足被派遣职工年休假天数。

第十五条　县级以上地方人民政府劳动行政部门应当依法监督检查用人单位执行条例及本办法的情况。

用人单位不安排职工休年休假又不依照条例及本办法规定支付未休年休假工资报酬的，由县级以上地方人民政府劳动行政部门依据职权责令限期改正；对逾期不改正的，除责令该用人单位支付未休年休假工资报酬外，用人单位还应当按照未休年休假工资报酬的数额向职工加付赔偿金；对拒不执行支付未休年休假工资报酬、赔偿金行政处理决定的，由劳动行政部门申请人民法院强制执行。

第十六条　职工与用人单位因年休假发生劳动争议的，依照劳动争议处理的规定处理。

第十七条　除法律、行政法规或者国务院另有规定外，机关、事业单位、社会团体和与其建立劳动关系的职工，依照本办法执行。

船员的年休假按《中华人民共和国船员条例》执行。

第十八条　本办法中的"年度"是指公历年度。

第十九条　本办法自发布之日起施行。

（四）企业职工患病或非因工负伤医疗期规定（部分）

第一条　为了保障企业职工在患病或非因工负伤期间的合法权益，根据《中华人民共和国劳动法》第二十六、二十九条规定，制定本规定。

第二条　医疗期是指企业职工因患病或非因工负伤停止工作治病休息不得解除劳动合同的时限。

第三条　企业职工因患病或非因工负伤，需要停止工作医疗时，根据本人实际参加工作年限和在本单位工作年限，给予三个月到二十四个月的医疗期：

（一）实际工作年限十年以下的，在本单位工作年限五年以下的为三个月；五年以上的为六个月。

（二）实际工作年限十年以上的，在本单位工作年限五年以下的为六个月；五年以上十年以下的为九个月；十年以上十五年以下的为十二个月；十五年以上二十年以下的为十八个月；二十年以上的为二十四个月。

第四条　医疗期三个月的按六个月内累计病休时间计算；六个月的按十二个月内累计病休时间计算；九个月的按十五个月内累计病休时间计算；十二个月的按十八个月内累计病休时间计算；十八个月的按二十四个月内累计病休时间计算；二十四个月的按三十个月内累计病休时间计算。

第五条　企业职工在医疗期内，其病假工资、疾病救济费和医疗待遇按照有关规定执行。

第四章　离职法规

第一节　劳动关系的解除及终止

一、中华人民共和国劳动法（部分）

第二十三条　劳动合同期满或者当事人约定的劳动合同终止条件出现，劳动合同即行终止。

第二十四条　经劳动合同当事人协商一致，劳动合同可以解除。

第二十五条　劳动者有下列情形之一的，用人单位可以解除劳动合同：

（一）在试用期间被证明不符合录用条件的；

（二）严重违反劳动纪律或者用人单位规章制度的；

（三）严重失职，营私舞弊，对用人单位利益造成重大损害的；

（四）被依法追究刑事责任的。

第二十六条　有下列情形之一的，用人单位可以解除劳动合同，但是应当提前三十日以书面形式通知劳动者本人：

（一）劳动者患病或者非因工负伤，医疗期满后，不能从事原工作也不能从事由用人单位另行安排的工作的；

（二）劳动者不能胜任工作，经过培训或者调整工作岗位，仍不能胜任工作的；

（三）劳动合同订立时所依据的客观情况发生重大变化，致使原劳动合同无法履行，经当事人协商不能就变更劳动合同达成协议的。

第二十七条　用人单位濒临破产进行法定整顿期间或者生产经营状况发生严重困难，确需裁减人员的，应当提前三十日向工会或者全体职工说明情况，听取工会或者职工的意见，经向劳动行政部门报告后，可以裁减人员。

用人单位依据本条规定裁减人员，在六个月内录用人员的，应当优先录用被裁减的人员。

第二十八条　用人单位依据本法第二十四条、第二十六条、第二十七条的规定解除劳动合同的，应当依照国家有关规定给予经济补偿。

第二十九条　劳动者有下列情形之一的，用人单位不得依据本法第二十六条、

第二十七条的规定解除劳动合同：

（一）患职业病或者因工负伤并被确认丧失或者部分丧失劳动能力的；

（二）患病或者负伤，在规定的医疗期内的；

（三）女职工在孕期、产期、哺乳期内的；

（四）法律、行政法规规定的其他情形。

第三十条 用人单位解除劳动合同，工会认为不适当的，有权提出意见。如果用人单位违反法律、法规或者劳动合同，工会有权要求重新处理；劳动者申请仲裁或者提起诉讼的，工会应当依法给予支持和帮助。

第三十一条 劳动者解除劳动合同，应当提前三十日以书面形式通知用人单位。

第三十二条 有下列情形之一的，劳动者可以随时通知用人单位解除劳动合同：

（一）在试用期内的；

（二）用人单位以暴力、威胁或者非法限制人身自由的手段强迫劳动的；

（三）用人单位未按照劳动合同约定支付劳动报酬或者提供劳动条件的。

二、中华人民共和国劳动合同法（部分）

第二十六条 下列劳动合同无效或者部分无效：

（一）以欺诈、胁迫的手段或者乘人之危，使对方在违背真实意思的情况下订立或者变更劳动合同的；

（二）用人单位免除自己的法定责任、排除劳动者权利的；

（三）违反法律、行政法规强制性规定的。

对劳动合同的无效或者部分无效有争议的，由劳动争议仲裁机构或者人民法院确认。

第二十七条 劳动合同部分无效，不影响其他部分效力的，其他部分仍然有效。

第二十八条 劳动合同被确认无效，劳动者已付出劳动的，用人单位应当向劳动者支付劳动报酬。劳动报酬的数额，参照本单位相同或者相近岗位劳动者的劳动报酬确定。

……

第三十六条 用人单位与劳动者协商一致，可以解除劳动合同。

第三十七条 劳动者提前三十日以书面形式通知用人单位，可以解除劳动合同。劳动者在试用期内提前三日通知用人单位，可以解除劳动合同。

第三十八条 用人单位有下列情形之一的，劳动者可以解除劳动合同：

（一）未按照劳动合同约定提供劳动保护或者劳动条件的；

（二）未及时足额支付劳动报酬的；

（三）未依法为劳动者缴纳社会保险费的；

（四）用人单位的规章制度违反法律、法规的规定，损害劳动者权益的；

（五）因本法第二十六条第一款规定的情形致使劳动合同无效的；

（六）法律、行政法规规定劳动者可以解除劳动合同的其他情形。

用人单位以暴力、威胁或者非法限制人身自由的手段强迫劳动者劳动的，或者用人单位违章指挥、强令冒险作业危及劳动者人身安全的，劳动者可以立即解除劳动合同，不需事先告知用人单位。

第三十九条　劳动者有下列情形之一的，用人单位可以解除劳动合同：

（一）在试用期间被证明不符合录用条件的；

（二）严重违反用人单位的规章制度的；

（三）严重失职，营私舞弊，给用人单位造成重大损害的；

（四）劳动者同时与其他用人单位建立劳动关系，对完成本单位的工作任务造成严重影响，或者经用人单位提出，拒不改正的；

（五）因本法第二十六条第一款第一项规定的情形致使劳动合同无效的；

（六）被依法追究刑事责任的。

第四十条　有下列情形之一的，用人单位提前三十日以书面形式通知劳动者本人或者额外支付劳动者一个月工资后，可以解除劳动合同：

（一）劳动者患病或者非因工负伤，在规定的医疗期满后不能从事原工作，也不能从事由用人单位另行安排的工作的；

（二）劳动者不能胜任工作，经过培训或者调整工作岗位，仍不能胜任工作的；

（三）劳动合同订立时所依据的客观情况发生重大变化，致使劳动合同无法履行，经用人单位与劳动者协商，未能就变更劳动合同内容达成协议的。

第四十一条　有下列情形之一，需要裁减人员二十人以上或者裁减不足二十人但占企业职工总数百分之十以上的，用人单位提前三十日向工会或者全体职工说明情况，听取工会或者职工的意见后，裁减人员方案经向劳动行政部门报告，可以裁减人员：

（一）依照企业破产法规定进行重整的；

（二）生产经营发生严重困难的；

（三）企业转产、重大技术革新或者经营方式调整，经变更劳动合同后，仍需裁减人员的；

（四）其他因劳动合同订立时所依据的客观经济情况发生重大变化，致使劳动合同无法履行的。

裁减人员时，应当优先留用下列人员：

（一）与本单位订立较长期限的固定期限劳动合同的；

（二）与本单位订立无固定期限劳动合同的；

（三）家庭无其他就业人员，有需要扶养的老人或者未成年人的。

用人单位依照本条第一款规定裁减人员，在六个月内重新招用人员的，应当通知被裁减的人员，并在同等条件下优先招用被裁减的人员。

第四十二条　劳动者有下列情形之一的，用人单位不得依照本法第四十条、第四十一条的规定解除劳动合同：

（一）从事接触职业病危害作业的劳动者未进行离岗前职业健康检查，或者疑似职业病病人在诊断或者医学观察期间的；

（二）在本单位患职业病或者因工负伤并被确认丧失或者部分丧失劳动能力的；

（三）患病或者非因工负伤，在规定的医疗期内的；

（四）女职工在孕期、产期、哺乳期的；

（五）在本单位连续工作满十五年，且距法定退休年龄不足五年的；

（六）法律、行政法规规定的其他情形。

第四十三条 用人单位单方解除劳动合同，应当事先将理由通知工会。用人单位违反法律、行政法规规定或者劳动合同约定的，工会有权要求用人单位纠正。用人单位应当研究工会的意见，并将处理结果书面通知工会。

第四十四条 有下列情形之一的，劳动合同终止：

（一）劳动合同期满的；

（二）劳动者开始依法享受基本养老保险待遇的；

（三）劳动者死亡，或者被人民法院宣告死亡或者宣告失踪的；

（四）用人单位被依法宣告破产的；

（五）用人单位被吊销营业执照、责令关闭、撤销或者用人单位决定提前解散的；

（六）法律、行政法规规定的其他情形。

第四十五条 劳动合同期满，有本法第四十二条规定情形之一的，劳动合同应当续延至相应的情形消失时终止。但是，本法第四十二条第二项规定丧失或者部分丧失劳动能力劳动者的劳动合同的终止，按照国家有关工伤保险的规定执行。

第四十六条　有下列情形之一的，用人单位应当向劳动者支付经济补偿：

（一）劳动者依照本法第三十八条规定解除劳动合同的；

（二）用人单位依照本法第三十六条规定向劳动者提出解除劳动合同并与劳动者协商一致解除劳动合同的；

（三）用人单位依照本法第四十条规定解除劳动合同的；

（四）用人单位依照本法第四十一条第一款规定解除劳动合同的；

（五）除用人单位维持或者提高劳动合同约定条件续订劳动合同，劳动者不同意续订的情形外，依照本法第四十四条第一项规定终止固定期限劳动合同的；

（六）依照本法第四十四条第四项、第五项规定终止劳动合同的；

（七）法律、行政法规规定的其他情形。

第四十七条　经济补偿按劳动者在本单位工作的年限，每满一年支付一个月工资的标准向劳动者支付。六个月以上不满一年的，按一年计算；不满六个月的，向劳动者支付半个月工资的经济补偿。

劳动者月工资高于用人单位所在直辖市、设区的市级人民政府公布的本地区上年度职工月平均工资三倍的,向其支付经济补偿的标准按职工月平均工资三倍的数额支付,向其支付经济补偿的年限最高不超过十二年。

本条所称月工资是指劳动者在劳动合同解除或者终止前十二个月的平均工资。

第四十八条 用人单位违反本法规定解除或者终止劳动合同,劳动者要求继续履行劳动合同的,用人单位应当继续履行;劳动者不要求继续履行劳动合同或者劳动合同已经不能继续履行的,用人单位应当依照本法第八十七条规定支付赔偿金。

第四十九条 国家采取措施,建立健全劳动者社会保险关系跨地区转移接续制度。

第五十条 用人单位应当在解除或者终止劳动合同时出具解除或者终止劳动合同的证明,并在十五日内为劳动者办理档案和社会保险关系转移手续。

劳动者应当按照双方约定,办理工作交接。用人单位依照本法有关规定应当向劳动者支付经济补偿的,在办结工作交接时支付。

用人单位对已经解除或者终止的劳动合同的文本,至少保存二年备查。

第七十一条 非全日制用工双方当事人任何一方都可以随时通知对方终止用工。终止用工,用人单位不向劳动者支付经济补偿。

第八十五条 用人单位有下列情形之一的,由劳动行政部门责令限期支付劳动报酬、加班费或者经济补偿;劳动报酬低于当地最低工资标准的,应当支付其差额部分;逾期不支付的,责令用人单位按应付金额百分之五十以上百分之一百以下的标准向劳动者加付赔偿金:

(一)未按照劳动合同的约定或者国家规定及时足额支付劳动者劳动报酬的;

(二)低于当地最低工资标准支付劳动者工资的;

(三)安排加班不支付加班费的;

(四)解除或者终止劳动合同,未依照本法规定向劳动者支付经济补偿的。

第八十六条 劳动合同依照本法第二十六条规定被确认无效,给对方造成损害的,有过错的一方应当承担赔偿责任。

第八十七条 用人单位违反本法规定解除或者终止劳动合同的,应当依照本法第四十七条规定的经济补偿标准的二倍向劳动者支付赔偿金。

第八十九条 用人单位违反本法规定未向劳动者出具解除或者终止劳动合同的书面证明,由劳动行政部门责令改正;给劳动者造成损害的,应当承担赔偿责任。

第九十条 劳动者违反本法规定解除劳动合同,或者违反劳动合同中约定的保密义务或者竞业限制,给用人单位造成损失的,应当承担赔偿责任。

三、中华人民共和国劳动合同法实施条例(部分)

第十八条 有下列情形之一的,依照劳动合同法规定的条件、程序,劳动者可以与用人单位解除固定期限劳动合同、无固定期限劳动合同或者以完成一定工作任务为期限的劳动合同：

（一）劳动者与用人单位协商一致的；

（二）劳动者提前 30 日以书面形式通知用人单位的；

（三）劳动者在试用期内提前 3 日通知用人单位的；

（四）用人单位未按照劳动合同约定提供劳动保护或者劳动条件的；

（五）用人单位未及时足额支付劳动报酬的；

（六）用人单位未依法为劳动者缴纳社会保险费的；

（七）用人单位的规章制度违反法律、法规的规定，损害劳动者权益的；

（八）用人单位以欺诈、胁迫的手段或者乘人之危，使劳动者在违背真实意思的情况下订立或者变更劳动合同的；

（九）用人单位在劳动合同中免除自己的法定责任、排除劳动者权利的；

（十）用人单位违反法律、行政法规强制性规定的；

（十一）用人单位以暴力、威胁或者非法限制人身自由的手段强迫劳动者劳动的；

（十二）用人单位违章指挥、强令冒险作业危及劳动者人身安全的；

（十三）法律、行政法规规定劳动者可以解除劳动合同的其他情形。

第十九条　有下列情形之一的，依照劳动合同法规定的条件、程序，用人单位可以与劳动者解除固定期限劳动合同、无固定期限劳动合同或者以完成一定工作任务为期限的劳动合同：

（一）用人单位与劳动者协商一致的；

（二）劳动者在试用期间被证明不符合录用条件的；

（三）劳动者严重违反用人单位的规章制度的；

（四）劳动者严重失职，营私舞弊，给用人单位造成重大损害的；

（五）劳动者同时与其他用人单位建立劳动关系，对完成本单位的工作任务造成严重影响，或者经用人单位提出，拒不改正的；

（六）劳动者以欺诈、胁迫的手段或者乘人之危，使用人单位在违背真实意思的情况下订立或者变更劳动合同的；

（七）劳动者被依法追究刑事责任的；

（八）劳动者患病或者非因工负伤，在规定的医疗期满后不能从事原工作，也不能从事由用人单位另行安排的工作的；

（九）劳动者不能胜任工作，经过培训或者调整工作岗位，仍不能胜任工作的；

（十）劳动合同订立时所依据的客观情况发生重大变化，致使劳动合同无法履行，经用人单位与劳动者协商，未能就变更劳动合同内容达成协议的；

（十一）用人单位依照企业破产法规定进行重整的；

（十二）用人单位生产经营发生严重困难的；

（十三）企业转产、重大技术革新或者经营方式调整，经变更劳动合同后，仍需裁减人员的；

（十四）其他因劳动合同订立时所依据的客观经济情况发生重大变化，致使劳动合同无法履行的。

第二十条　用人单位依照劳动合同法第四十条的规定，选择额外支付劳动者一个月工资解除劳动合同的，其额外支付的工资应当按照该劳动者上一个月的工资标准确定。

第二十一条　劳动者达到法定退休年龄的，劳动合同终止。

第二十二条　以完成一定工作任务为期限的劳动合同因任务完成而终止的，用人单位应当依照劳动合同法第四十七条的规定向劳动者支付经济补偿。

第二十三条　用人单位依法终止工伤职工的劳动合同的，除依照劳动合同法第四十七条的规定支付经济补偿外，还应当依照国家有关工伤保险的规定支付一次性工伤医疗补助金和伤残就业补助金。

第二十四条　用人单位出具的解除、终止劳动合同的证明，应当写明劳动合同期限、解除或者终止劳动合同的日期、工作岗位、在本单位的工作年限。

第二十五条　用人单位违反劳动合同法的规定解除或者终止劳动合同，依照劳动合同法第八十七条的规定支付了赔偿金的，不再支付经济补偿。赔偿金的计算年限自用工之日起计算。

第二十六条　用人单位与劳动者约定了服务期，劳动者依照劳动合同法第三十八条的规定解除劳动合同的，不属于违反服务期的约定，用人单位不得要求劳动者支付违约金。

有下列情形之一，用人单位与劳动者解除约定服务期的劳动合同的，劳动者应当按照劳动合同的约定向用人单位支付违约金：

（一）劳动者严重违反用人单位的规章制度的；

（二）劳动者严重失职，营私舞弊，给用人单位造成重大损害的；

（三）劳动者同时与其他用人单位建立劳动关系，对完成本单位的工作任务造成严重影响，或者经用人单位提出，拒不改正的；

（四）劳动者以欺诈、胁迫的手段或者乘人之危，使用人单位在违背真实意思的情况下订立或者变更劳动合同的；

（五）劳动者被依法追究刑事责任的。

第二十七条　劳动合同法第四十七条规定的经济补偿的月工资按照劳动者应得工资计算，包括计时工资或者计件工资以及奖金、津贴和补贴等货币性收入。劳动者在劳动合同解除或者终止前12个月的平均工资低于当地最低工资标准的，按照当地最低工资标准计算。劳动者工作不满12个月的，按照实际工作的月数计算平均工资。

第三十一条　劳务派遣单位或者被派遣劳动者依法解除、终止劳动合同的经济补偿，依照劳动合同法第四十六条、第四十七条的规定执行。

第三十二条　劳务派遣单位违法解除或者终止被派遣劳动者的劳动合同的，依照劳动合同法第四十八条的规定执行。

四、劳动保障监察条例（部分）

第二十六条　用人单位有下列行为之一的，由劳动保障行政部门分别责令限期支付劳动者的工资报酬、劳动者工资低于当地最低工资标准的差额或者解除劳动合同的经济补偿；逾期不支付的，责令用人单位按照应付金额50%以上1倍以下的标准计算，向劳动者加付赔偿金：

（一）克扣或者无故拖欠劳动者工资报酬的；
（二）支付劳动者的工资低于当地最低工资标准的；
（三）解除劳动合同未依法给予劳动者经济补偿的。

五、劳务派遣暂行规定（部分）

第十一条　劳务派遣单位行政许可有效期未延续或者《劳务派遣经营许可证》被撤销、吊销的，已经与被派遣劳动者依法订立的劳动合同应当履行至期限届满。双方经协商一致，可以解除劳动合同。

第十二条　有下列情形之一的，用工单位可以将被派遣劳动者退回劳务派遣单位：

（一）用工单位有劳动合同法第四十条第三项、第四十一条规定情形的；
（二）用工单位被依法宣告破产、吊销营业执照、责令关闭、撤销、决定提前解散或者经营期限届满不再继续经营的；
（三）劳务派遣协议期满终止的。

被派遣劳动者退回后在无工作期间，劳务派遣单位应当按照不低于所在地人民政府规定的最低工资标准，向其按月支付报酬。

第十三条　被派遣劳动者有劳动合同法第四十二条规定情形的，在派遣期限届满前，用工单位不得依据本规定第十二条第一款第一项规定将被派遣劳动者退回劳务派遣单位；派遣期限届满的，应当延续至相应情形消失时方可退回。

第十四条　被派遣劳动者提前30日以书面形式通知劳务派遣单位，可以解除劳动合同。被派遣劳动者在试用期内提前3日通知劳务派遣单位，可以解除劳动合同。劳务派遣单位应当将被派遣劳动者通知解除劳动合同的情况及时告知用工单位。

第十五条　被派遣劳动者因本规定第十二条规定被用工单位退回，劳务派遣单位重新派遣时维持或者提高劳动合同约定条件，被派遣劳动者不同意的，劳务派遣单位可以解除劳动合同。

被派遣劳动者因本规定第十二条规定被用工单位退回，劳务派遣单位重新派遣时降低劳动合同约定条件，被派遣劳动者不同意的，劳务派遣单位不得解除劳动合同。但被派遣劳动者提出解除劳动合同的除外。

第十六条　劳务派遣单位被依法宣告破产、吊销营业执照、责令关闭、撤销、决定提前解散或者经营期限届满不再继续经营的，劳动合同终止。用工单位应当与劳务派遣单位协商妥善安置被派遣劳动者。

第十七条　劳务派遣单位因劳动合同法第四十六条或者本规定第十五条、第十六条规定的情形，与被派遣劳动者解除或者终止劳动合同的，应当依法向被派遣劳动者支付经济补偿。

第二十一条　劳务派遣单位违反本规定解除或者终止被派遣劳动者劳动合同的，按照劳动合同法第四十八条、第八十七条规定执行。

第二十四条　用工单位违反本规定退回被派遣劳动者的，按照劳动合同法第九十二条第二款规定执行。

六、最高人民法院关于审理劳动争议案件适用法律问题的解释（一）（部分）
法释〔2020〕26号

第三十四条　劳动合同期满后，劳动者仍在原用人单位工作，原用人单位未表示异议的，视为双方同意以原条件继续履行劳动合同。一方提出终止劳动关系的，人民法院应予支持。

根据劳动合同法第十四条规定，用人单位应当与劳动者签订无固定期限劳动合同而未签订的，人民法院可以视为双方之间存在无固定期限劳动合同关系，并以原劳动合同确定双方的权利义务关系。

第三十五条　劳动者与用人单位就解除或者终止劳动合同办理相关手续、支付工资报酬、加班费、经济补偿或者赔偿金等达成的协议，不违反法律、行政法规的强制性规定，且不存在欺诈、胁迫或者乘人之危情形的，应当认定有效。

前款协议存在重大误解或者显失公平情形，当事人请求撤销的，人民法院应予支持。

第三十六条　当事人在劳动合同或者保密协议中约定了竞业限制，但未约定解除或者终止劳动合同后给予劳动者经济补偿，劳动者履行了竞业限制义务，要求用人单位按照劳动者在劳动合同解除或者终止前十二个月平均工资的30%按月支付经济补偿的，人民法院应予支持。

前款规定的月平均工资的30%低于劳动合同履行地最低工资标准的，按照劳动合同履行地最低工资标准支付。

第三十七条　当事人在劳动合同或者保密协议中约定了竞业限制和经济补偿，当事人解除劳动合同时，除另有约定外，用人单位要求劳动者履行竞业限制义务，或者劳动者履行了竞业限制义务后要求用人单位支付经济补偿的，人民法院应予支持。

第三十八条　当事人在劳动合同或者保密协议中约定了竞业限制和经济补偿，劳动合同解除或者终止后，因用人单位的原因导致三个月未支付经济补偿，劳动者请求解除竞业限制约定的，人民法院应予支持。

第三十九条　在竞业限制期限内，用人单位请求解除竞业限制协议的，人民法院应予支持。

在解除竞业限制协议时，劳动者请求用人单位额外支付劳动者三个月的竞业限制经济补偿的，人民法院应予支持。

第四十条　劳动者违反竞业限制约定，向用人单位支付违约金后，用人单位要求劳动者按照约定继续履行竞业限制义务的，人民法院应予支持。

第四十一条　劳动合同被确认为无效，劳动者已付出劳动的，用人单位应当按照劳动合同法第二十八条、第四十六条、第四十七条的规定向劳动者支付劳动报酬和经济补偿。

由于用人单位原因订立无效劳动合同，给劳动者造成损害的，用人单位应当赔偿劳动者因合同无效所造成的经济损失。

第四十二条　劳动者主张加班费的，应当就加班事实的存在承担举证责任。但劳动者有证据证明用人单位掌握加班事实存在的证据，用人单位不提供的，由用人单位承担不利后果。

第四十三条　用人单位与劳动者协商一致变更劳动合同，虽未采用书面形式，但已经实际履行了口头变更的劳动合同超过一个月，变更后的劳动合同内容不违反法律、行政法规且不违背公序良俗，当事人以未采用书面形式为由主张劳动合同变更无效的，人民法院不予支持。

第四十四条　因用人单位作出的开除、除名、辞退、解除劳动合同、减少劳动报酬、计算劳动者工作年限等决定而发生的劳动争议，用人单位负举证责任。

第四十五条　用人单位有下列情形之一，迫使劳动者提出解除劳动合同的，用人单位应当支付劳动者的劳动报酬和经济补偿，并可支付赔偿金：

（一）以暴力、威胁或者非法限制人身自由的手段强迫劳动的；

（二）未按照劳动合同约定支付劳动报酬或者提供劳动条件的；

（三）克扣或者无故拖欠劳动者工资的；

（四）拒不支付劳动者延长工作时间工资报酬的；

（五）低于当地最低工资标准支付劳动者工资的。

第四十六条　劳动者非因本人原因从原用人单位被安排到新用人单位工作，原用人单位未支付经济补偿，劳动者依据劳动合同法第三十八条规定与新用人单位解除劳动合同，或者新用人单位向劳动者提出解除、终止劳动合同，在计算支付经济补偿或赔偿金的工作年限时，劳动者请求把在原用人单位的工作年限合并计算为新用人单位工作年限的，人民法院应予支持。

用人单位符合下列情形之一的，应当认定属于"劳动者非因本人原因从原用人单位被安排到新用人单位工作"：

（一）劳动者仍在原工作场所、工作岗位工作，劳动合同主体由原用人单位变更为新用人单位；

（二）用人单位以组织委派或任命形式对劳动者进行工作调动；

（三）因用人单位合并、分立等原因导致劳动者工作调动；

（四）用人单位及其关联企业与劳动者轮流订立劳动合同；

（五）其他合理情形。

第四十七条　建立了工会组织的用人单位解除劳动合同符合劳动合同法第三十九条、第四十条规定，但未按照劳动合同法第四十三条规定事先通知工会，劳动者以用人单位违法解除劳动合同为由请求用人单位支付赔偿金的，人民法院应予支持，但起诉前用人单位已经补正有关程序的除外。

第四十八条　劳动合同法施行后，因用人单位经营期限届满不再继续经营导致劳动合同不能继续履行，劳动者请求用人单位支付经济补偿的，人民法院应予支持。

第四十九条　在诉讼过程中，劳动者向人民法院申请采取财产保全措施，人民法院经审查认为当事人经济确有困难，或者有证据证明用人单位存在欠薪逃匿可能的，应当减轻或者免除劳动者提供担保的义务，及时采取保全措施。

人民法院作出的财产保全裁定中，应当告知当事人在劳动争议仲裁机构的裁决书或者在人民法院的裁判文书生效后三个月内申请强制执行。逾期不申请的，人民法院应当裁定解除保全措施。

第五十条　用人单位根据劳动合同法第四条规定，通过民主程序制定的规章制度，不违反国家法律、行政法规及政策规定，并已向劳动者公示的，可以作为确定双方权利义务的依据。

用人单位制定的内部规章制度与集体合同或者劳动合同约定的内容不一致，劳动者请求优先适用合同约定的，人民法院应予支持。

第五十一条　当事人在调解仲裁法第十条规定的调解组织主持下达成的具有劳动权利义务内容的调解协议，具有劳动合同的约束力，可以作为人民法院裁判的根据。

当事人在调解仲裁法第十条规定的调解组织主持下仅就劳动报酬争议达成调解协议，用人单位不履行调解协议确定的给付义务，劳动者直接提起诉讼的，人民法院可以按照普通民事纠纷受理。

第五十二条　当事人在人民调解委员会主持下仅就给付义务达成的调解协议，双方认为有必要的，可以共同向人民调解委员会所在地的基层人民法院申请司法确认。

第五十三条　用人单位对劳动者作出的开除、除名、辞退等处理，或者因其他原因解除劳动合同确有错误的，人民法院可以依法判决予以撤销。

对于追索劳动报酬、养老金、医疗费以及工伤保险待遇、经济补偿金、培训费及其他相关费用等案件，给付数额不当的，人民法院可以予以变更。

七、劳动部关于严格按照国家规定办理职工退出工作岗位休养问题的通知
劳部发〔1994〕259号

各省、自治区、直辖市劳动（劳动人事）厅（局）、国务院有关部门：

国务院《国有企业安置富余职工规定》（国发〔1993〕111号令）颁布后，对于规范企业妥善安置富余职工起到了积极作用。但是有的企业在分流富余职工时，采取了"一刀切"的做法，对距退休年龄不到5年的职工，强迫退出岗位休养（以下简称"内退"），剥夺甚至侵害了职工的正当劳动权利。为保证职工的合法权益，维护国家行政法规的严肃性，现就有关问题通知如下：

一、企业对距退休年龄不到5年的职工，应经本人提出申请，企业领导批准，方可办理退出工作岗位休养。

二、企业对在改革中精简下来但又不符合"内退"条件的人员，应该积极为他们创造或推荐新的岗位，也可以提供转业培训，在采取这些措施以后，对部分人员可以引向社会或作为企业内部待岗人员，但不能办理"内退"。

三、对未达到国家法定退休年龄的职工，无论是办理了"内退"或是其他富余职工，企业都要根据有关规定为其发放基本生活费，标准不得低于省、市、自治区人民政府规定的最低标准。对确实有困难并已足额交纳失业保险金的企业，经劳动部门批准，可以用失业保险金予以补贴。职工达到国家法定退休年龄的，需按规定办理退休手续，凡参加养老保险统筹的，转由社会保险机构发给养老金。

四、各地劳动部门对企业贯彻国发<1993>111号令要做好指导和监督检查工作，坚决制止企业超出国务院规定办理"内退"的做法。今后，对企业的此类行为要及时纠正，并严肃处理。

一九九四年六月二十日

第二节　社会保险

一、中华人民共和国社会保险法（部分）

第十六条　参加基本养老保险的个人，达到法定退休年龄时累计缴费满十五年的，按月领取基本养老金。

参加基本养老保险的个人，达到法定退休年龄时累计缴费不足十五年的，可以缴费至满十五年，按月领取基本养老金；也可以转入新型农村社会养老保险或者城镇居民社会养老保险，按照国务院规定享受相应的养老保险待遇。

……

第三十八条　因工伤发生的下列费用，按照国家规定从工伤保险基金中支付：

（一）治疗工伤的医疗费用和康复费用；

（二）住院伙食补助费；

（三）到统筹地区以外就医的交通食宿费；

（四）安装配置伤残辅助器具所需费用；

（五）生活不能自理的，经劳动能力鉴定委员会确认的生活护理费；

（六）一次性伤残补助金和一至四级伤残职工按月领取的伤残津贴；

（七）终止或者解除劳动合同时，应当享受的一次性医疗补助金；

（八）因工死亡的，其遗属领取的丧葬补助金、供养亲属抚恤金和因工死亡补助金；

（九）劳动能力鉴定费。

第三十九条　因工伤发生的下列费用，按照国家规定由用人单位支付：

（一）治疗工伤期间的工资福利；

（二）五级、六级伤残职工按月领取的伤残津贴；

（三）终止或者解除劳动合同时，应当享受的一次性伤残就业补助金。

第四十条　工伤职工符合领取基本养老金条件的，停发伤残津贴，享受基本养老保险待遇。基本养老保险待遇低于伤残津贴的，从工伤保险基金中补足差额。

第四十四条　职工应当参加失业保险，由用人单位和职工按照国家规定共同缴纳失业保险费。

第四十五条　失业人员符合下列条件的，从失业保险基金中领取失业保险金：

（一）失业前用人单位和本人已经缴纳失业保险费满一年的；

（二）非因本人意愿中断就业的；

（三）已经进行失业登记，并有求职要求的。

第四十六条　失业人员失业前用人单位和本人累计缴费满一年不足五年的，领取失业保险金的期限最长为十二个月；累计缴费满五年不足十年的，领取失业保险金的期限最长为十八个月；累计缴费十年以上的，领取失业保险金的期限最长为二十四个月。重新就业后，再次失业的，缴费时间重新计算，领取失业保险金的期限与前次失业应当领取而尚未领取的失业保险金的期限合并计算，最长不超过二十四个月。

第四十七条　失业保险金的标准，由省、自治区、直辖市人民政府确定，不得低于城市居民最低生活保障标准。

第四十八条　失业人员在领取失业保险金期间，参加职工基本医疗保险，享受基本医疗保险待遇。

失业人员应当缴纳的基本医疗保险费从失业保险基金中支付，个人不缴纳基本医疗保险费。

第四十九条　失业人员在领取失业保险金期间死亡的，参照当地对在职职工死亡的规定，向其遗属发给一次性丧葬补助金和抚恤金。所需资金从失业保险基金中支付。

个人死亡同时符合领取基本养老保险丧葬补助金、工伤保险丧葬补助金和失业保险丧葬补助金条件的，其遗属只能选择领取其中的一项。

第五十条　用人单位应当及时为失业人员出具终止或者解除劳动关系的证明，并将失业人员的名单自终止或者解除劳动关系之日起十五日内告知社会保险经办机构。

失业人员应当持本单位为其出具的终止或者解除劳动关系的证明，及时到指定的公共就业服务机构办理失业登记。

失业人员凭失业登记证明和个人身份证明，到社会保险经办机构办理领取失业保险金的手续。失业保险金领取期限自办理失业登记之日起计算。

第五十一条　失业人员在领取失业保险金期间有下列情形之一的，停止领取失业保险金，并同时停止享受其他失业保险待遇：

（一）重新就业的；

（二）应征服兵役的；

（三）移居境外的；

（四）享受基本养老保险待遇的；

（五）无正当理由，拒不接受当地人民政府指定部门或者机构介绍的适当工作或者提供的培训的。

第五十二条　职工跨统筹地区就业的，其失业保险关系随本人转移，缴费年限累计计算。

二、失业保险条例（部分）

第十四条 具备下列条件的失业人员，可以领取失业保险金：

（一）按照规定参加失业保险，所在单位和本人已按照规定履行缴费义务满 1 年的；

（二）非因本人意愿中断就业的；

（三）已办理失业登记，并有求职要求的。

失业人员在领取失业保险金期间，按照规定同时享受其他失业保险待遇。

第十五条 失业人员在领取失业保险金期间有下列情形之一的，停止领取失业保险金，并同时停止享受其他失业保险待遇：

（一）重新就业的；

（二）应征服兵役的；

（三）移居境外的；

（四）享受基本养老保险待遇的；

（五）被判刑收监执行或者被劳动教养的；

（六）无正当理由，拒不接受当地人民政府指定的部门或者机构介绍的工作的；

（七）有法律、行政法规规定的其他情形的。

第十六条 城镇企业事业单位应当及时为失业人员出具终止或者解除劳动关系的证明，告知其按照规定享受失业保险待遇的权利，并将失业人员的名单自终止或者解除劳动关系之日起 7 日内报社会保险经办机构备案。

城镇企业事业单位职工失业后，应当持本单位为其出具的终止或者解除劳动关系的证明，及时到指定的社会保险经办机构办理失业登记。失业保险金自办理失业登记之日起计算。

失业保险金由社会保险经办机构按月发放。社会保险经办机构为失业人员开具领取失业保险金的单证，失业人员凭单证到指定银行领取失业保险金。

第十七条 失业人员失业前所在单位和本人按照规定累计缴费时间满 1 年不足 5 年的，领取失业保险金的期限最长为 12 个月；累计缴费时间满 5 年不足 10 年的，领取失业保险金的期限最长为 18 个月；累计缴费时间 10 年以上的，领取失业保险金的期限最长为 24 个月。重新就业后，再次失业的，缴费时间重新计算，领取失业保险金的期限可以与前次失业应领取而尚未领取的失业保险金的期限合并计算，但是最长不得超过 24 个月。

第十八条 失业保险金的标准，按照低于当地最低工资标准、高于城市居民最低生活保障标准的水平，由省、自治区、直辖市人民政府确定。

第十九条 失业人员在领取失业保险金期间患病就医的，可以按照规定向社会保险经办机构申请领取医疗补助金。医疗补助金的标准由省、自治区、直辖市人民政府规定。

第二十条　失业人员在领取失业保险金期间死亡的，参照当地对在职职工的规定，对其家属一次性发给丧葬补助金和抚恤金。

第二十一条　单位招用的农民合同制工人连续工作满1年，本单位并已缴纳失业保险费，劳动合同期满未续订或者提前解除劳动合同的，由社会保险经办机构根据其工作时间长短，对其支付一次性生活补助。补助的办法和标准由省、自治区、直辖市人民政府规定。

第二十二条　城镇企业事业单位成建制跨统筹地区转移，失业人员跨统筹地区流动的，失业保险关系随之转迁。

第二十三条　失业人员符合城市居民最低生活保障条件的，按照规定享受城市居民最低生活保障待遇。

三、工伤保险条例（部分）

第三十六条　职工因工致残被鉴定为五级、六级伤残的，享受以下待遇：

（一）从工伤保险基金按伤残等级支付一次性伤残补助金，标准为：五级伤残为18个月的本人工资，六级伤残为16个月的本人工资；

（二）保留与用人单位的劳动关系，由用人单位安排适当工作。难以安排工作的，由用人单位按月发给伤残津贴，标准为：五级伤残为本人工资的70%，六级伤残为本人工资的60%，并由用人单位按照规定为其缴纳应缴纳的各项社会保险费。伤残津贴实际金额低于当地最低工资标准的，由用人单位补足差额。

经工伤职工本人提出，该职工可以与用人单位解除或者终止劳动关系，由工伤保险基金支付一次性工伤医疗补助金，由用人单位支付一次性伤残就业补助金。一次性工伤医疗补助金和一次性伤残就业补助金的具体标准由省、自治区、直辖市人民政府规定。

第三十七条　职工因工致残被鉴定为七级至十级伤残的，享受以下待遇：

（一）从工伤保险基金按伤残等级支付一次性伤残补助金，标准为：七级伤残为13个月的本人工资，八级伤残为11个月的本人工资，九级伤残为9个月的本人工资，十级伤残为7个月的本人工资；

（二）劳动、聘用合同期满终止，或者职工本人提出解除劳动、聘用合同的，由工伤保险基金支付一次性工伤医疗补助金，由用人单位支付一次性伤残就业补助金。一次性工伤医疗补助金和一次性伤残就业补助金的具体标准由省、自治区、直辖市人民政府规定。

四、企业职工患病或非因工负伤医疗期规定（部分）

第二条 医疗期是指企业职工因患病或非因工负伤停止工作治病休息不得解除劳动合同的时限。

……

第六条 企业职工非因工致残和经医生或医疗机构认定患有难以治疗的疾病，在医疗期内医疗终结，不能从事原工作，也不能从事用人单位另行安排的工作的，应当由劳动鉴定委员会参照工伤与职业病致残程度鉴定标准进行劳动能力的鉴定。被鉴定为一至四级的，应当退出劳动岗位，终止劳动关系，办理退休、退职手续，享受退休、退职待遇；被鉴定为五至十级的，医疗期内不得解除劳动合同。

第七条 企业职工非因工致残和经医生或医疗机构认定患有难以治疗的疾病，医疗期满，应当由劳动鉴定委员会参照工伤与职业病致残程度鉴定标准进行劳动能力的鉴定。被鉴定为一至四级的，应当退出劳动岗位，解除劳动关系，并办理退休、退职手续，享受退休、退职待遇。

第八条 医疗期满尚未痊愈者，被解除劳动合同的经济补偿问题按照有关规定执行。

第三节 特殊人群劳动关系的解除及终止

一、退役士兵安置条例（部分）
（国务院令第 608 号）

第三十六条 承担安排退役士兵工作任务的单位应当按时完成所在地人民政府下达的安排退役士兵工作任务，在退役士兵安置工作主管部门开出介绍信 1 个月内安排退役士兵上岗，并与退役士兵依法签订期限不少于 3 年的劳动合同或者聘用合同。

合同存续期内单位依法关闭、破产、改制的，退役士兵与所在单位其他人员一同执行国家的有关规定。

接收退役士兵的单位裁减人员的，应当优先留用退役士兵。

第三十七条 由人民政府安排工作的退役士兵，服现役年限和符合本条例规定的待安排工作时间计算为工龄，享受所在单位同等条件人员的工资、福利待遇。

第三十八条 非因退役士兵本人原因，接收单位未按照规定安排退役士兵上岗的，应当从所在地人民政府退役士兵安置工作主管部门开出介绍信的当月起，按照不低于本单位同等条件人员平均工资80%的标准逐月发给退役士兵生活费至其上岗为止。

第三十九条 对安排工作的残疾退役士兵，所在单位不得因其残疾与其解除劳动关系或者人事关系。

安排工作的因战、因公致残退役士兵，享受与所在单位工伤人员同等的生活福利和医疗待遇。

第四十条 符合安排工作条件的退役士兵无正当理由拒不服从安置地人民政府安排工作的，视为放弃安排工作待遇；在待安排工作期间被依法追究刑事责任的，取消其安排工作待遇。

第四十八条 退役士兵就业应当随所在单位参加失业保险，其服现役年限视同失业保险缴费年限，并与实际缴费年限合并计算。参加失业保险的退役士兵失业，并符合《失业保险条例》规定条件的，按照规定享受失业保险待遇和相应的促进再就业服务。

二、中华人民共和国工会法（部分）

第五十三条 违反本法规定，有下列情形之一的，由劳动行政部门责令恢复其工作，并补发被解除劳动合同期间应得的报酬，或者责令给予本人年收入二倍的赔偿：
（一）职工因参加工会活动而被解除劳动合同的；
（二）工会工作人员因履行本法规定的职责而被解除劳动合同的。

三、最高人民法院关于在民事审判工作中适用《中华人民共和国工会法》若干问题的解释（部分）
法释〔2020〕17号

第六条 根据工会法第五十二条规定，人民法院审理涉及职工和工会工作人员因参加工会活动或者履行工会法规定的职责而被解除劳动合同的劳动争议案件，可以根据当事人的请求裁判用人单位恢复其工作，并补发被解除劳动合同期间应得的报酬；或者根据当事人的请求裁判用人单位给予本人年收入二倍的赔偿，并根据劳动合同法第四十六条、第四十七条规定给予解除劳动合同时的经济补偿。

四、中华人民共和国职业病防治法（部分）

第三十三条 用人单位与劳动者订立劳动合同（含聘用合同，下同）时，应当将工作过程中可能产生的职业病危害及其后果、职业病防护措施和待遇等如实告知劳动者，并在劳动合同中写明，不得隐瞒或者欺骗。

劳动者在已订立劳动合同期间因工作岗位或者工作内容变更，从事与所订立劳动合同中未告知的存在职业病危害的作业时，用人单位应当依照前款规定，向劳动者履行如实告知的义务，并协商变更原劳动合同相关条款。

用人单位违反前两款规定的，劳动者有权拒绝从事存在职业病危害的作业，用人单位不得因此解除与劳动者所订立的劳动合同。

第三十五条　对从事接触职业病危害的作业的劳动者，用人单位应当按照国务院卫生行政部门的规定组织上岗前、在岗期间和离岗时的职业健康检查，并将检查结果书面告知劳动者。职业健康检查费用由用人单位承担。

用人单位不得安排未经上岗前职业健康检查的劳动者从事接触职业病危害的作业；不得安排有职业禁忌的劳动者从事其所禁忌的作业；对在职业健康检查中发现有与所从事的职业相关的健康损害的劳动者，应当调离原工作岗位，并妥善安置；对未进行离岗前职业健康检查的劳动者不得解除或者终止与其订立的劳动合同。

职业健康检查应当由取得《医疗机构执业许可证》的医疗卫生机构承担。卫生行政部门应当加强对职业健康检查工作的规范管理，具体管理办法由国务院卫生行政部门制定。

第三十九条　劳动者享有下列职业卫生保护权利：

（一）获得职业卫生教育、培训；

（二）获得职业健康检查、职业病诊疗、康复等职业病防治服务；

（三）了解工作场所产生或者可能产生的职业病危害因素、危害后果和应当采取的职业病防护措施；

（四）要求用人单位提供符合防治职业病要求的职业病防护设施和个人使用的职业病防护用品，改善工作条件；

（五）对违反职业病防治法律、法规以及危及生命健康的行为提出批评、检举和控告；

（六）拒绝违章指挥和强令进行没有职业病防护措施的作业；

（七）参与用人单位职业卫生工作的民主管理，对职业病防治工作提出意见和建议。

用人单位应当保障劳动者行使前款所列权利。因劳动者依法行使正当权利而降低其工资、福利等待遇或者解除、终止与其订立的劳动合同的，其行为无效。

第五十五条　医疗卫生机构发现疑似职业病病人时，应当告知劳动者本人并及时通知用人单位。

用人单位应当及时安排对疑似职业病病人进行诊断；在疑似职业病病人诊断或者医学观察期间，不得解除或者终止与其订立的劳动合同。

疑似职业病病人在诊断、医学观察期间的费用，由用人单位承担。

五、使用有毒物品作业场所劳动保护条例（部分）

第十八条　用人单位应当与劳动者订立劳动合同，将工作过程中可能产生的职业中毒危害及其后果、职业中毒危害防护措施和待遇等如实告知劳动者，并在劳动合同中写明，不得隐瞒或者欺骗。

劳动者在已订立劳动合同期间因工作岗位或者工作内容变更，从事劳动合同中未告知的存在职业中毒危害的作业时，用人单位应当依照前款规定，如实告知劳动者，并协商变更原劳动合同有关条款。

用人单位违反前两款规定的，劳动者有权拒绝从事存在职业中毒危害的作业，用人单位不得因此单方面解除或者终止与劳动者所订立的劳动合同。

……

第三十三条　用人单位应当对从事使用有毒物品作业的劳动者进行离岗时的职业健康检查；对离岗时未进行职业健康检查的劳动者，不得解除或者终止与其订立的劳动合同。

用人单位发生分立、合并、解散、破产等情形的，应当对从事使用有毒物品作业的劳动者进行健康检查，并按照国家有关规定妥善安置职业病病人。

第四十四条　用人单位分立、合并的，承继单位应当承担由原用人单位对患职业病的劳动者承担的补偿责任。

用人单位解散、破产的，应当依法从其清算财产中优先支付患职业病的劳动者的补偿费用。

下篇
案例选编

第五章 入职环节典型案例

一、就业歧视纠纷

禁止以性别为由拒绝录用妇女——梁某某诉广东某有限公司、广州市越秀区某海鲜大酒楼人格权纠纷案

【基本案情】

2015年6月28日，原告梁某某在"58同城"网站上看到广东某有限公司发布的招聘厨房学徒的广告，该广告中并无明确性别要求，指定面试地点包括被告广州市越秀区某海鲜大酒楼处。梁某某于2015年6月29日前往广州市越秀区某海鲜大酒楼应聘，并填写了入职申请表，但广州市越秀区某海鲜大酒楼未对其进行面试。广州市越秀区某海鲜大酒楼称当时因厨房学徒一职已经招满，故没有安排梁某某面试。

2015年7月，梁某某在"58同城"网站上再次看到广东某有限公司发布了同一岗位的招聘广告，遂申请广州公证处对"58同城"网站中广东某有限公司发布的招聘广告的网页进行公证，该公证处于2015年8月18日作出〔2015〕粤广广州第151670号公证书。该公证书显示招聘广告的主体为广东某有限公司，招聘的职位为配菜/打荷（招8人），任职资格及其他条件载明："1. 男性，18~25岁；2. 身体健康，反应灵敏……"面试地址载明："1. 广州市越秀区某海鲜大酒楼……2. 某滨江大公馆……"广告中还包括了广东某有限公司的公司介绍，载明"广东某有限公司是荣获广州市著名商标称号的著名餐饮集团，欢迎您加入我们的大家庭，我们将为您提供：良好的工作环境、广阔的发展空间、完善的晋升机制、法定有薪年假和完善的管理体制等"。广州市越秀区某海鲜大酒楼确认上述广告由其委托广州某有限公司发布，并提交了"情况说明"，载明"本酒楼于2014年年底委托广东某有限公司在'58同城'网站发布相关招工广告，招工具体事宜由本酒楼负责"；确认配菜/打荷职位即为厨房学徒职位，厨房学徒的工作内容包括切菜、配菜、出菜、打荷等。广州市越秀区某海鲜大酒楼称其发布有招聘女性厨房学徒的广告，但未能提交证据予以证明。

梁某某提交录音及录像资料，拟证明其前往广州市越秀区某海鲜大酒楼处与前台工作人员的沟通情况。录像中显示地点为广州市越秀区某海鲜大酒楼处；人物为梁某某与该酒楼的前台工作人员；在录像的对话内容中，该酒楼的前台工作人员多次陈述"厨房学徒不要女的""厨房里没有女工，都是男的""公司规定厨房不招女工，即便具备厨师证也不行""不招女工，你填了（表）也是没用的""不是说有没有实力的问题，这是管理的问题，就是如果不招女生的话就是不招"等。广州市越秀区某海鲜大酒楼确认录像中地点是其地址，但认为该前台工作人员的发言不代表人事部门的意见。梁某某提交了地铁发票若干、通话记录、病历材料及医疗费发票，拟证明其产生的交通费、通信费，以及因侵权导致心情抑郁，产生的医疗费等。

【当事人主张】

原告梁某某主张因两被告的就业歧视行为，导致其心情低落、自信心受挫等，要求两被告公开书面赔礼道歉并赔偿经济损失、精神损害抚慰金。

【裁判结果】

判决两被告向梁某某支付精神损害抚慰金2 000元，并向梁某某进行书面赔礼道歉。

【案例分析】

在本案中，根据原告梁某某提交的公证书内容，广告中列明的主体为被告广州某有限公司，指定的面试地点为被告广州市越秀区某海鲜大酒楼，且广告中附有关于广东某有限公司的情况介绍。从求职者角度来看，单凭广告内容，梁某某作为求职者不可能知悉两被告之间的委托关系，而是有理由相信该广告是由广东某有限公司发布的。梁某某实际前往广州市越秀区某海鲜大酒楼处应聘并填写表格，此后多次均与广州市越秀区某海鲜大酒楼的工作人员联系，可见广州市越秀区某海鲜大酒楼是实施招聘行为的主体。

被告广州市越秀区某海鲜大酒楼确认原告梁某某于2015年6月29日前往应聘厨房学徒一职，但未安排梁某某面试，广州市越秀区某海鲜大酒楼对此主张因当时厨房学徒已经招满，故没有安排梁某某进行面试。但广州市越秀区某海鲜大酒楼在梁某某应聘时安排梁某某填写了入职申请表，且在梁某某应聘之后不足一月又继续在同一网站发布了同一职位的招聘广告，并将招聘广告中的应聘条件明确为"男性"，可见广州市越秀区某海鲜大酒楼主张其未安排梁某某面试的理由并不成立。

被告招聘的职位是厨房学徒，广告中注明每天工作时间为8小时，每周休息1天；在庭审过程中，两被告均陈述厨房学徒的工作内容为切菜、配菜、出菜、打荷等。从上述工作内容来看，原告梁某某应聘的厨房学徒的工作强度并未达到第四级体力劳动的强度，也不存在需要持续负重或负重强度过大的情形，故并不属于不适合女性从事的劳动范围。在现实生活中，女性在家庭生活中也完全可以胜任厨房烹调、料理等工作，女性从事厨房类工作，符合社会普遍成员的心理预期。因此，两被告不能在招聘厨房学徒时,对应聘人员的性别加以区分、限制或排斥。而被告广州某有限公司在发布的招聘广告中明确要求求职者性别为男性;被告广州市越秀区某海鲜大酒楼在梁某某前往面试时未提供平等的面试机会;在梁某某前往询问时,该酒楼前台工作人员表示厨房不招女工,即便有厨师证也不行。由此可见,两被告无论是在发布招聘广告时,还是在实际招聘过程中,均一直未对梁某某的能力是否满足岗位要求进行审查,而是直接以梁某某的性别为由多次拒绝梁某某参与应聘,拒绝给予梁某某平等的面试机会,已经构成了对女性应聘者的歧视,侵犯了梁某某平等就业的权利,属于共同侵权,应该对梁某某的损失承担连带责任。

在本案中,原告梁某某主张因两被告的就业歧视行为,导致其心情低落、自信心受挫等,要求两被告公开书面赔礼道歉并赔偿经济损失、精神损害抚慰金。但梁某某陈述的心情低落、自信心受挫等属于主观性描述,即便真实存在梁某某陈述的情形,也与梁某某的自身承受能力有一定的关联性,未能完全反映侵权结果和程度;梁某某提交的交通费等票据亦不能证明与本案有关。综合考虑两被告的过错程度及侵权行为造成的后果大小,法院酌定由两被告连带赔偿原告精神损害抚慰金 2 000 元为宜。

法院依照《中华人民共和国劳动法》(以下简称《劳动法》)第十二条、第十三条,《中华人民共和国侵权责任法》[①] 第六条、第十一条、第十五条,《最高人民法院关于确定民事侵权精神损害赔偿责任若干问题的解释》第一条、第八条第二款,参照《女职工劳动保护特别规定》附录之规定,判决广州某有限公司、广州市越秀区某海鲜大酒楼连带向原告梁某某赔偿精神损害抚慰金 2 000 元,驳回了梁某某的其他诉讼请求。

一审宣判后,梁某某、广州某有限公司与广州市越秀区某海鲜大酒楼均不服,遂向中级人民法院提起上诉。经中级人民法院二审后,维持一审法院民事判决书主文,判决广州某有限公司、广州市越秀区某海鲜大酒楼于判决生效之日起十日内向梁某某进行书面赔礼道歉(致歉内容须由法院审定,广州某有限公司、广州市越秀区某海鲜大酒楼如未在指定的时间内履行道歉义务,法院将在广州地区公开发行的报纸上刊登判决书的主要内容,由此产生的费用将由广州某有限公司、广州市越秀区某海鲜大酒楼承担)。

【典型意义】

根据《劳动法》第十二条、第十三条的规定,劳动者就业,不因民族、种族、性别、宗教信仰不同而受歧视。妇女享有与男子平等的就业权利。在录用职工时,除国家规定的不适合妇女的工种或者岗位外,不得以性别为由拒绝录用妇女或者提

[①] 《中华人民共和国民法典》自 2021 年 1 月 1 日起实施,包括《中华人民共和国侵权责任法》在内的 9 部法律法规同时废止。但本书中案例发生的时间为 2021 年之前,故仍适用《中华人民共和国侵权责任法》,下同。

高对妇女的录用标准。由此可见,我国法律明确了就业歧视的种类包括对劳动者的民族、种族、性别、宗教信仰等的歧视,其中在性别歧视上又作出了进一步规定,即除国家规定的不适合妇女的工种或者岗位外,用人单位不得基于性别对求职者作出任何区别、排斥或限制行为,不得基于性别损害求职者平等就业的机会,妨碍求职者就业权的实现,否则就构成就业歧视中的性别歧视。

二、招聘未解除劳动合同的劳动者纠纷

用人单位招用与其他用人单位尚未解除或者终止劳动合同的劳动者,当心承担连带责任——东莞某塑胶制品有限公司与东莞某实业有限公司、第三人吴某某侵权责任纠纷一案

【基本案情】

吴某某于2010年8月20日进入东莞某塑胶制品有限公司担任工程师一职,双方的劳动合同在2016年8月19日到期。吴某某在东莞某塑胶制品有限公司上班至2016年3月17日,后因该公司未支付加班费以及不同意补缴社保,双方发生争执后吴某某离开。2016年3月19日,吴某某在看到东莞某实业有限公司的网上招聘信息后,开始进行网投,并于3月21日前往东莞某实业有限公司处应聘,东莞某实业有限公司当日录用了吴某某并与其签订了劳动合同,劳动合同期限为2016年3月21日至2019年3月20日。

2016年5月13日,吴某某因与东莞某塑胶制品有限公司劳动纠纷一案向东莞市劳动人事争议仲裁院常平仲裁庭申请仲裁,并经东莞市第三人民法院、东莞市中级人民法院判决,认为因双方均无法提供证据证明离职原因,故视为东莞某塑胶制品有限公司与吴某某在2016年3月18日协商一致解除劳动关系,并判令东莞某塑胶制品有限公司向吴某某支付工资、未休年休假工资差额、经济补偿金合计41 514.52元。

2017年5月,东莞某塑胶制品有限公司认为东莞某实业有限公司招用尚未与其解除劳动关系的吴某某,对其构成侵权,造成了其一系列损失,包括律师费20 000元、东莞某塑胶制品有限公司应支付吴某某〔2017〕粤19民终45号案件中的各项赔偿41 514.52元,以及东莞某塑胶制品有限公司因吴某某突然离职后岗位空缺导致的各种损失50 000元,遂以东莞某实业有限公司为被告,吴某某为第三人,提出侵权责任纠纷之诉。

【当事人主张】

要求东莞某实业有限公司赔偿东莞某塑胶制品有限公司各项损失100 000元。

【裁判结果】

驳回原告东莞某塑胶制品有限公司的全部诉讼请求。

【案例分析】

本案为侵权责任纠纷，东莞某塑胶制品有限公司在庭审中明确其请求权基础为《劳动法》第九十九条"用人单位招用尚未解除劳动合同的劳动者，对原用人单位造成经济损失的，该用人单位应当依法承担连带赔偿责任"及《中华人民共和国劳动合同法》（以下简称《劳动合同法》）第九十一条"用人单位招用与其他用人单位尚未解除或者终止劳动合同的劳动者，给其他用人单位造成损失的，应当承担连带赔偿责任"的规定，故结合上述法律规定对东莞某塑胶制品有限公司的诉请进行审查如下：

第一，东莞某实业有限公司是否存在招用与其他用人单位尚未解除或者终止劳动合同的劳动者的情形。根据生效判决认定的事实可知，东莞某塑胶制品有限公司与吴某某之间的劳动关系于2016年3月18日因双方协商一致解除，该生效判决认定的事实为法律事实，且本案中东莞某塑胶制品有限公司未能提供新的证据对此予以推翻，反是对该解除劳动关系的时间不持异议，第三人吴某某亦予以承认。三方对东莞某实业有限公司于2016年3月21日与吴某某建立了劳动关系的事实均不持异议。基于前述事实可推知，在东莞某实业有限公司招用吴某某时，吴某某与东莞某塑胶制品有限公司的劳动关系已经解除，故东莞某实业有限公司显然不存在东莞某塑胶制品有限公司主张的招用尚未与东莞某塑胶制品有限公司解除劳动合同的劳动者的侵权行为。

第二，东莞某塑胶制品有限公司主张的损失是否成立，若是，该损失与东莞某实业有限公司是否存在因果关系。东莞某塑胶制品有限公司主张的损失包括律师费20 000元、〔2017〕粤19民终45号案件中的各项赔偿41 514.52元，以及其他损失50 000元。对于律师费及另案中的赔偿费用，实为东莞某塑胶制品有限公司因其在劳动关系中存在违法行为而承担的法定责任，或因在劳动争议案件中举证不能而导致的败诉风险，与东莞某实业有限公司后来招用吴某某的行为并无直接关联。至于其他损失50 000元，东莞某塑胶制品有限公司并未能提供证据予以佐证，甚至无法对损失的构成及计算方式提出合理解释。综上所述，东莞某塑胶制品有限公司亦不能举证证明因为东莞某实业有限公司招用吴某某的行为造成其损失，其应承担举证不能的不利后果。

【典型意义】

《违反〈劳动法〉有关劳动合同规定的赔偿办法》（劳部发〔1995〕223号）第六条："用人单位招用尚未解除劳动合同的劳动者，对原用人单位造成经济损失的，除该劳动者承担直接赔偿责任外，该用人单位应当承担连带赔偿责任。其连带赔偿的份额应不低于对原用人单位造成经济损失总额的百分之七十。向原用人单位赔偿下列损失：（一）对生产、经营和工作造成的直接经济损失；（二）因获取商业秘密给原用人单位造成的经济损失。赔偿本条第（二）项规定的损失，按《反不正当竞争法》第二十条的规定执行。"故为减少不必要的争议和纠纷，企业在招聘员工时，除新参加工作的劳动者外，一定要查验其终止、解除劳动合同的书面证明，方可与其签订劳动合同，建立劳动关系。特别是对一些知识型、技术型和营销高管人员更应当进行严格审查，准确确认其不负有与原单位保守商业秘密和竞业禁止的义务后，方可与其签订劳动合同。

三、录用条件不明确的纠纷

录用条件应明确、全面，减少不必要的争议——百慕迪某有限公司与翟某某劳动合同纠纷案

【基本案情】

2016年1月，百慕迪某有限公司（甲方）与翟某某（乙方）签订劳动合同，约定：甲方聘用乙方就职于再生医学部门从事中心医生岗位，录用条件详见录用通知书；合同期限为2016年1月11日至2019年1月11日，试用期为2016年1月11日至2016年7月10日；乙方工作地点为重庆。合同还对劳动合同的变更、解除、终止、续订等进行了约定。

2016年7月，百慕迪某有限公司出具《转正确认函》，载明："翟某某：鉴于你6个月试用期的优秀表现，我司真诚地邀请您，从2016年7月10日起正式担任百慕迪某有限公司中心医生的职位……"同日，翟某某在该确认函上签字。2017年1月双方签订劳动合同，约定：合同期限为2017年1月1日至2019年1月10日；甲方聘用乙方就职于再生医学部门从事中心医生岗位，录用条件详见录用通知书；甲方有权依据员工手册、调岗制度、生产和工作需要或乙方的能力、表现，安排和调整乙方的工作岗位，乙方应服从甲方的管理和安排，在规定的工作时间内，按质按量完成甲方指派的工作任务；乙方工作地点为重庆，适用综合工时制，试用期税前月薪为6 000元（均未扣除个人所得税及个人承担的社保、公积金等），转正后薪资根据考核评估确定，如甲方的工资制度发生变化或乙方的工作岗位发生变动，按新的工资标准确定，甲方应以法定货币形式按月支付乙方工资，发薪日为每月最后一个工作日，不得克扣或无故拖欠，甲方支付乙方的工资，应不违反国家有关最低工资的规定，乙方工资中包含乙方个人按照国家及上海市有关规定应自行负担的社会保险费及个人所得税等，甲方应予以代扣代缴。其中，合同第二条约定："甲方录用乙方的条件如下：1. 乙方身体健康，无任何未经治愈的恶性传染病。2. 学历及学位要求：请详见录用通知书，其他条件应符合甲方岗位职责说明书与绩效考核要求。3. 专业资格要求：执业医师资格证、财务相关证照（如会计证）、英文证书等。4. 其他：无犯罪前科。"合同第二十三条约定："订立本合同所依据的客观情况发生重大变化，致使本合同无法履行的，经甲、乙双方协商，可以变更本合同相关内容，并以书面形式确定。"合同第二十四条约定："经甲、乙双方协商一致，本合同可以解除。"合同第二十五条约定："乙方有下列情形之一的，甲方可以随时解除本合同：1. 在试用期间，被证明不符合录用条件的；2. 严重违反劳动纪律或甲方规章制度的（参照××员工手册）；3. 严重失职、营私舞弊，对甲方利益造成重大损害的；4. 同时与其他用人单位建立劳动关系，对完成甲方工作任务造成严重影响，或者经甲方提出，拒不改正的；5. 以欺诈、胁迫的手段或者乘人之危，使甲方在违背真实意思的情况下订立或者变更劳动合同的；6. 被依法追究刑事责任的。"合同第四十一条补充条款约定："甲方承认乙方在百慕迪某有限公司的工作年限将作为乙方在甲方的工作年限连续计算。"合同还对其他事项进行了约定。2017 年 4 月，百慕迪某有限公司取得中华人民共和国医疗机构执业许可证。后百慕迪某有限公司以翟某某不具备执业医师资格证而协商调整其工作岗位，未果。2017 年 6 月 28 日双方发生劳资纠纷。

【当事人主张】

要求百慕迪某有限公司支付劳动关系解除补偿金。

【裁判结果】

判决百慕迪某有限公司支付劳动关系解除补偿金。

【案例分析】

百慕迪某有限公司与翟某某签订了劳动合同，依法建立了劳动关系，应受到《劳动合同法》及相关劳动法规的约束。

关于劳动合同的效力。《劳动合同法》第二十六条规定："下列劳动合同无效或者部分无效：（一）以欺诈、胁迫的手段或者乘人之危，使对方在违背真实意思的情况下订立或者变更劳动合同的；（二）用人单位免除自己的法定责任、排除劳动者权利的；（三）违反法律、行政法规强制性规定。对劳动合同的无效或者部分无效有争议的，由劳动争议仲裁机构或者人民法院确认。"百慕迪某有限公司主张双方订立的劳动合同违背了原告的真实意思表示而无效，应当证明被告存在以欺诈、胁迫的手段或者乘人之危的相应事实。上述合同第二条虽约定录用条件为"专业资格要求：执业医师资格证、财务相关证照（如会计证）、英文证书等"，但该录用条件系笼统规定，并未针对具体工作岗位，而合同第三条对录用条件的表述为"详见录用通知书"，百慕迪某有限公司亦未举示该录用通知书以证明其录用条件包括应当取得执业医师资格证。此外，双方在订立劳动合同时，百慕迪某有限公司尚未取得医疗机构执业许可证，且百慕迪某有限公司作为用人单位，应当对劳动者是否具备录用条件尽到必要的审查义务，而本案中百慕迪某有限公司并未对翟某某是否具有执业医师资格进行审查。因此，百慕迪某有限公司不能证明翟某某存在故意隐瞒未取得执业医师资格证的欺诈行为。百慕迪某有限公司关于劳动合同无效的主张，没有事实依据。

关于劳动合同的解除。《最高人民法院关于审理劳动争议案件适用法律若干问题的解释》第十三条规定："因用人单位作出的开除、除名、辞退、解除劳动合同、减少劳动报酬、计算劳动者工作年限等决定而发生的劳动争议，用人单位负举证责任。"双方对《劳动合同》于 2017 年 6 月 28 日解除没有异议，但双方未能举证证明系对方提出解除劳动合同，依法即应当视为系由用人单位提出，双方协商一致解除了劳动合同。因此，百慕迪某有限公司需向翟某某支付解除劳动合同的补偿金。

四、收取劳动者财务的纠纷

用人单位招用劳动者不得以任何名义向劳动者收取财物 ——中铁某某有限公司诉肖某劳动合同纠纷案

【基本案情】

被告肖某原系原告中铁某某有限公司员工，双方于 2016 年 1 月 1 日签订了劳动合同，期限为 2016 年 1 月 1 日至 2018 年 12 月 31 日，并约定工作岗位为管理岗，工作地点服从公司统一安排，被告自入职后实际工作地点为天津市红桥区某大厦。2017 年 3 月，中铁某某有限公司向全体员工下达《通知》，主要内容为：为规范集团员工着装，展现员工良好的精神面貌，树立公司良好的社会形象，公司决定为各级人员统一定制服装，女装价格为 1 740 元/套。服装费用支付采取员工预付，公司每季度发放置装费补贴的方式进行。中铁某某有限公司于 2017 年 3 月至 5 月分三次扣除被告工服费共计 1 740 元，自 2017 年 5 月起每季度返还 145 元，共计已返还 1 015 元，剩余 725 元尚未返还。

2018 年 11 月 19 日，中铁某某有限公司向肖某送达了《解除劳动合同通知》，肖某于 2018 年 12 月 18 日以工资等为由向天津市劳动人事争议仲裁委员会提出仲裁请求。2019 年 2 月 1 日，天津市劳动人事争议仲裁委员会作出裁决："自本裁决生效之日起十日内，中铁某某有限公司返还当事人工服费 870 元"（此处为裁决原文，可能存在上下文不一致的情况），中铁某某有限公司不服，故诉至法院。

【当事人主张】

工服费不应返还。

【裁判结果】

中铁某某有限公司不同意返还的抗辩主张缺乏法律依据，法院不予采纳，中铁某某有限公司应当返还剩余的 725 元工服费。

【案例分析】

关于工服费问题，中铁某某有限公司虽提供了《通知》等证据欲证明扣取工服费的合法性，但《通知》中的"服装费用支付采取员工预付……方式进行"这一内容本身就违反了《劳动合同法》第九条、原劳动部《关于贯彻执行〈中华人民共和国劳动法〉若干问题的意见》第二十四条：用人单位招用劳动者，不得扣押劳动者的居民身份证和其他证件，不得要求劳动者提供担保或者以其他名义向劳动者收取财物的规定。中铁某某有限公司以定制工服为由分三次从肖某工资中扣除了工服费共计1 740元，在庭审中，双方均确认已返还1 015元，故剩余725元应当予以返还。

【典型意义】

员工在企业上班，用人单位要求规范着装，统一定制服装，劳动者处于被管理地位，面对上级要求，如想继续工作，一般没有反抗的权利。企业因自身经营发展需要，要求员工统一着装，应由企业为员工配备相应工作服。企业将为员工配备工作服作为员工福利的同时，可以制定员工在离职时退还工作服的相关规定。

五、未尽岗前职业体检的纠纷

用人单位不得安排未经上岗前职业健康检查的劳动者从事接触职业病危害的作业——昆明某矿业有限公司瓮安分公司与黔南布依族苗族自治州人力资源和社会保障局劳动和社会保障行政管理（劳动、社会保障）工伤认定争议案

【基本案情】

第三人谌某某原在贵州某环保工程有限公司白岩磷矿工作，2015年2月10日第三人谌某某在贵阳市公共卫生救治中心进行体检，诊断及处理意见为：①肺科医院排除结核后再就诊于我院；②其余体检项目未见明显异常。2015年7月16日，第三人谌某某又在瓮安县疾病预防控制中心进行职业健康体检，体检结论为：双肺见多发斑点影，建议到上级职业病诊断机构复查。

2015年9月，昆明某矿业有限公司瓮安分公司接管白岩磷矿，第三人谌某某继续在白岩磷矿工作并担任生产调度副主任职务。2016年5月5日至6月15日，第三人谌某某到贵州省预防控制中心附属医院（贵州省职业病防治院）住院治疗，最终诊断结论为：职业性矽肺三期。2016年10月21日，第三人谌某某填写《工伤认定申请表》，并由原告昆明某矿业有限公司瓮安分公司在《工伤认定申请表》中"用人单位意见"一栏签署"同意认定工伤"并加盖公章，向被告黔南州人力资源和社会保障局申请工伤认定，第三人谌某某申请工伤认定时提交了黔职诊字〔2016〕尘230号《职业病诊断证明书》、贵州省职业病防治院《疾病证明书》《入院记录》等，以及昆明某矿业有限公司瓮安分公司2016年10月28日出具的《证明》，该《证明》载明"谌某某，男……2013年1月份到白岩磷矿工作，先后担任生产安全员、生产副矿长职务。2015年9月份，我公司接管该矿工程后，谌某某在公司担任生产调度副主任职务至2016年5月份，谌某某系我公司职工，特此证明！"被告受理后，经过调查核实，于 2016 年 12 月 5 日作出黔南工决字〔2016〕04154 号《工伤认定决定书》，认定第三人谌某某作为原告昆明某矿业有限公司瓮安分公司的职工患职业病，符合工伤认定的范围，应当认定为工伤，现予以认定为工伤。

另有，第三人谌某某在贵州省预防控制中心附属医院（贵州省职业病防治院）进行职业病诊断，申请工伤认定时均认可其 2006 年 8 月至 2007 年 1 月在瓮安青山煤矿从事采掘工作，2007 年 3 月至 2008 年 1 月在瓮安青菜沟煤矿从事采掘工作，2008 年 5 月至 2012 年 1 月在瓮安永安煤矿从事掘进工作，2013 年 1 月在贵州某环保工程有限公司白岩磷矿工作的事实。

【当事人主张】

第三人谌某某与昆明某矿业有限公司瓮安分公司不存在劳动关系，本案工伤责任主体不应为昆明某矿业有限公司瓮安分公司。

【裁判结果】

驳回昆明某矿业有限公司瓮安分公司的诉讼请求。

【案例分析】

庭审中黔南州人力资源和社会保障局提供了 2016 年 10 月 28 日昆明某矿业有限公司瓮安分公司出具的《证明》，该证据证明第三人谌某某于 2015 年 9 月至 2016 年 5 月在昆明某矿业有限公司瓮安分公司工作，双方存在事实劳动关系，故昆明某矿业有限公司瓮安分公司辩称双方未建立劳动关系的理由不能成立。

对于在昆明某矿业有限公司瓮安分公司与第三人谌某某存在事实劳动关系，第三人谌某某到原告单位工作之前，有多年在多家用人单位从事接触职业病危害的作业经历，到原告单位继续从事接触职业病危害的作业过程中被诊断患职业病，是否应由昆明某矿业有限公司瓮安分公司承担工伤主体责任的问题。《中华人民共和国职业病防治法》第三十五条规定："对从事接触职业病危害的作业的劳动者，用人单位应当按照国务院安全生产监督管理部门、卫生行政部门的规定组织上岗前、在岗期间和离岗时的职业健康检查，并将检查结果书面告知劳动者。职业健康检查费用由用人单位承担。用人单位不得安排未经上岗前职业健康检查的劳动者从事接触职业病危害的作业；不得安排有职业禁忌的劳动者从事其所禁忌的作业；对在职业健康检查中发现有与所从事的职业相关的健康损害的劳动者，应当调离原工作岗位，并妥善安置；对未进行离岗前职业健康检查的劳动者不得解除或者终止与其订立的劳动合同。"《职业病范围和职业病患者处理办法的规定》（卫防字〔1987〕第 82 号）（现已失效）第八条第二款规定："职工到新单位后，新发现的职业病不论与现工作有无关系，其职业病待遇由新单位负责。"本案中，昆明某矿业有限公司瓮安分公司在 2015 年 9 月接管白岩磷矿后，在明知第三人谌某某 2015 年 7 月 16 日在瓮安县疾病预防控制中心进行职业健康体检的结论为双肺见多发斑点影，建议到上级职业病诊断机构复查的情况下，未对其进行上岗前职业健康检查便安排第三人谌某某从事接触职业病危害的作业，违反相关法律规定，存在明显过错，其应承担未进行上岗前职业健康检查的不利后果。昆明某矿业有限公司瓮安分公司辩称第三人谌某某2015年2月和7月、2016年做的体检分别为贵州某环保工程有限公司给第三人谌某某做的离职体检、昆明某矿业有限公司瓮安分公司对第三人谌某某做的入职体检，并且在2015年2月和7月的体检中第三人谌某某就患有职业病，但未能提供有效证据加以证明，法院未予以采信。因此，黔南州人力资源和社会保障局根据第三人谌某某的申请，对双方提供的材料进行调查核实，依据《工伤保险条例》第十四条的规定，作出黔南工决字〔2016〕04073号《工伤认定决定书》，事实清楚、证据确凿、程序正当、适用法律法规正确。

【典型意义】

根据《中华人民共和国职业病防治法》第三十五条的规定，对从事接触职业病危害的作业的劳动者，用人单位应当按照国务院安全生产监督管理部门、卫生行政部门的规定组织上岗前、在岗期间和离岗时的职业健康检查，并将检查结果书面告知劳动者。该条规定不仅是赋予用人单位在岗前、岗中、离岗时为劳动者进行职业健康检查的义务，同时也是对劳资双方的保护。当前，用人单位和劳动者均不同程度存在职业病防范意识薄弱，用人单位在职业病防护设备、用品方面投入度和关注度欠缺等情况，致使部分行业职业病高发，这些行业包括陶瓷业、印刷业、纺织业等。而在当前的用工环境中，又普遍存在人员流动大的现象，不少劳动者在经营项目相同或相近的企业间流动，当职业病被确诊后，易导致责任主体相互扯皮、互相推脱的情况出现。如果企业严格按照《中华人民共和国职业病防治法》第三十六条的相关规定执行，即在劳动者入职、在职和离职时均进行职业健康检查，并且存档保管，可以避免因责任主体不明而导致的争议。本案中，如果昆明某矿业有限公司瓮安分公司在第三人谌某某入职时为其进行职业健康检查，或是在看过谌某某2015年2月和7月的检查报告后，发现存在疑似职业病情形时，就暂缓录用，就可以避免双方因职业病赔偿发生争议时责任主体难辨，最终由其承担不利后果的风险。

六、未尽背景调查的纠纷

入职应注意背景调查——李某与乐易电商公司、乐易股份公司劳动合同纠纷案

【基本案情】

李某于2017年5月22日入职乐易电商公司，双方签订《员工聘用合同书》，合同约定职务为"广告创意总监"，税后月薪80 000元。李某在《员工聘用合同书》上填写的学历为"硕士研究生"，"新员工入职登记表"上填写的学历也是"硕士研究生"，且有毕业院校及专业。"新员工入职登记表"中的"工作经历"一栏，显示李某曾在"××品牌咨询有限公司"任总经理兼执行创意总监接近三年。

2017年10月27日，李某离职。乐易电商公司发现李某的学历有问题，公司认为其实际学历为中专学历，在与公司的双向选择过程中采用欺诈手段，隐瞒了真实的中专学历，并利用虚假的硕士研究生学历欺骗公司与之签订劳动合同，其行为构成欺诈。根据《劳动合同法》第二十六条第一款，以欺诈手段使对方在违背真实意思的情况下订立的劳动合同无效，李某应当返还多拿的工资。李某认为其本身并未隐瞒学历，不存在学历作假，乐易电商公司在其入职时已做过背景调查，知晓其学历为中专。双方因此发生争议，双双申请仲裁并起诉至深圳市南山区人民法院。

【当事人主张】

李某与乐易电商公司签订的《员工聘用合同书》无效，李某应向乐易电商公司返还在职期间的部分工资。

【裁判结果】

裁判李某应向乐易电商公司返还在职期间多发的工资。

【案例分析】

关于《员工聘用合同书》的效力问题，李某主张其简历是猎头公司制作并发送给乐易电商公司的，并非由其本人填写，故其不存在欺诈的行为，双方签订的《员工聘用合同书》合法有效。但是，第一，即使李某认为其对案外人猎头公司发送给乐易电商公司的简历不知情，不是其提供给猎头公司的简历，但李某在《员工聘用合同书》中的学历上自行填写的为"硕士研究生"，"新员工入职登记表"中也明确写明了学历为硕士研究生的毕业院校及相关专业，李某予以签名确认。李某主张签字时有告知乐易电商公司其未获得本科及硕士研究生学历证书，并无证据予以证明，故法院认定李某存在隐瞒真实学历的事实。第二，在有李某签名确认的"新员工入职登记表"中的"工作经历"一栏，显示李某曾在"××品牌咨询有限公司"任总经理兼执行创意总监接近三年，但依据工商信息无法查询出该公司信息，李某主张该公司未注册登记不代表没有，该公司当时处于自主创业阶段，尚未注册登记，但李某并未提交证据证明其有创立过该品牌并开展了相关业务工作，不能证明其该工作经历，故李某存在虚构自主创业履历的事实。第三，李某二审时提交的证据，即使均为真实的证据，亦不能证明其是以中专学历入职其他用人单位的，更不能证明其未向乐易电商公司隐瞒学历；且依据其提交的《劳动合同》《离职证明》等显示的用人单位、职位信息与其签名确认的"新员工入职登记表"中的工作经历记载不一致，亦可进一步确定其工作经历中的内容与实际经历不相符。第四，即使乐易电商公司的招聘条件不限学历，但乐易电商公司招聘的岗位也为广告创意总监，并非普通员工，对录用者的学历、工作经验、工作成果等要求必然会高于普通员工，而一个人的学历及工作经历，是一个人学习能力、工作经验的客观体现，也是用人单位甄选聘用者以及确定薪资报酬的重要指标，劳动者负有如实向用人单位告知真实学历及工作经历的基本诚信义务。本案中,李某虚构学历及工作经历的行为,足以致使乐易电商公司基于对其简历的信任而做出错误选择,与李某签订了月薪高达80 000元的劳动合同。故因李某存在欺诈行为,可认定乐易电商公司与李某之间签订的《员工聘用合同书》无效,双方据此所建立的劳动关系无效。

关于工资问题,乐易电商公司已经提交了相近岗位员工的《劳动合同》、新员工入职登记表、学历证书、毕业证书、账户名为熊某某的银行账户历史交易明细、账户名为乐易电商公司的银行代发工资明细等证据,证明其公司于2017年招聘的任职开发总监的硕士研究生学历员工的月薪情况,以及相近岗位员工的工资发放情况,故依据《劳动合同法》第二十八条的规定,劳动合同被确认无效后,劳动者已付出劳动的,用人单位应当向劳动者支付劳动报酬,数额参照本单位相同或相近岗位劳动者的劳动报酬确定。参照《2017年深圳市人力资源市场工资指导价位》公布的指导工资中的"广告和公关部门经理"的指导工资平均值12 118元,以及学历工资指导价位中中专学历的平均值4 944元、硕士研究生学历的平均值11 026元来看,法院认定参照乐易电商公司开发总监的12 360元/月的工资标准作为李某在职期间的劳动报酬标准,符合市场工资水平,比较合理。同时法院依据其认定的劳动报酬标准,核算出李某应向乐易电商公司返还在职期间多发放的工资。

【典型意义】

虽然《劳动合同法》第八条"用人单位有权了解劳动者与劳动合同直接相关的基本情况,劳动者应当如实说明"及《劳动合同法》第二十六条"下列劳动合同无效或者部分无效:(一)以欺诈、胁迫的手段或者乘人之危,使对方在违背其真实意思的情况下订立或者变更劳动合同的……"已规定了劳动者的说明义务,以及劳动者故意告知对方当事人虚假的情况,或者故意隐瞒真实的情况,诱使对方当事人做出错误意思表示,签订的劳动合同属于无效合同。但是,这都属于事后弥补措施,上述行为不仅已经给公司造成损失,并且公司在追回损失的过程中又额外花费了时间与精力进行仲裁与诉讼,造成诉累,而这一切本是可以事先避免的。

本案中,如果乐易电商公司在李某入职时即对其所述工作经历进行职业背景调查,就会发现李某签名确认其在"××品牌咨询有限公司"任总经理兼执行创意总监接近三年的工作经历存疑,因为依据工商信息根本无法查询出该公司的信息。同时,劳动者的学籍学历不仅可以要求劳动者提供毕业证书,也可从学信网上进行查询。本案提醒企业,在员工入职前对其进行职业背景调查是必要的,该案只是涉及学历造假,但根据《劳动合同法》第九十一条"用人单位招用与其他用人单位尚未解除或者终止劳动合同的劳动者,给其他用人单位造成损失的,应当承担连带赔偿责任"之规定,现实生活中可能还存在用人单位招用到未与上家单位解除劳动关系的员工,给用人单位带来承担连带责任的风险等。

七、未把握劳动合同签订时间的纠纷

用人单位应在员工入职一个月内签订劳动合同——李某某与北京某生活百货有限公司劳动争议案

【基本案情】

李某某于 2019 年 12 月 28 日入职某生活百货有限公司（以下简称"某百货公司"）担任便利店店长职务，于 2020 年 5 月 30 日离职。某百货公司主张其法定代表人邓某某于 2020 年 3 月 21 日给李某某发送了劳动合同文本，当时因李某某不同意其中的第八条内容，所以并未签订，此后公司又于 2020 年 3 月 26 日将争议条款删除后的劳动合同文本发送给李某某，但李某某仍未在合同上签字，此后李某某以忙为由推脱不签订合同，并就此提交了微信聊天记录为证，其中显示邓某某向李某某发送了名为"HR-19-02-06 劳动合同-副本.docx"的文件，未见有李某某的回复。李某某对该证据的真实性予以认可，表示邓某某向其发送的合同文本已收到，但其中均包含第八条的内容，故要求某百货公司修改该条款后双方再签订劳动合同，但是邓某某称忙没有修改，此后就未再提签订合同的事情。李某某提交了劳动合同节选图片为证，其中显示"八、安全责任：上班来回期间，一切安全事故均由乙方自行承担，任何交通事故与甲方无关"，表示该合同文本中并未删除或修改有争议的条款。某百货公司认可该证据的真实性，但表示此系其第一次发给李某某的合同版本。

后李某某以要求某百货公司支付未签订劳动合同的二倍工资差额为由向北京市海淀区劳动人事争议仲裁委员会提出申请。

【当事人主张】

某百货公司应该支付李某某未签订劳动合同的二倍工资差额。

【裁判结果】

经北京市海淀区人民法院、二审法院审理，判决某百货公司向李某某支付未签订劳动合同的二倍工资差额。

【案例分析】

《劳动合同法》第八十二条规定，用人单位自用工之日起超过一个月不满一年未与劳动者订立书面劳动合同的，应当向劳动者每月支付二倍的工资。《中华人民共和国劳动合同法实施条例》第五条规定，自用工之日起一个月内，经用人单位书面通知后，劳动者不与用人单位订立书面劳动合同的，用人单位应当书面通知劳动者终止劳动关系，无须向劳动者支付经济补偿，但是应当依法向劳动者支付其实际工作时间的劳动报酬。本案中，李某某于 2019 年 12 月 29 日入职某百货公司，某百货公司虽主张其已经要求李某某签订劳动合同，李某某故意拖延未予签订，但某百货公司未就此情况进行处理，在双方劳动关系存续期间一直未与李某某签订劳动合同，因此应依法承担未签订劳动合同的法律责任。

【典型意义】

《劳动合同法》第十条"已建立劳动关系，未同时订立书面劳动合同的，应当自用工之日起一个月内订立书面劳动合同"之规定，已明确用人单位须在员工入职起一个月内签订劳动合同。《劳动合同法》第八十二条"用人单位自用工之日起超过一个月不满一年未与劳动者订立书面劳动合同的，应当向劳动者每月支付二倍的工资"之规定，亦说明了未签劳动合同需支付二倍工资。用人单位应当注意签订劳动合同的时间节点，以免造成损失。

同时，根据《中华人民共和国劳动合同法实施条例》第五条规定，自用工之日起一个月内，经用人单位书面通知后，劳动者不与用人单位订立书面劳动合同的，用人单位应当书面通知劳动者终止劳动关系，无须向劳动者支付经济补偿，但是应当依法向劳动者支付其实际工作时间的劳动报酬，若是劳动者恶意不签订劳动合同，用人单位应当及时使用自身权利，终止劳动合同，切莫拖延；否则，根据《中华人民共和国劳动合同法实施条例》第六条"用人单位自用工之日起超过一个月不满一年未与劳动者订立书面劳动合同的，应当依照劳动合同法第八十二条的规定向劳动者每月支付两倍的工资，并与劳动者补订书面劳动合同；劳动者不与用人单位订立书面劳动合同的，用人单位应当书面通知劳动者终止劳动关系，并依照劳动合同法第四十七条的规定支付经济补偿"之规定，因企业自身未行使权利，其仍有承担不利后果之风险。

八、入职社会保险费缴纳的纠纷

缴纳社会保险费既是公司义务也是员工义务——徐某某、某某豪德物业服务有限公司劳动争议案

【基本案情】

2014年5月5日，徐某某入职某某豪德物业服务有限公司（以下简称"某某豪德物业公司"）时，向某某豪德物业公司提出书面申请，申请内容为"本人于2014年5月5日入职，自愿同意与某豪德财富商贸物流城开发有限公司（某某豪德物业公司的主办单位）签订劳动合同，但不需要公司缴纳社会保险费，在个人提出缴纳申请前，本人不再就合同存续期间的社保向公司主张任何权益，当事人徐某某，2015年1月1日"。2019年4月22日，平度市劳动监察大队依据徐某某的反映，对某某豪德物业公司下达劳动保障监察责令改正决定书，责令某某豪德物业公司自收到决定书之日起15日内：①为徐某某办理就业备案手续；②为徐某某补缴2014年

5月至2018年2月的社会保险费。2019年5月31日，某某豪德物业公司给徐某某补缴了2014年5月至2018年2月的基本养老保险费、基本医疗保险费、失业保险费、工伤保险费、生育保险费，同时缴纳滞纳金25 725.43元。

【当事人主张】

请求裁决徐某某承担某某豪德物业公司支付的滞纳金损失。

【裁判结果】

裁决徐某某支付给某某豪德物业公司的滞纳金损失12 862.72元。

【案例分析】

2014年5月5日，徐某某提出的申请载明放弃缴纳社会保险费，虽然其否认未放弃过要求某某豪德物业公司缴纳社会保险费，但对某某豪德物业公司提供的由其签字的申请书的真实性无异议，该申请书包含其放弃缴纳社会保险费的内容，其作为完全民事行为能力人，应该意识到签署放弃缴纳社会保险费申请书的后果。其未提供证据证明签署申请书存在欺诈、胁迫、乘人之危等情形，该申请书真实有效。徐某某已对自身权利进行了处分，后又以某某豪德物业公司未为其缴纳社会保险费为由，向劳动监察部门主张由某某豪德物业公司缴纳社会保险费，导致某某豪德物业公司被责令向社保部门补缴了社会保险费，同时缴纳滞纳金25 725.43元。造成某某豪德物业公司缴纳滞纳金的后果系徐某某违背诚信，先是为了从某某豪德物业公司多获取报酬而放弃由某某豪德物业公司缴纳社会保险费，后又向社保部门主张所致。但某某豪德物业公司未给徐某某办理社会保险以及缴纳社会保险费这一行为本身也有过错，故对所产生的滞纳金，徐某某仅承担50%的赔偿责任。

【典型意义】

根据《中华人民共和国社会保险法》第十、第二十三、第三十三、第四十四、第五十三条规定：职工应当参加基本养老保险、基本医疗保险、工伤保险、失业保险、生育保险，由用人单位和职工共同缴纳基本养老保险费、基本医疗保险费、失业保险费，用人单位缴纳工伤保险费及生育保险费。依据前述规定，缴纳社会保险既是用人单位的义务，也是劳动者的义务。

本案中，徐某某在入职时，因自身原因向某某豪德物业公司申请不予缴纳社会保险费，本身就是违反国家强制性规定的，缴纳社会保险费不仅是劳动者应享有的权利，也是劳动者需履行的义务，其申请书因违反国家强制性法律规定而无效，某某豪德物业公司应在徐某某提出不予缴纳社会保险费的时候就予以拒绝，然某某豪德物业公司非但没有拒绝，且实际并未为徐某某缴纳社会保险费，故根据《中华人民共和国社会保险法》第八十六条"用人单位未按时足额缴纳社会保险费的，由社会保险费征收机构责令限期缴纳或者补足，并自欠缴之日起，按日加收万分之五的滞纳金"之规定，某某豪德物业公司为徐某某补缴社会保险费的同时还应承担缴纳滞纳金的责任。最终法院判决徐某某存在过错，根据公平原则，需承担50%滞纳金责任。

九、在校大学生招用纠纷

学生已办理离校手续，但尚未领取毕业证即参加工作的，若学习经历等不可能影响到劳动合同履行的，可以认定与用人单位具有劳动关系——朱某、某旅行社公司确认劳动关系案

【基本案情】

朱某系某大学2018届毕业生，其毕业离校时间为2018年6月13日，毕业证的注册日期为2018年7月1日。朱某在校期间曾于2017年3月至2017年8月在某旅行社公司处实习，其在实习期间及结束之后存在接受某旅行社公司指派接待旅游团队的事实，报酬实行"一团一结"的方式，朱某对于某旅行社公司的委派具有一定的自主选择性。2018年6月14日晚8时至当月17日下午，朱某作为导游接受某旅行社公司的派团任务，带团游览。6月15日9时许，朱某带团所乘客车发生事故，致使其受伤。双方陈述双方非劳务派遣用工方式。经劳动仲裁，双方不存在劳动关系，朱某不服诉至法院。

【当事人主张】

请求确认朱某与某旅行社公司存在劳动关系。

【裁判结果】

裁决朱某与某旅行社公司在2018年6月14日晚8时至当月17日朱某受某旅行社公司委派所带旅行团行程结束时止的期间内存在劳动关系。

【案例分析】

朱某已于2018年6月13日离校，且双方也证实朱某的实习期已于2017年8月结束。某大学出具的2018年5月底朱某已完成所有学业任务、朱某的离校时间等相关证明足以说明朱某不存在课业任务，不存在利用业余时间的问题，因此对于朱某在某旅行社公司处劳动的性质，不应认定为勤工助学，可以认定双方当事人之间存在用工关系，其具体用工形式应为以完成一定工作任务为期限的用工合同（劳动合同）。结合本案实际情况，其劳动合同期限应为2018年6月14日晚8时至当月17日旅行团的全部行程结束时。故双方在2018年6月14日晚8时至当月17日朱某受某旅行社公司委派所带旅行团行程结束时止的期间内存在劳动关系。

【典型意义】

大学生办理离校手续后，尚未领取毕业证即参加工作时，若其学习经历等不可能影响到劳动合同履行的，可以认定与用人单位具有劳动关系。

十、达到法定退休年龄人员的招用纠纷

录用已达法定退休年龄的员工,双方系劳务关系——临沂某某鞋业有限公司、孙某某确认劳动关系纠纷案

【基本案情】

原告张某某1之妻、张某某2之母孙某某生于1965年6月5日,其于2017年5月到被告临沂某某鞋业有限公司处上班,从事"割毛"工作。双方未签订劳动合同,未缴纳社会保险费,工资按月发放。2018年12月3日19时10分许,孙某某驾驶电动二轮车与他人车辆发生交通事故,致使孙某某当场死亡。之后,双方因赔偿事宜产生纠纷。二原告以其亲属孙某某与被告临沂某某鞋业有限公司之间存在劳动关系为由,向沂南县劳动人事争议仲裁委员会申请仲裁。2019年9月21日,沂南县劳动人事争议仲裁委员会以沂劳人仲字〔2019〕第302号仲裁裁决书裁决:孙某某年满53周岁已达法定退休年龄,与被告临沂某某鞋业有限公司之间不存在事实劳动关系为由,驳回二原告的申诉请求,二原告不服该裁决,诉至法院。

【当事人主张】

请求确认孙某某生前与被告临沂某某鞋业有限公司之间存在事实劳动关系。

【裁判结果】

裁决孙某某生前与被告临沂某某鞋业有限公司之间不存在事实劳动关系。

【案例分析】

山东省沂南县人民法院认为:

第一,《最高人民法院关于审理劳动争议案件适用法律若干问题的解释(三)》第七条规定:"用人单位与其招用的已经依法享受养老保险待遇或领取退休金的人员发生用工争议,向人民法院提起诉讼的,人民法院应当按劳务关系处理。"本条只规定了用人单位招用已经享受养老保险待遇或领取退休金的人员,该类人员与用人单位所形成的用工关系应按劳务关系处理。我国相关法律规定均未将达到退休年龄的人员排除在《劳动法》调整范围之外,也未禁止用人单位雇佣达到退休年龄的人员,将用人单位雇佣达到法定退休年龄人员一律定为劳务关系欠妥。第二,《劳动法》第十五条规定,禁止用人单位招用未满十六周岁的未成年人。但法律法规对劳动者的年龄上限未作强制性规定,据此,只要是未违反法律法规禁止性规定的有劳动能力的人,均可成为劳动法意义上的劳动者。本案中,被告临沂某某鞋业有限公司具备法律法规所规定的用人单位主体资格,孙某某到被告处工作时,虽已超过50周岁,但其符合劳动法律法规规定的劳动者资格。双方均符合成立劳动关系的条件。孙某某生前并未依法享受基本养老保险待遇或领取退休金,其在被告处从事的

"割毛"工作系被告业务的组成部分,接受被告方的劳动管理和监督,被告按月支付其劳动报酬,双方虽未签订书面劳动合同,但符合《关于确立劳动关系有关事项的通知》(劳社部发〔2005〕12号)规定的劳动关系构成要件,形成事实劳动关系。因此,对于二原告的诉讼请求,本院予以支持。

综上所述,依照《劳动合同法》第二条、第七条,《最高人民法院关于审理劳动争议案件适用法律若干问题的解释(三)》第七条,以及参照《关于确立劳动关系有关事项的通知》第一条、第二条规定,判决如下:原告张某某1、张某某2的亲属孙某某生前与被告临沂某某鞋业有限公司存在劳动关系。

临沂某某鞋业有限公司不服,提起上诉,山东省临沂市中级人民法院对一审查明的事实予以确认,但其认为:

关于劳动者与用人单位之间未签订书面劳动合同,双方之间是否存在劳动关系的问题,原劳动和社会保障部发布的《关于确认劳动关系有关事项的通知》(劳社部发〔2005〕12号)第一条已作出规定,即"……用人单位和劳动者符合法律法规规定的主体资格……"由此可见,用人单位和劳动者是否符合法律法规规定的主体资格是双方之间是否形成劳动关系的充分条件。《国务院关于工人退休、退职的暂行办法》(国发〔1978〕104号)规定,男职工的退休年龄为60周岁,女职工的退休年龄为50周岁。《劳动和社会保障部办公厅关于企业职工"法定退休年龄的"涵义的复函》(劳社厅函〔2001〕125号)亦明确规定,国家法定的企业职工退休年龄是:男年满60周岁,女工人年满50周岁,女干部年满55周岁。

本案中,孙某某于2017年5月到上诉人临沂某某鞋业有限公司处上班时已年满51周岁,达到法定退休年龄,不属于法律法规规定的劳动关系的主体范围,虽然孙某某从事的工作系上诉人业务的组成部分,接受上诉人的管理和监督,上诉人按月支付其报酬,但孙某某与上诉人不能形成劳动关系。

《最高人民法院关于审理劳动争议案件适用法律若干问题的解释(三)》第七条虽规定用人单位与其招用的已经依法享受养老保险待遇或领取退休金的人员发生用工争议,向人民法院提起诉讼的,人民法院应当按劳务关系处理,但该条是关于已享受养老保险待遇或领取退休金的人员发生争议的法律关系认定问题,不能反推得出劳动者虽达到法定退休年龄但未开始依法享受基本养老保险待遇,其与用人单位构成劳动关系的结论。以上,一审认定孙某某生前与上诉人存在劳动关系不当,本院予以纠正。

综上所述,上诉人临沂某某鞋业有限公司的上诉请求成立,本院予以支持。依照《中华人民共和国民事诉讼法》第一百七十条第一款第二项规定,判决如下:

(1)撤销山东省沂南县人民法院〔2019〕鲁1321民初6022号民事判决;

(2)驳回被上诉人张某某1、张某某2的诉讼请求。

【典型意义】

本案中,一审法院提到我国相关法律规定均未将达到退休年龄的人员排除在

《劳动法》调整范围之外，也未禁止用人单位雇佣达到退休年龄的人员，法律法规对劳动者的年龄上限未作强制性规定，据此，只要是未违反法律法规禁止性规定的有劳动能力的人，均可成为劳动法意义上的劳动者的观点并不正确。虽然我国法律法规确实未明确规定用人单位招用已经达到法定退休年龄的人员，双方系劳务关系。但是，《劳动合同法》第四十四条规定"有下列情形之一的，劳动合同终止……（六）法律、行政法规规定的其他情形"，结合《中华人民共和国劳动合同法实施条例》第二十一条"劳动者达到法定退休年龄的，劳动合同终止"之规定，可以侧面看出无论劳动者是否已经开始依法享受基本养老保险待遇，只要达到法定退休年龄，其与用人单位的劳动关系即终止，该劳动者已经不属于法律法规规定的劳动关系的主体范围，其并不适用《关于确认劳动关系有关事项的通知》（劳社部发〔2005〕12号）第一条规定，因此用人单位与劳动者之间不存在劳动关系。

十一、新型用工关系纠纷

主播等新型用工关系确认劳动关系应审慎——张某与某网络科技公司确认劳动关系案

【基本案情】

张某于2020年3月22日到某网络科技公司担任网络主播，在该公司所供场地负责播报介绍公司指定的合作方产品。双方口头约定，张某每场播报的报酬为400元，每场销售额超过15 000元的部分计3%提成，按周结算报酬；张某不需要坐班及参加公司会议，可根据自己的时间安排选择播报时间，播报场次不足时可另行找其他工作。后因某网络科技公司取消主播业务，双方发生争议。

【当事人主张】

（1）要求确认2020年3月22日至6月18日期间与某网络科技公司存在劳动关系；

（2）要求支付2020年4月22日至6月18日期间未订立书面劳动合同的二倍工资差额4万元。

【裁判结果】

裁决驳回张某的仲裁请求。

【案例分析】

当前，"互联网+"催生了许多新兴产业，网络直播是近年来迅速发展的行业之一。主播作为核心人物与用人单位之间是何种关系，应依据双方签订的合同内容和具体的用工形式，以及认定劳动关系相关标准进行综合判断。本案中，在工作内容和时间方面，双方通过平等协商，张某可以自主选择播报场次和时间，其余时间可自行安排或者另找一份工作，不受用人单位规章制度的约束；在日常管理方面，张某无须日常坐班，不参加公司的会议，某网络科技公司除双方约定的播报内容外，对张某不进行日常管理；在收入报酬方面，张某的收入完全取决于其直播场次，如果其停止播报，某科技公司不支付任何报酬，如果其直播销售额超出一定金额，可获得固定比例的提成，双方具有合作共赢的目的，而非张某简单为公司利益付出劳动。因此，双方的关系不符合《关于确立劳动关系有关事项的通知》第一条的规定："用人单位招用劳动者未订立书面劳动合同，但同时具备下列情形的，劳动关系成立。（一）用人单位和劳动者符合法律、法规规定的主体资格；（二）用人单位依法制定的各项劳动规章制度适用于劳动者，劳动者受用人单位的劳动管理，从事用人单位安排的有报酬的劳动；（三）劳动者提供的劳动是用人单位业务的组成部分。"故不应认定双方存在劳动关系。

【典型意义】

近年来，平台经济迅速发展，创造了大量就业机会，依托互联网平台就业的新就业形态劳动者数量大幅增加。个人在新就业形态用工中需结合实际情况，厘清用工性质，并非企业支付报酬、个人为其提供劳动，就一概认定双方存在劳动关系。新就业形态领域的企业在日常用工管理中，应根据《关于维护新就业形态劳动者劳动保障权益的指导意见》的相关规定，对符合确立劳动关系情形的，应当依法与劳动者订立劳动合同；对不完全符合确立劳动关系情形但企业对劳动者进行劳动管理的，与劳动者订立书面协议，合理确定企业与劳动者的权利与义务；对个人依托平台自主开展经营活动、从事自由职业的，则按照民事法律调整双方的权利与义务，避免因用工性质模糊引发争议。

十二、录用又取消岗位设定的纠纷

用人单位应遵循诚实信用原则，已决定录用劳动者又取消岗位设定的，应承担缔约过失责任——邬某与某家居公司劳动争议案

【基本案情】

邬某于 2020 年 4 月 15 日到某家居公司面试，2020 年 4 月 22 日，某家居公司向邬某发送了录用通知书，要求邬某于 2020 年 5 月 1 日 8 点 30 分前准时报到。2020 年 4 月 26 日，邬某向原公司提出辞职。2020 年 4 月 29 日，邬某花费入职体检费。2020 年 4 月 30 日，原公司向邬某出具了离职证明。2020 年 5 月 1 日，邬某到某家居公司报到，某家居公司称邬某入职的部门不准备成立了，原录用岗位已被取消，邬某最终未能入职。邬某不服申请劳动仲裁。

【当事人主张】

请求某家居公司赔偿待业期间生活费并支付入职体检费。

【裁判结果】

判决某家居公司按从原公司离职的前12个月的平均工资标准赔偿邬某2个月待业期间损失及入职体检费。

【案例分析】

法院认为，某家居公司对邬某进行面试后，决定录用邬某，并向邬某发送了录用通知，邬某主动从原公司处离职，并按时至某家居公司处报到，而某家居公司取消了原录用岗位导致双方最终未建立劳动关系，系违反诚实信用原则，应承担劳动合同缔约过失责任。

【典型意义】

诚实信用原则系民法基本原则，可以指引各种场景下的民事法律行为。用人单位及劳动者作为合格的民事主体，在面试、入职、在职、离职等一系列有关权利和义务的民事活动中，均应遵循诚实信用原则。本案在于提醒用人单位，即使是处于有用人话语权的强势一方，在订立劳动合同过程中也应遵循诚实信用原则，履行相应的先合同义务。某家居公司已明确表示录用邬某，又因自身原因取消录用岗位，存在过错，且给邬某造成实际损失，应承担相应的缔约过失责任。本案保障了劳动合同订立期间劳动者的利益和合理信赖，有利于弘扬诚信的社会主义核心价值观。

第六章　劳动关系存续期间典型案例

第一节　劳动合同的履行、续签及岗位变动纠纷

一、续签劳动合同降低劳动条件的纠纷

劳动者正常履行劳动义务时，劳动报酬的标准、应履行的义务、权利或权益、约束性规定是判定劳动条件的重要因素——穆某亭诉银山某出租汽车有限责任公司劳动争议案

【基本案情】

2001年7月10日，穆某亭到银山某出租汽车有限责任公司（以下简称"银山某出租车公司"）工作，工作岗位为出租车司机，运营方式为单班工作制。2008年6月1日，双方签订了劳动合同，合同约定：本合同为固定期限劳动合同，自2008年6月1日起至2015年5月31日止；银山某出租车公司安排穆某亭执行不定时工作制度；银山某出租车公司支付穆某亭的月工资按照《承包营运合同书》中双方约定的内容执行，但不低于市最低工资标准；合同还规定了其他条款。同日，穆某亭与银山某出租车公司签订了《承包营运合同书》，合同约定：银山某出租车公司向穆某亭提供现代牌出租车一辆（车牌号：京BM62××）；运营方式为单班工作制；运营期限为2008年6月1日至2015年5月31日；穆某亭的承包定额为5 175元，每月30日前足额缴纳；穆某亭的报酬为穆某亭向银山某出租车公司缴纳承包定额后的运营收入减去穆某亭合理运营成本支出的剩余部分后与银山某出租车公司支付给穆某亭的岗位补贴之和；穆某亭的岗位补贴为545元；合同还规定了其他条款。2015年5月30日，穆某亭与银山某出租车公司续订了劳动合同，劳动合同期限延展至2016年5月31日。

2016年4月20日，银山某出租车公司向部分车辆下发了《2016年车辆更新合同到期告知书》，该告知书载明：银山某出租车公司与您签订的劳动合同于2016年5月30日期满；届时银山某出租车公司将根据劳动合同及双向选择，签订、终止（解除）劳动合同；根据《关于调整市出租汽车报废年限的通告》，自2015年5月

1日起，依据本市更新或新增的汽油出租汽车执行6年强制报废标准的文件精神，将岗位变更为双班工作制；车辆更新后如执行单班工作制，企业将面临亏损甚至倒闭，单班承包费为5 175元/月，扣除岗位补贴、社保、折旧、税金、GPS、计价器等直接费用，以及财务、管理、税金等间接费用后，单车净利润为171元/月，社保费用又在逐年增加，企业将没有利润产生，最终会导致企业无法经营，员工失业；因此，企业要保障正常运转，只能执行双班工作制；请您按照下表内容填写……如您选择服从公司安排，请到办公室提交申请；如您选择终止意向，将视作提出终止劳动合同申请，公司将如期办理劳动合同终止手续；请于2016年5月10日前将您的本人意愿反馈给公司。2016年5月10日后，穆某亭没有书面答复银山某出租车公司。2016年5月16日，穆某亭驾驶的京BM62××汽车到报废年限报废。穆某亭不同意续签双班工作制运营承包合同，因此，双方发生争议。穆某亭于2016年6月15日申诉至劳动争议仲裁委，请求：①支付不续签劳动合同的经济补偿金36 472元；②支付未休年休假工资16 768元。劳动争议仲裁委于2016年9月5日作出京昌劳人仲字〔2016〕第2683号裁决书，裁决：①银山某出租车公司支付穆某亭终止劳动合同经济补偿金34 000元；②驳回穆某亭的其他申请请求。裁决后，银山某出租车公司不服该裁决，于2016年9月14日诉至法院，穆某亭未就该裁决书提起诉讼。

【案件焦点】

本案焦点在于银山某出租车公司将出租车运营方式由单班工作制变为双班工作制是否属于降低劳动合同约定的条件。

【法院裁判要旨】

区人民法院经审理认为：当事人对自己的主张有提供证据的义务，如未提供相应证据，应承担举证不能的后果。银山某出租车公司与穆某亭构成劳动合同关系。本案争议的焦点就是银山某出租车公司将出租车运营方式由单班工作制变成双班工作制是否属于降低劳动合同约定的条件。单班工作制变成双班工作制，出租车司机享有的岗位工资、油补及车辆保险等原有福利待遇未变，且承包金减少、运营压力减少，并未降低劳动合同约定的条件。根据出租车司机与公司之间签订的劳动合同和承包运营合同，出租车司机的月劳动报酬为司机向公司缴纳承包定额后的运营收入减去一方合理运营成本的剩余部分后与公司支付的岗位补贴之和；出租车司机自行安排运营时间和休息时间。由此可见，不论是双班工作制还是单班工作制，出租车司机的收入状况、工作时间和强度均在很大程度上取决于其自身安排。在实践中，不同出租车司机的身体状况不同、生活习惯不同、居住地点不同、对收入的预期不同等，都会使得其选择的工作方式和休息的时间不同，进而在不同的出租车司机个体之间产生对单班或双班工作制的喜恶不同以及收入的差异。此外，出租车行业作为公共交通系统的一个重要补充，具有一定的公益性和服务性，政府对出租车行业实行行政管制,通过双班率调节出租车运力是市政府的管制手段之一。从这个角度看,出租车的运营方式是单班工作制还是双班工作制,不完全属于出租车公司和司机约定的范畴。因此,根据银山某出租车公司将涉诉出租车的运营方式由单班工作制调整成双班工作制这一事实,很难认定银山某出租车公司在征求穆某亭是否续签劳动合同的意向时存在降低劳动合同约定条件的情形。关于银山某出租车公司不同意支付穆某亭终止劳动合同经济补偿金 34 000 元一节,银山某出租车公司的该项诉讼请求理由正当,法院予以支持。

据此,一审法院判决:

银山某出租车公司无须支付穆某亭终止劳动合同经济补偿金 34 000 元。

宣判后,穆某亭提起上诉。穆某亭认为,一审判决认定穆某亭不同意续签双班工作制劳动合同,属于认定事实错误;一审判决遗漏了"银山某出租车公司是否应当与穆某亭签订无固定期限劳动合同"这一重要的争议焦点,导致一审判决结果的错误;一审法院在遗漏重要争议焦点的情况下,依照《劳动合同法》第四十四条第一项、第四十六条第五项作出判决,属于适用法律错误。

市第一中级人民法院经审理认为:穆某亭上诉主张一审法院遗漏了"银山某出租车公司是否应当与穆某亭签订无固定期限劳动合同"这一争议焦点,从银山某出租车公司 2016 年 4 月 20 日所发的《2016 年车辆更新合同到期告知书》来看,《2016 年车辆更新合同到期告知书》上并未注明续签劳动合同的期限为固定期限,穆某亭亦没有证据证明其曾向银山某出租车公司提出过续签无固定期限劳动合同,故本院对其该项上诉主张不予采信。

关于银山某出租车公司将出租车营运方式由单班工作制变成双班工作制是否属于降低劳动合同约定条件的问题。首先,单班工作制变成双班工作制,综合承包定额和各项补贴情况,出租车司机应向银山某出租车公司缴纳的费用减少、运营压力减少。其次,出租车公司采取不定时工作制度,出租车司机可以自行安排运营时间和休息时间,不论是双班工作制还是单班工作制,出租车司机都可以就工作时间和强度进行自主调整。最后,出租车行业作为公共交通系统的一个重要补充,具有一定的公益性和服务性,通过调整双班率进行出租车总量动态调控,以提高出租车运力水平,也是政府的相应管理措施。综上所述,根据银山某出租车公司将出租车的运营方式由单班工作制调整成双班工作制这一事实,不足以认定银山某出租车公司在征求穆某亭是否续签劳动合同的意向时存在降低劳动合同约定条件的情形。一审认定银山某出租车公司无须向穆某亭支付终止劳动合同经济补偿金 34 000 元是正确的,本院予以确认。

依照《中华人民共和国民事诉讼法》第一百七十条第一项之规定,二审法院判决:

驳回上诉,维持原判。

【典型意义】

《劳动合同法》第四十四条第一项规定，劳动合同期满的，劳动合同终止。《劳动合同法》第四十六条第五项进一步规定，除用人单位维持或提高劳动合同约定条件续订劳动合同，劳动者不同意续订的情形外，依照本法第四十四条第一项规定终止固定期限劳动合同的，用人单位应当向劳动者支付经济补偿金。根据上述规定，当用人单位与劳动者的劳动合同期限届满时，用人单位提出续订劳动合同的，如果是"维持或提高劳动合同约定条件"，劳动者不接受的，用人单位终止劳动合同，可以不支付经济补偿金；如果是"降低了劳动合同约定条件"，劳动者拒绝的，用人单位终止双方的劳动合同，应当支付经济补偿金。

此处涉及一个非常重要的问题，那就是如何判定劳动合同约定条件的维持、提高或降低。法律条款的原则性较强，当缺乏相应的司法解释，且没有客观恒定的判断标准，导致在实践当中出现是维持还是降低的有关争议时，用人单位和劳动者往往各执一词。

在审判实践中判断是维持还是降低了劳动合同约定条件，可以遵循以下原则：

一是比较分析原则。可以从以下几个方面来比较分析：第一，劳动者正常履行劳动义务时，劳动报酬的标准是否降低；第二，是否增加了劳动者应履行的义务；第三，是否减少了劳动者的权利或权益；第四，是否对劳动者作出了更加严苛的约束性规定。如果用人单位续订劳动合同时，增加了劳动者的义务或者减少了劳动者的权益，就应当认定为降低了劳动合同约定条件。本案中，单班工作制变成双班工作制，出租车司机享有的岗位工资、油补及车辆保险等原有福利待遇未变，且承包金减少、运营压力减少，可见劳动者的权益并未减少，甚至还有所增加，同时出租车公司也没有增加劳动者的义务和约束性规定。

二是全面性原则。劳动合同的约定条件有很多，如劳动报酬、工作内容和工作地点、工作时间和休息休假、社会保险、劳动保护、劳动条件和职业危害防护等。如果用人单位只是单纯维持或降低某一个或几个劳动合同的约定条件，判断起来就比较容易；如果续订的劳动合同，有些条件提高了，有些条件降低了，应当如何认定？鉴于劳动合同约定条件的整体性，从有利于保护劳动者权益的角度出发，当有些条件降低、有些条件提高时，仍然应认定为降低了劳动合同约定的条件。本案除劳动报酬相关问题外，劳动者还主张单班工作制改为双班工作制增加了工作时间和强度，但出租车司机都是自行安排工作时间和休息时间的，因此不论是双班工作制还是单班工作制，出租车司机的收入状况、工作时间和强度均很大程度上取决于其自身安排，所以也不能认定在工作时间和强度上降低了劳动合同约定的条件。

三是合理性原则。劳动合同约定的条件是否降低，应考察条件的变更是否具备合理性。本案中，出租车公司将单班工作制变更为双班工作制有相应的政策背景和考量。出租车行业作为公共交通系统的一个重要补充，具有一定的公益性和服务性，通过调整双班率进行出租汽车总量动态调控，以提高出租车运力水平，也是政府的相应管理措施。从这个角度看，出租车的运营方式是单班还是双班工作制，不完全属于出租车公司和司机约定的范畴。因此，单双班改制这一劳动条件的变更是具备合理性的，也属于因续订劳动合同时的客观情况发生变化，使得续订的劳动合同内容有所变更的情形。

二、劳动合同暂停履行的纠纷

劳动者涉嫌刑事犯罪，劳动合同暂停履行的法律后果——某网络科技公司诉李某劳动争议案

【基本案情】

李某于2014年6月20日入职某网络科技公司，先后担任（产品质量）经理、商务总监、首席运营官职位。2015年12月，李某被公司股东会吸纳为股东合伙人，并于2016年8月完成工商变更。李某在单位正常坐班到2017年5月19日，因涉嫌侵犯著作权，李某于2017年12月下旬投案自首，于2018年3月25日被公安局茂南分局拘留，因检察院不批捕，于2018年4月4日予以释放，并于当日依法对其采取取保候审措施。区人民法院于2018年12月3日作出〔2018〕粤0902刑初421号刑事判决，显示未对李某提起诉讼。李某主张，2017年5月下旬，某网络科技公司接到合作单位的通知，因其涉嫌侵犯著作权，公安局将对某网络科技公司运营的一款游戏进行侦查，某网络科技公司原法定代表人开会决定，由李某携带与该项目有关的材料"出去避一避"，故2017年5月19日至2017年12月李某未出勤，其工资发放至2017年6月，双方劳动关系于2018年4月30日解除。某网络科技公司主张，因李某经办的一个代理项目涉及侵犯第三方公司的知识产权，于是他携带所有代理相关资料潜逃，2017年5月20日公司发现他没去上班，打电话显示关机，之后一直处于失联状态，而因为游戏代理合同是以公司名义签订的，所以2017年6月8日，公安机关就对公司的原法定代表人进行了刑事拘留。某网络科技公司与李某签订的劳动合同于2017年6月19日到期终止，此时仍联系不到李某，故2017年6月19日双方劳动合同到期终止。从2017年5月19日李某不告而别到2019年2月26日李某提起仲裁，双方已经处于"长期两不找"的状态。李某就本案劳动争议申请劳动仲裁，仲裁委作出裁决：确认双方于2017年7月20日至2018年4月20日期间存在劳动关系；某网络科技公司支付李某2017年6月20日至2018年4月30日期间的基本生活费26 941.37元；驳回李某其他仲裁请求。某网络科技公司不服，诉至法院。

【案件焦点】

涉嫌刑事犯罪时，双方劳动合同暂停履行的法律后果。

【法院裁判要旨】

区人民法院经审理认为：某网络科技公司主张李某于 2017 年 5 月 19 日离开单位，之后无法联系上李某，2017 年 6 月 19 日双方劳动合同到期终止，但其并未向李某发出通知，也并未举证联系过李某，故对某网络科技公司关于劳动关系于 2017 年 6 月 19 日到期终止之主张不予采信。根据《释放证明书》、〔2018〕粤 0902 刑初 421 号刑事判决书，以及双方均认可某网络科技公司原法定代表人杜某与李某确曾因"侵犯著作权案"被刑事拘留且最终无罪释放，对李某主张其自 2017 年 5 月 20 日起不再工作的原因及事由予以采信，确认双方于 2017 年 7 月 20 日至 2018 年 4 月 20 日期间存在劳动关系，双方劳动关系于 2018 年 4 月 30 日解除，某网络科技公司应支付李某 2017 年 6 月 20 日至 2018 年 4 月 30 日的基本生活费。区人民法院依照《劳动合同法》第五十条、《中华人民共和国劳动争议调解仲裁法》第六条之规定，判决如下：

（1）确认某网络科技公司与李某于 2017 年 7 月 20 日至 2018 年 4 月 20 日期间存在劳动关系；

（2）某网络科技公司于本判决生效之日起三日内支付李某基本生活费 26 941.37 元；

（3）驳回某网络科技公司的诉讼请求。

某网络科技公司不服一审判决，提出上诉，后又撤诉。市第三中级人民法院依照《中华人民共和国民事诉讼法》第一百七十三条之规定，裁定如下：

准许某网络科技公司撤回上诉。

一审判决自本裁定书送达之日起发生法律效力。

【典型意义】

涉嫌刑事犯罪，是指劳动者有刑事犯罪的可能性，并由公安司法机关立案侦查的情形。那么，涉嫌刑事犯罪可能出现被判有罪或无罪两种结果。因此，对于涉嫌刑事犯罪的劳动者，用人单位不能解除或终止劳动合同，只能暂时停止劳动合同的履行。《关于贯彻执行〈中华人民共和国劳动法〉若干问题的意见》（劳部发〔1995〕309 号）第二十八条规定："劳动者涉嫌违法犯罪被有关机关收容审查、拘留或逮捕的，用人单位在劳动者被限制人身自由期间，可与其暂时停止劳动合同的履行。暂时停止履行劳动合同期间，用人单位不承担劳动合同规定的相应义务。劳动者经证明被错误限制人身自由的，暂时停止履行劳动合同期间劳动者的损失，可由其依据《国家赔偿法》要求有关部门赔偿。"第二十九条规定："劳动者被依法追究刑事责任的，用人单位可依据劳动法第二十五条解除劳动合同。'被依法追究刑事责任'是指：被人民检察院免予起诉的、被人民法院判处刑罚的、被人民法院依据刑法第三十二条免予刑事处分的。劳动者被人民法院判处拘役、三年以下有期徒刑缓刑的，用人单位可以解除劳动合同。"由上述规定可见，对于涉嫌刑事犯罪的劳动者，在其被限制人身自由或取保候审期间，用人单位都不宜直接解除与其的劳动关系，只是可以暂时停止履行相应的劳动合同。而暂停履行劳动合同，产生的具体后果法律未予明确。劳动合同暂停履行，主要是指在劳动合同履行的过程中，出现法定或者约定的情况，导致劳动合同不能继续履行，但是劳动关系仍继续保持的状态。在该情况下，笔者认为，暂停履行劳动合同系客观原因导致，在可解除劳动合同的情况出现之前，若劳动者无法提供劳动，可参照《市工资支付规定》第二十七条，由用人单位支付劳动者基本生活费。本案涉及两个时间段。第一个时间段为被告被拘留前，其主张依照原告公司的决定才外出躲避，因其所涉嫌犯罪内容确和公司相关联，原告也未就该期间要求过被告返岗提出证据，法院采信其受公司安排外出躲避，故该期间未出勤并非出自被告个人原因。而该时间段用人单位在未联系过被告的情况下，不宜视为双方劳动合同到期终止，故该期间用人单位应当支付被告基本生活费。第二个时间段为被告被拘留和取保候审期间，该期间均为对其采取强制措施的期间，根据前述结论，该期间双方劳动合同处于暂停履行的阶段，故原告亦应支付被告基本生活费。

三、待岗的纠纷

待岗的合法性探求——秦某诉某大型国有企业劳动争议案

【基本案情】

员工秦某在 2002 年和人力资源公司初次签订劳动合同，后人力资源公司又与员工秦某于 2012 年 9 月 1 日签订无固定期限劳动合同书，约定秦某从事业务系列岗位工作，该岗位是人力资源公司给某大型国有企业提供的某外包业务项下的批次岗位，合同履行地为某市。该大型国有企业某市分公司第二届第八次职工代表大会审议通过某省分公司制定的《中国国有企业某省分公司员工待岗管理办法》（以下简称《员工待岗管理办法》）于 2018 年 4 月 19 日下发通知，要求各单位遵照执行。《员工待岗管理办法》第九条第一项规定：待岗员工在待岗期间所属组织关系不变，薪酬福利、考勤考核归属原用人单位管理。第十条第一项规定：员工待岗前三个月，职级保持不变；待岗期满三个月仍未重新上岗的，职级下降一级；待岗期满九个月仍未重新上岗的，职级再下降一级；以后每六个月，职级下降一级，直至 1 职级。第十条第二项规定：待岗超过三个月的，岗位工资、综合补贴、误餐费以及住房消费津贴按照职级薪档调整后的标准，结合考勤结果进行发放，不发放绩效工资，其他阶段性奖励不再核发。第十条第三项规定：待岗三个月到六个月的，不报销交通费用，通信费用按 50% 报销；待岗六个月以上的，不报销交通费用，通信费用按 30% 报销。第十二条第二项规定：员工待岗期间，如无法自行找到新岗位的，则由人力资源部通过内部人力资源市场 IT 系统平台向待岗人员推送空缺岗位信息，提供至少两次推荐上岗机会，待岗员工不接受推荐安排的，则协商解除劳动合同。员工秦某对《员工待岗管理办法》的相关规定知悉。

2018年9月18日，某大型国有企业某市分公司第二届第十一次职工代表大会审议通过了《中国国有企业某市分公司定岗定编实施方案》，并下发传阅了《关于中国国有企业某市分公司第二届第十一次职工代表大会的决议》。《中国国有企业某市分公司定岗定编实施方案》中规定岗位竞聘分七轮进行，经七轮竞聘仍未能定岗的，按照《员工待岗管理办法》相关规定管理。2018年10月26日，员工秦某填报了国有企业某市分公司提供的"某市国有企业定岗定编岗位报名表"，并参加了定岗定编定员第七轮竞聘/双选活动，该报名表个人签名上方有"如本轮竞聘/双选未能成功，本人服从公司岗位安排"的表述。2018年11月12日，员工秦某在第七轮竞聘/双选中落聘，某大型国有企业某市分公司与员工秦某就其竞聘未成功谈话，询问员工秦某是否愿意分流至分公司，员工秦某选择待岗。2019年3月25日上午12时许，某大型国有企业某市分公司人力资源部通过邮件的方式，向员工秦某通知其被推荐为"外派某省人民政府驻点工作人员"候选人，请其于3月25日16点在504会议室参加面试，员工秦某未参加面试。2019年5月7日，某大型国有企业某市分公司作出《关于员工秦某岗位调整的通知》，将员工秦某调岗至某区分公司客户经理（互联网）一职，要求其于5月8日前到新岗位报到，员工秦某不同意调整到新岗位。员工秦某于2019年5月8日至9日请假，自2019年5月10日坚持在某大型国有企业某市分公司处通过网络定位签到至2019年6月12日止。2019年6月12日，某大型国有企业某市分公司作出《关于解除员工秦某劳动合同的通知》，该通知载明，根据《员工考勤管理程序》中第三条和第五条的规定：劳动者未请假或未经领导批准不到公司上班；不服从工作调动，经教育仍不按规定时间到岗位者，可以认定为旷工。根据第六条的处罚标准：无正当理由连续旷工时间为5天及以上的，解除劳动合同。

【案件焦点】

分析本涉诉案例的重点在于：一是在外包业务中，服务单位在进行岗位竞聘时的要求，是否适用于该外包合同项下的员工，毕竟同这些员工建立劳动关系的是人力资源公司，而非人力资源公司服务的服务单位。二是即使使用服务单位的相关岗位调整制度，岗位调整合理性的尺度又如何把握？比如前后岗位调整的性质是否能有较大差异，员工上岗调整后岗位是否对其实际生活产生了重大影响等。而在本案例中，待岗后的员工在被安排新岗位后，不满意安排，不愿意从事新岗位工作，人力资源公司能否以此为由同其解除劳动关系？

【法院裁判要旨】

本案一审判决书中的裁判观点可以给我们提供些许思路。虽然本案在一审判决中回避了上述问题，没有支持员工要求的违法解除劳动合同的赔偿金，但是从其支持经济补偿金可以看出，判决观点首先倾向于尊重公司和员工合意对该事项进行协商一致，如果无法协商一致则应该视同为协商解除劳动关系，公司应该支付相应的经济补偿金。

【典型意义】

由上可知,对于员工的岗位调整,我们需要注意的关键问题如下:

第一,调岗理由必须充分合理,确因生产经营需要或劳动者能力不胜任才可进行调岗。

第二,岗位的转换必须充分合理。调动前后的岗位应具有一定的关联性,或是劳动者基本能胜任。如劳动者不具备胜任能力,用人单位还应负责培训教育,以使劳动者能适应新的工作岗位。

第三,调岗前后的工作地点应基本一致(特殊工种除外),至少应在同城范围内,以满足劳动者的生活利益与家庭人伦、社会人际关系的需求。

第四,调岗后薪资水平基本保持不变,保证劳动者预期可得利益不受损害。

第五,调岗不能带有惩罚性和侮辱性,如故意将与劳动者年龄、学历背景、个人能力、履职情况完全不匹配的岗位调整给劳动者,造成其身体、心理严重不适的调岗行为应被禁止。

针对以上问题进行较为全面的分析及安排,才能支撑起员工岗位调动的合法性。

在劳务派遣业务中,待岗员工的处理相对于外包业务来说要容易一些,除了《劳动合同法》第六十五条约定的可以将派遣员工退回的情况之外,实际上人力资源公司与其服务单位可以约定派遣员工退回的情况,但是派遣员工被退回之后,用人单位仍然要承担派遣员工被退回后无工作期间,也就是待岗期间的报酬,并且若要和派遣员工解除劳动关系,也必须符合法律规定的可以解除劳动合同的情形。

第二节 竞业限制与违约金的纠纷

劳动者是否适用竞业限制条款及违约金是否过高的认定——王某诉某文化传媒公司劳动争议案

【基本案情】

王某于2016年4月25日入职某文化传媒公司,先后负责"某某吃播"及"大胃王某某"网络节目的运营,同时也负责行政工作,工资标准为每月17 000元。双方签订了《保密、竞业禁止及知识产权保护协议》,其中约定内容包括:除公司与员工另有书面约定外,员工在受雇于公司期间及劳动关系结束后的两年内,不得直接或间接地设立、经营、参与任何与公司或其任何关联公司有直接或间接竞争关系的实体,不得直接或间接地为该等实体或个人工作,以及提供财务支持、担保或任何建议,亦不得直接或间接地从事任何与公司或其关联公司业务相类似的活动。鉴于员工在劳动关系结束后对公司负有不竞争义务,在员工与公司的劳动关系终止或解除之后,在约定的竞业限制期限内,公司应按月向员工支付补偿金,每月的补偿金数额为员工与公司的劳动关系因劳动合同终止或解除等原因结束前该员工月收入的30%。如果员工违反本协议竞业限制规定,应当向公司支付违约金,数额为100万元。

王某于2017年7月31日从某文化传媒公司离职后,以影视发展公司CEO的身份参加该公司全新推出的新媒体业务线"某某大胃王"项目。某文化传媒公司认为王某违反竞业限制约定,遂申请劳动仲裁。仲裁委员会裁决:①王某支付某文化传媒公司违约金100万元;②王某继续履行竞业限制约定;③驳回某文化传媒公司的其他仲裁请求。王某认为其所处岗位并不适用竞业限制条款,且双方约定的违约金标准过高,故诉至法院,要求不支付违约金100万元,且无须继续履行竞业限制约定。

【案件焦点】

(1)王某是否应向某文化传媒公司支付违约金;

(2)双方约定的违约金数额是否过高。

【法院裁判要旨】

区人民法院经审理认为:某文化传媒公司提交的相关证明显示王某确实参与了影视发展公司推出的新媒体业务线"某某大胃王"项目。王某在某文化传媒公司负责运营"某某吃播""大胃王某某"项目,这两个项目都是吃播类节目,内容相近。王某虽主张系帮朋友忙,但未提交相应的证据证明,不予采信。王某违反了与某文化传媒公司签订的《保密、竞业禁止及知识产权保护协议》相关约定,应按照该份协议的约定支付某文化传媒公司违约金。《保密、竞业禁止及知识产权保护协议》约定限制从业的期限为劳动关系结束后的两年,现王某从某文化传媒公司离职已满两年,王某无须继续履行《保密、竞业禁止及知识产权保护协议》的竞业限制约定。

区人民法院依照《劳动合同法》第二十三条、第二十四条,《中华人民共和国民事诉讼法》第六十四条之规定,作出如下判决:

(1)王某支付某文化传媒公司违反竞业限制义务的违约金100万元;

(2)王某无须继续履行与某文化传媒公司签订的《保密、竞业禁止及知识产权保护协议》;

(3)驳回王某的其他诉讼请求。

王某不服一审判决,提出上诉。市第三中级人民法院经审理认为:关于王某是否属于竞业限制的人员,考虑到互联网直播类节目的特点,新颖性是该类节目的核心竞争力之一,关系到某文化传媒公司的收益,而王某作为行政人员能接触到涉案项目的相关商业秘密,且双方亦自愿签订了《保密、竞业禁止及知识产权保护协议》,故王某属于《劳动合同法》第二十四条规定的"其他负有保密义务的人员"。某文化传媒公司与王某签订的《保密、竞业禁止及知识产权保护协议》并不违反法律规定，应属合法有效。

关于王某是否应向某文化传媒公司支付违约金及应支付的违约金数额，某文化传媒公司提交的相关证明显示，王某作为影视发展公司的CEO参与了影视发展公司的新媒体业务线"某某大胃王"项目。王某在某文化传媒公司负责运营"某某吃播""大胃王某某"项目，这些项目都是吃播类节目，内容相近，由此可以认定王某的行为违反了双方签订的《保密、竞业禁止及知识产权保护协议》的相关约定，其应按照该份协议的约定支付某文化传媒公司违约金。本案中，王某并未就双方约定的违约金数额过分高于其违约行为给某文化传媒公司造成的损失提交充分有效的证据予以证明，应承担举证不能的不利后果，故对王某主张违约金过高应当酌减不予采信。

市第三中级人民法院依照《中华人民共和国民事诉讼法》第一百七十条之规定，作出如下判决：

驳回上诉，维持原判。

【典型意义】

1. 网络直播中的商业秘密的认定

《中华人民共和国反不正当竞争法》第九条规定："本法所称的商业秘密，是指不为公众所知悉、具有商业价值并经权利人采取相应保密措施的技术信息、经营信息等商业信息。"《最高人民法院关于审理侵犯商业秘密民事案件适用法律若干问题的规定》第一条第二款规定："与经营活动有关的创意、管理、销售、财务、计划、样本、招投标材料、客户信息、数据等信息，人民法院可以认定构成反不正当竞争法第九条第四款所称的经营信息。"前述条款规定了经营活动的商业秘密范围。网络直播是近年来出现的新兴经营活动，网络直播的形式、内容及出镜网络主播个体本身都会与网络直播流量直接关联，对网络直播经济收益有较大影响。根据前文所引规定，与经营活动有关的创意属于经营信息，可以属于商业秘密。互联网时代日新月异，对于网络直播节目而言，新颖性是该类节目的核心竞争力之一。有鉴于此，与网络直播有关的创意应属于商业秘密。

2. 关于竞业限制协议中违约金是否过高的认定

劳动者与用人单位之间具有从属性，导致双方在签订竞业限制协议时可能存在地位不对等的情况。为避免用人单位滥用竞业限制制度，平衡劳动者与用人单位双方的利益，法院有必要在劳动者提出抗辩的情况下，对竞业限制违约金的合理性进行审查。虽然劳动法律法规中并未规定法院有权调整竞业限制违约金，但《中华人民共和国民法典》第五百八十五条第二款规定："约定的违约金低于造成的损失的，人民法院或者仲裁机构可以根据当事人的请求予以增加；约定的违约金过分高于造成的损失的，人民法院或者仲裁机构可以根据当事人的请求予以适当减少。"该规定可以作为参照。当违约方请求减少过高违约金时，应当按照"谁主张，谁举证"

原则，负有证明违约金过高的举证责任。若劳动者主张竞业限制协议中约定的违约金过高要求减少违约金，劳动者应当承担约定的违约金过分高于用人单位损失的证明责任。但是，鉴于衡量违约金过高的标准是用人单位的损失，因用人单位更了解劳动者违反竞业限制义务造成的损失和相关证据而具有较强的举证能力，所以劳动者的举证责任也不能绝对化，用人单位亦需对其损失情况进行举证。

在司法实践中，考虑用人单位的损失时，不应简单将用人单位向劳动者支付的竞业限制补偿金成本与合同中约定的违约金数额进行对比即得出违约金是否过高的结论。用人单位的经营活动系一有机整体，应客观考虑劳动者违反竞业限制协议的行为给用人单位生产经营造成的全面影响，综合劳动者给用人单位造成的损害、劳动者的主观过错程度、劳动者的工资收入水平、劳动者的职务、劳动者的在职时间和违约期间、用人单位应支付的经济补偿数额以及当地经济水平等具体情况，进而判断违约金标准是否过高。如确有违约金过高的情形，法院应予调整；如在案证据不能证明违约金存在显著过高的情形，不宜进行调整。

第三节 薪酬管理和加班管理纠纷

一、加班费定性纠纷

加班费定性，加班时长的认定、加班费用的基数计算——叶某、赖某诉某人力资源公司劳动争议案

【基本案情】

叶某、赖某和某人力资源公司建立劳动关系时间都较早，皆为被告某人力资源公司某外包项目下的员工，主要负责客户接待、处理客户投诉工作，该工作岗位的特殊性在于工作时间较长，部分节假日及休息日也在处理工作相关事宜。二人因对公司的加班费标准持异议而提起诉讼。

【案例分析】

一般来说，在常规性的加班纠纷当中，争议焦点一般是加班事实的认定、加班时间的举证及认定。在本案中，双方对于加班事实都没有否认，只是对于加班时长的认定、加班费用的仲裁时效、加班费用的计算基数、加班费是否属于劳动报酬的认定进而未足额支付加班费是否属于拖欠劳动报酬而要求经济补偿金存在争议。此处只分析加班时长的认定以及加班费用的计算基数，对于加班费用的仲裁时效以及是否属于劳动报酬进而引发支付经济补偿金的问题，因两者属于法官自由裁量权范围，不同地区有不同的裁判观点，不在本书的讨论范围内。

两案中,一案走到一审程序终结,一案走到二审程序,针对加班时长的认定,前案一审法官认为:《劳动法》第三十六条规定,国家实行劳动者每日工作时间不超过 8 小时、平均每周工作时间不超过 40 小时(此处应该是一审法院笔误,应为 44 小时)的工时制度。《国务院关于职工工作时间的规定》第五条规定,在特殊条件下从事劳动和有特殊情况,不能实行每日工作 8 小时、每周工作 40 小时标准工时制度的,按照有关规定执行。本案原告和被告签订的《劳动合同》虽约定工作时间为标准工时制度,但依据工作的性质,原告实际工作是实行的综合工作制,其轮班工作时间为第一天上午、第二天下午,每天上午上班时间为 8:00 到 13:00,工作时间为 5 小时;下午上班时间为 13:00 到 19:00,工作时间为 6 小时,平均每天工作时间为 5.5 小时。其中,5 月 1 日至 9 月 30 日下午上班时间为 13:00 到 20:00,工作时间为 7 小时,平均每天工作时间为 6 小时。则原告每周工作时间为 38.5 小时,其中每年的 5 月 1 日至 9 月 30 日,原告每周工作时间为 42 小时,每周超过 2 小时(此处判决标准为《国务院关于职工工作时间的规定》中的第三条,即职工每日工作 8 小时,每周工作 40 小时),虽然每年的工作时间未超过规定,但原告和被告签订的《劳动合同》约定为标准工时制度,而实行综合工作制未向相关部门申请,被告亦是按月向原告发放工资。故结合本案实际情况,本院酌情认定原告的工作时间按每周 40 小时计算,每年的 5 月 1 日至 9 月 30 日期间超过标准工作时间的计加班时间为 43.4 小时(21.7 周×2 小时/周)。故本案原告在 2016 年、2017 年、2018 年的休息日的加班时间均为 43.4 小时,2016 年 4 月 12 日至 2016 年 12 月 31 日的国家法定节假日加班时间为 34.5 小时,2017 年的国家法定节假日加班时间为 61.5 小时,2018 年的国家法定节假日加班时间为 62 小时,2019 年的国家法定节假日加班时间为 27.5 小时。

后案二审法官裁判观点如下:关于加班费如何计算的问题。《劳动法》第三十六条规定,国家实行劳动者每日工作时间不超过 8 小时、平均每周不超过 44 小时的工时制度。本案中上诉人与被上诉人签订的《劳动合同》中约定的工作时间为标准工时制度。但依据工作性质,上诉人实行的是综合工作制。结合本案上诉人工作的实际情况,上诉人应当以综合工作制计算加班工资。上诉人实行轮班工作的时间为第一天上午、第二天下午,每天上午上班时间为 8:00 到 13:00,工作时间为 5 小时;下午上班时间为 13:00 到 19:00,工作时间为 6 小时,平均每天工作时间为 5.5 小时。其中,5 月 1 日至 9 月 30 日下午上班时间为 13:00 到 20:00,工作时间为 7 小时,平均每天工作时间为 6 小时。则上诉人每周工作时间为 38.5 小时,其中每年的 5 月 1 日至 9 月 30 日,每周工作时间为 42 小时,这一阶段总的工作时间为 42 小时×21.7 周=911.4(小时),其余时间段的工作时间为 38.5 小时×30.3 周=1 166.55(小时)。上诉人在与被上诉人签订劳动合同期间每周的工作时间为(1 166.55 小时+911.4 小时)÷52 周=39.96(小时)。其工作时间没有超过"劳动者每日工作时间不超过 8 小时、平均每周工作时间不超过 44 个小时"的法律规定,对上诉人要求双倍支付休息日加班工资的请求，本院依法不予支持。国家规定的每年法定节假日有11天，即元旦节1天、春节3天、清明节1天、端午节1天、五一节1天、国庆节3天、中秋节1天，用人单位在国家法定节假日应当依法安排劳动者休假，但被上诉人未安排上诉人休假，应当支付不低于工资的百分之三百的工资报酬。甚至仲裁时仲裁员的裁判观点为：劳动者享有的合法权益，包括享有休息休假的权利，用人单位由于生产经营需要或因工作性质或生产特点的限制，但也应合理安排职工的工作和休息时间，《劳动法》第三十八条明确规定"用人单位应当保证劳动者每周至少休息一天"。本案中，上诉人虽然每天只工作一个班次，但一周工作7个班次，被上诉人没有保证上诉人每周至少一天的休息时间，也未安排上诉人补休，上诉人每周有一天应视为加班，被上诉人应向其发放加班费。依据当事人在申请仲裁时提供的每天业务工号记录清单，确认当事人2017年在休息日加班18天，2018年在休息日加班71天，春节加班1天，2019年3月前加班3天。

分析以上的裁判主张，对于加班时长的认定，同一个案子甚至有三个迥异的观点，所以某人力资源公司在管理可能存在加班的工作岗位的员工时，能够做的是尽量确定加班时间，而不是交由法院裁判。笔者在检索全国各类主张加班费用的案件时，一般劳动者需要对加班的基本事实、内容承担举证责任，也就是在加班费主张类纠纷案中，劳动者需证明加班是用人单位安排的，否则每个劳动者在工作时间结束之后在工作场所逗留的时间都能被算作加班时间，明显不合常理，因此不会被法院采纳。因此，用人单位在对可能涉及加班的工作岗位进行管理时，可以建立劳动考勤制度，书面记录劳动者的出勤情况，每月与劳动者核对并由劳动者签字。对于用人单位来说，其持有经劳动者本人签字确认的考勤加班时间记录表，将对进入诉讼程序的劳动者主张加班费案件中加班费用的计算十分有利。

在上述判例中，对于加班费的计算基数，存在以下裁判观点：一审法院认为：劳动法中的"工资"是指用人单位依据国家有关规定或劳动合同的约定，以货币形式直接支付给本单位劳动者的劳动报酬，一般包括计时工资、计件工资、奖金、津贴和补贴、延长工作时间的工资报酬以及特殊情况下支付的工资等。原、被告签订的劳动合同未具体约定工资，而被告提供的原告在2018年5月至2019年5月的工资明细显示，其工资包括原告的岗位工资、综合补贴、误餐费、绩效工资（每月不等），另有每季度奖、营业员计件奖等其他奖金、奖励，而原告提供的工资不能分清工资的明细，且每月发放的工资本身也包括节假日的绩效工资。故结合本案实际情况，一审法院酌情认定其工资以每年度巴中市城镇全部单位就业人员年平均工资作为计算基数，其中，2016年度平均工资为46 849元，2017年度平均工资为49 341元、2018年度平均工资为52 317元。

二审法院基本同意此观点，但在仲裁裁决书中的观点为：由于被上诉人未提供上诉人的工资标准，本委采信上诉人提供的由银行代发的工资金额证据。因此，我们可以看出，加班费的计算基数也是一个争议点，在笔者检索同类案例的过程中，一些法院认为劳动者加班工资计算基数应为劳动者应得的工资,包括计时工资或者计件工资以及奖金、津贴、补贴等货币性收入。另一些法院认为加班工资和依据《劳动合同法》第八十二条规定加付的一倍工资的计算以职工所在岗位(职位)相对应的标准工资为基数;前款标准工资难以确定的,按以下方式确定计算基数:难以区分工资、奖金、物贴等项目的,以职工上月实得工资的70%为基数。上述计发基数低于当地最低工资标准的,按当地最低工资标准为计发基数。还有一些法院的观点同本案的裁判观点一致,即在无法参照相同或相近岗位劳动报酬的情况下,可以参照劳动合同签订的上一年度浙江省在岗职工平均工资标准计算相应的工资,并将其作为休息日加班工资的计算基数。虽然各地法院的裁判观点不一,但基本上都不排斥约定加班费用的计算基数,如〔2018〕辽01民终3731号判决书认为,用人单位和劳动者已经就加班费的计算基数做了约定,且双方在实际履行中亦按照基本工资作为加班基数计算加班费,故双方约定以基本工资作为加班基数计算加班费没有违反劳动法的禁止性规定,应为有效。〔2019〕川01民终810号、〔2019〕川01民终12412号判决书裁判观点指出,加班费都可以约定,但不得低于当地规定的最低工资标准。双方若在《劳动合同》中明确约定加班工资基数的计算标准,且上述约定通过加粗字体及下划线等方式做出特别提醒,劳动者予以确认,则以《劳动合同》中约定的标准进行计算。也就是明确可以约定加班费用的计算基数,同时表明若能以明显方式提请劳动者注意则更合理。综上所述,在遇到加班费案件疑难问题时,某人力资源公司作为用人单位,可以同外包员工约定加班费用的计算基数,如此,则至少可以减少部分诉讼经济成本。

以上我们所述案例都是在业务外包的前提下,如果是在劳务派遣的情况下,《劳动合同法》第六十二条明确规定,派遣员工的加班费用由用工单位支付。用工单位不支付加班费的情况下,劳务派遣单位需要承担的是连带责任。所以无论是外包业务,还是派遣业务,针对加班费诉讼纠纷,本质上还是要减少加班费用的数额及承担,具体减少的方法如上所述。

二、年终绩效奖金纠纷

绩效考核与年终绩效奖金的审查依据——曾某诉某网络科技公司劳动争议案
【基本案情】

曾某于2018年10月8日入职某网络科技公司,双方约定曾某的工龄自2017年1月13日起计算,工作岗位为研发岗,曾某的月工资标准为23 000元。曾某正常工作至2019年1月28日。某网络科技公司向曾某出具的录用通知书中载明:目标年终奖金为税前人民币69 000元。员工获得绩效奖金的前提和条件是在奖金所对应考核期的最后一天在职(季度考核的要求为当季的最后一天在职;年度考核的要求为

12月31日在职），根据组织/个人绩效确定奖金系数（绩效为D、E的奖金系数可以为0）。如为项目奖金，则员工在该项目完结时的最后一个工作日须在职。曾某主张，某网络科技公司告知其不能胜任研发工作，与其解除劳动合同，但双方就解除劳动合同的经济补偿金金额未达成一致意见。双方的劳动关系是在2019年1月28日由某网络科技公司提出，双方协商一致后解除的。就其主张，曾某提交录音予以证明，录音中对话人为曾某与某网络科技公司人事王某，内容为某网络科技公司向曾某提出解除劳动合同的方案，曾某对相关内容提出异议，并未签订解除协议。某网络科技公司认可该录音的真实性。

某网络科技公司未明确提出与曾某解除劳动合同，仍为其保留转岗的机会。此后曾某自行提出解除劳动合同。就其主张，某网络科技公司提交电子邮件予以证明。电子邮件为2019年1月24日曾某向王某发送的离职声明"之前公司让我签订的补偿协议不合理，主要有以下几个方面：①入职时签订的三方协议中有条款说明，应计算法定福利和公司福利，并承认我的工作年限，但是在赔偿协议里面没有对我应得的股票给予赔偿。②不承认公司给我的年假（已经被迫申请休的年假），并强制以休加班假来抵销法律要求的'加一'（一个月工资）中剩余部分的补偿。③没有之前公司规定中提到的年底三薪福利。所以我已经向市劳动争议仲裁委员会提出合理赔偿并解除劳动合同的申请。要求在我休完已经申请的年假（截至2019年1月28日）之后，解除劳动合同，赔偿金相关事宜参照仲裁结果。特此声明"。某网络科技公司于2019年1月28日回复曾某，内容为："曾某，您好！您于2019年1月24日通过邮件向公司提交了主动离职声明。公司同意您的离职申请，确定您的结薪日为2019年1月28日。基于您提交的离职声明，公司将尽快配合您完成离职交接，并开具离职证明。"曾某认可电子邮件的真实性，但不认可其证明目的。

就年底的三薪一节，曾某主张其享有年底三薪，某网络科技公司应当予以支付。某网络科技公司对此不予认可，称曾某的绩效考核结果为D，不享有目标年终奖金（年底三薪）。某网络科技公司提交绩效考核截屏作为证明，其中曾某的员工自我评估显示：因入职较晚，甘愿被离职。曾某认可该证据的真实性，但不认可证明目的。曾某以要求某网络科技公司解除劳动合同，并支付解除劳动合同经济补偿金、年底三薪为由提出劳动仲裁。仲裁委员会裁决：驳回曾某的全部仲裁请求。曾某不服仲裁裁决，于法定期限内向法院提起诉讼。

【案件焦点】

（1）劳动关系最终由何方提出解除；
（2）某网络科技公司是否应当支付曾某年底三薪（目标年终奖金）。

【法院裁判要旨】

区人民法院经审理认为：结合双方的陈述，某网络科技公司曾向曾某提出解除劳动合同，双方就解除劳动合同的具体内容并未达成一致意见，某网络科技公司亦未向曾某送达解除劳动合同通知书。在此情况下，曾某径行向某网络科技公司发送电子邮件，告知某网络科技公司解除劳动合同，故双方之间的劳动合同最终由曾某提出而解除。根据曾某解除劳动合同的理由，曾某要求某网络科技公司支付解除劳动合同经济补偿金的诉讼请求，缺乏法律依据，不予支持。某网络科技公司提交的绩效考核截屏显示曾某的绩效考核结果为D，录用通知书中对应的奖金系数为0。现曾某并未就其2018年考核结果符合应当获得绩效奖金的条件予以证明，应当承担举证不能的法律后果，故曾某要求某网络科技公司支付年底三薪的诉讼请求，缺乏事实依据，不予支持。

区人民法院依照《劳动法》第七十九条之规定，判决如下：驳回曾某的全部诉讼请求。

曾某不服，提起上诉。市第一中级人民法院经审理认为：曾某上诉主张双方之间的劳动合同系由某网络科技公司提出，双方协商一致解除，但曾某提供的证据仅能证明双方曾就劳动合同的解除进行协商，不能证明在其申请仲裁前双方已就劳动合同解除的时间等具体内容达成一致。在某网络科技公司并未向曾某送达解除劳动合同通知书的情况下，曾某提出解除劳动合同的仲裁请求，并向某网络科技公司发送离职声明，应认定双方之间的劳动合同最终由曾某提出解除。因曾某解除劳动合同的理由不符合《劳动合同法》第三十八条规定的法定情形，对曾某要求某网络科技公司支付解除劳动合同经济补偿金的上诉请求不予支持。

曾某上诉主张年终奖金是其固定收入，但并未对此提交有效证据予以证明，且某网络科技公司向曾某出具的录用通知书显示，根据个人绩效确定奖金系数，故年终奖金并非曾某的固定收入，对其该项上诉理由不予采信。曾某上诉主张某网络科技公司给其D的年终评价不符合其真实表现，年终奖金的评定依据掌握在某网络科技公司手中，某网络科技公司应就其不予支付年终奖金的依据进行举证。但某网络科技公司提交的绩效考核截屏显示其考核体系较为完备，某网络科技公司结合其细化的考核标准对曾某作出的考核评价，属于其行使用工管理权的范畴。故在考核结果为D对应的奖金系数为0的情况下，对曾某要求某网络科技公司支付年底三薪的上诉请求法院不予支持。综上所述，一审判决认定事实清楚，适用法律正确，应予维持。

市第一中级人民法院依据《中华人民共和国民事诉讼法（2017年修正）》第一百七十条第一款第一项之规定，判决如下：驳回上诉，维持原判。

【典型意义】

1. 本案诉争的年底三薪的性质

年终奖金系用人单位根据当年自身的盈利情况，考虑自身未来发展并结合员工当年的个人业绩及表现，向员工发放的带有激励性质的奖金。本案中曾某上诉请求的年底三薪所依据的是某网络科技公司在其入职时向其出具的录用通知书中载明的"目标年终奖金"，该年终奖金是否系曾某的固定收入，应当结合年终奖金的性质区分不同类型加以分析，实践中一般分为以下两种情形：

一种情形是用人单位通过录用通知书、薪酬确认书等形式，约定年薪总额中的一部分经过平均后作为工资按月支付，剩余部分约定为年终奖金，于次年发放，但未约定考核内容、考核形式以及不发或少发的条件，该年终奖金的实质是约定工资总额的一部分，本质上就是工资，只是该部分延后发放。

另一种情形是单独约定考核内容与方式，依照用人单位奖金制度进行考核后分配。该年终奖金的发放需尊重企业的自主经营权，将考核及确定金额的权利交给企业，企业在制度框架下对员工进行考核后，决定是否发放及确定发放金额并说明理由。

由本案中的关键证据之录用通知书载明内容可见，双方对员工获得年终奖金的前提和条件作了较为明确的约定，应当属于上述第二种情形，即员工的年终奖金与可量化的业绩挂钩，虽在形式上被称为"年底三薪"或"年终奖金"；但在实质上，其应当属于"绩效工资"的范畴，是根据绩效考核薪酬制度的规定在年终结合企业效益和个人业绩发放的，是有制度保证的、有比例的，故应称之为"年终绩效奖金"。

2. 年终绩效考核制度的制定必须遵循两项基本原则

我国现行的劳动法律法规对年终绩效奖金的发放并无明确的规定，是否发放、发放条件、发放范围和标准等主要由用人单位的内部规章制度以及劳动合同来明确。由于企业的规章制度不同以及员工个体存在差异，在审判实践中就需要把握两项原则，并审查用人单位的年终绩效考核制度是否规范合理。

首先，制定年终绩效考核制度要遵循事先明示原则。出现有关年终绩效奖金争议的大多是因为用人单位年终绩效考核制度不够清晰，在制定和落实过程中缺乏透明度。用人单位应当提前制定好年终绩效奖金的考评指标、评价方法、发放规则等，采取"事先约定"的方式，让员工对各项奖惩指标做到心中有数，明确年终奖金的来源。

其次，进行绩效管理要遵循合法公平原则。虽然现行法律法规没有直接对企业的绩效管理作出规定，但由于绩效考核的结果会影响到薪酬调整、奖金发放等关乎员工切身利益的事项，因此实际仍要受到《劳动法》和《劳动合同法》的限制。同时，绩效考核指标应当量化或可行为化，以增强考核指标的可衡量性，避免出现无法量化的主观评定指标。

在本案中，曾某与某网络科技公司之间的劳动合同、录用通知书以及员工手册等多份材料中均涉及年终绩效考核的内容，曾某知晓相关制度规定及考评体系，而制度本身既合法又公平，双方均需遵守制度规定及有效约定。

3. 审查绩效考核结果有效性的三个维度

在审判实践中，除应审查用人单位是否建立了较为完整的绩效考核制度外，还应当核实绩效考核标准，查明绩效考核流程。主要包括以下三个方面：

一是考核内容是否恰当。绩效考核需要对员工的工作行为、工作效果及其对企业的贡献进行综合的评价，并以明确的数据信息传递出来。如果考核内容模糊不清、随意性较大，或仅凭部门主管或负责人一面之词，并无事实依据，则无法取得考核的预期效果。

二是考核评估过程是否完备。绩效考评应严格按照考评程序进行，根据明确规定的考评标准，客观评价，并且考核过程应以看得到的方式向员工明示。虽然有的用人单位制定了考评规则，但没有严格按照考评程序进行考核，则视为其放弃了对员工的考核管理权。

三是考核结果是否透明。用人单位应当将考核标准、考核结果向员工明示，并且赋予员工一定的异议权，允许其在一定期限内就考核结果提出异议并说明理由。如考核结果缺乏透明性，得不到员工的认可，则无法对员工发生效力。

在本案中，某网络科技公司分别从业务成绩、业务情况、技术目标、组织目标、提升执行力五个方面对曾某进行了考核，考评的内容是具体的工作内容，考核指标为多个相互独立的指标，且各单项指标均设置了员工自我评估及单项等级栏、上级主管评估及上级主管评定等级栏，评价标准一栏中有各评定等级对应的具体标准，指标科学量化，流程完备严格，故可以认定某网络科技公司以完善的绩效考核方式进行了较为透明、具体化的考核，相关考核结果可以作为是否发放年终绩效奖金以及确定发放金额的依据。

第四节　休息休假管理纠纷

一、带薪年休假的纠纷

带薪年休假的决定和豁免——温某明诉某半导体科技（上海）有限公司劳动争议案

【基本案情】

温某明系某半导体科技（上海）有限公司（以下简称"某半导体公司"）研发测试工程师。2016年11月23日，双方签订《解除劳动合同协议书》，约定双方之间的劳动关系于2017年1月31日解除；工资、奖金、津贴及其他有关福利和补偿的结算日为2017年1月31日。该协议的附件一中载明：温某明的入职时间为2014年12月15日，月基本工资为59 104.83元，未载明未休年休假工资的数额。在附件一的B款中约定，未休假期的补偿数额将由工资系统自动计算，以上所列金额为估算数据，仅供参考。上述协议签订后，温某明即开始进行工作交接。2017年1月11日，某半导体公司通过发送电子邮件、快递的方式通知温某明，截至2017年1月6

日，温某明的剩余年休假（年休假额度计算至 2017 年 1 月 31 日）为 130.191 87 小时，公司要求温某明在 2017 年 1 月 13 日至 1 月 26 日休假，并从剩余法定年休假中扣除。2017 年 1 月 12 日，温某明通过电子邮件回复某半导体公司其拒绝休假。后某半导体公司通过银行转账支付了温某明离职补偿款，其中包含了 50.19 小时的未休年休假工资 17 048.54 元。

2016 年 1 月 11 日，温某明向区劳动人事争议仲裁委员会申请劳动仲裁，要求某半导体公司支付其未休年休假工资。后区仲裁委出具劳人仲字〔2017〕第 4021 号裁决书，裁决驳回温某明的仲裁请求。某半导体公司认可该裁决内容，温某明不服该裁决内容，诉至一审法院，请求判令某半导体公司支付其未休年休假工资 115 623.328 元。

【案件焦点】

某半导体公司是否应当支付温某明剩余 80 个小时的未休年休假工资。

【法院裁判要旨】

区人民法院经审理认为：劳动者的合法权益受法律保护，当事人应当对自己的主张提供证据予以证明。根据查明的事实，温某明、某半导体公司均认可截至 2017 年 1 月 31 日离职日，温某明总计应休年休假的时间为 130.191 87 小时，本院对此不持异议。现温某明主张上述时间均为法定未休年休假，某半导体公司主张其部分为法定假、部分为公司奖励假，但未就此提供确实、有效的证据予以证实，应当承担举证不能的法律后果，故法院采信原告关于 130.191 87 小时均为法定年休假的主张。

根据《企业职工带薪年休假实施办法》第十条第二款的规定，用人单位安排职工休年休假，但是职工因本人原因书面提出不休年休假的，用人单位可以只支付其正常工作期间的工资收入。现某半导体公司为温某明安排了 2017 年 1 月 13 日至 1 月 26 日共计 10 天（80 小时）的年休假，温某明通过电子邮件回复予以拒绝，某半导体公司无须支付温某明该期间的未休年休假工资。对于剩余的未休年休假 50.191 87 小时，某半导体公司仅支付温某明补偿金 17 048.54 元，该数额低于法定的补偿标准，应当予以补足。故针对温某明主张的未休年休假工资的合理部分，法院予以支持，而对于其过高的诉请，由于依据不足，法院未予以支持。

据此，原审法院判决：

（1）某半导体公司于判决生效之日起七日内支付原告温某明未休年休假工资 17 050.1 元；

（2）驳回温某明的其他诉讼请求。

一审判决后，温某明提起上诉，请求改判某半导体公司支付其 80 个小时的未休年休假补偿金 54 345 元，理由为：某半导体公司已按一审判决支付了 50 个小时的未休年休假工资，仍有 80 个小时的未休年休假工资未支付；某半导体公司于温某明提起仲裁申请后强制要求其于 2017 年 1 月 13 日至 1 月 26 日休假（共计 80 小时），温某明通过电子邮件表示不同意并拒绝在休假通知上签字，某半导体公司的做法违反了温某明的个人意愿并给其造成了一定的经济损失。

市第一中级人民法院经审理认为：根据双方的诉辩主张，二审争议焦点为某半导体公司是否应当支付温某明 80 个小时的未休年休假工资。针对该问题，某半导体公司主张其已于 2017 年 1 月 11 日通过电子邮件和快递的方式要求温某明在 2017 年 1 月 13 日至 1 月 26 日休假，上述期间共计 80 个小时，但是温某明通过电子邮件方式予以拒绝。根据相关法律规定，用人单位安排职工休年休假，但职工本人因个人原因书面提出不休年休假的，用人单位可以只支付其正常工作期间的工资收入。温某明上诉要求某半导体公司支付其上述期间的未休年休假工资，依据不足。故依照《中华人民共和国民事诉讼法》第一百七十条第一项的规定，判决维持原判。

【典型意义】

劳动者依法享受与本人工作年限相关的法定带薪年休假，是法律赋予劳动者的休息权。而如何配置决定具体休假时间的权利，则成为带薪年休假法律规制的核心问题。《职工带薪年休假条例》第五条既规定了用人单位在带薪年休假的决定权方面具有极大的主导权，同时又要求用人单位在统筹安排年休假时必须考虑劳动者的意愿，以试图平衡双方的利益，但却导致在实践中用人单位和劳动者极易因此产生争议。本案争议的焦点即为用人单位安排劳动者休年休假，而劳动者书面提出不休年休假，用人单位是否可以豁免支付 300% 未休年休假工资报酬的责任。针对该问题，我们应当从以下三个方面进行考量：

首先，从带薪年休假制度的立法本意来看。带薪年休假制度是保证劳动者在享有基本工作权利的基础之上，同时享有与之相辅相成的休息休假权，从而保障劳动者劳动力的恢复和提高，使劳动者能够以充沛的体力和精力投入新的劳动和工作中，其立法本意在于保护劳动者的休息权。之所以规定用人单位支付 300% 未休年休假工资报酬，只是一种替代和补偿措施，其根本目的仍在于倒逼用人单位切实保护劳动者的休息权。因此，带薪年休假的强制性不仅针对用人单位，而且也是对劳动者而言的，不区分情形地一律强制用人单位支付补偿金将会造成双方的利益失衡，与立法本意亦不相符。

其次，从带薪年休假的性质理解《职工带薪年休假条例》第五条。劳动者的休假权不仅是劳动者的自由，更关系到企业的经营状况，因此，休假权不是纯粹意义上的形成权，用人单位在年休假问题上有一定的决定权。从该条规定的文义看，用人单位只需"考虑"劳动者本人意愿，但无须劳动者同意。也就是说，休年休假是由用人单位主动安排的，是用人单位的强制法定义务，而非必须由劳动者主动提出休年休假申请才实施。即使劳动者没有提出休年休假的申请，用人单位也应当主动安排，而不能视为劳动者自动放弃。从用工实际看，带薪年休假的最终实现，一般有赖于劳动者的主动申请和用人单位的批准，而是否批准劳动者休假则体现了用人单位统筹安排的法定义务和自主经营权利。如果劳动者以积极的明示的方式表示其不休年休假，则属于其考量自身利益后做出的选择，用人单位就没有义务为其另外安排补休或者额外支付工资。

最后，从诱发道德风险的角度理解《企业职工带薪年休假实施办法》第十条的制度设计。劳动者在年休假期间享受与正常工作期间相同的工资收入，而未休年休假则可享受到300%的工资报酬，所以用人单位未安排年休假的用工成本要远高于安排年休假。在实践中，确实存在部分劳动者因个人动机不休年休假的情形，如用人单位安排劳动者休息，劳动者为了3倍的工资报酬或其他目的选择不休假；劳动者提前三十天通知用人单位解除劳动合同，在通知期内，劳动者有机会休年休假，但劳动者未要求休。基于此，用人单位安排劳动者休年休假有防范用工风险和节约用工成本的合理动机。

具体到本案中，劳动者与用人单位达成解除劳动合同的约定后，用人单位有足够的时间安排工作交接以及处理劳动关系存续期间的未尽事宜，劳动者未休年休假即属于未尽事宜范畴，且离职前集中休年休假合理可行。既然用人单位有证据证明其为劳动者主动安排过法定带薪年休假，而劳动者无法休息系其本人原因，并以书面形式提出放弃，那用人单位就可以免除支付应休未休年休假额外工资报酬的责任。

二、医疗期满的纠纷

"医疗期满不能从事用人单位另行安排的工作"的司法认定——秦某诉某有限公司劳动争议案

【基本案情】

1994年5月18日，秦某入职某有限公司工作。2004年6月1日，双方订立了无固定期限劳动合同书，约定秦某在生产部门工作。2014年3月8日，秦某开始休病假，依法享受医疗期24个月。2016年3月7日，秦某的医疗期满。此后，秦某继续向某有限公司申请休病假并提供全休假条，最后一份休假申请表的休假时间为2017年8月3日至2017年8月16日，某有限公司均准予秦某休病假，并继续为秦某支付病假工资。某有限公司在征求其工会意见之后，于2017年8月8日向秦某送达《劳动合同解除告知书》，载明秦某的医疗期于2016年3月7日期满，其由于身体原因（颈椎病）持续休病假至今，不能从事原工作，也不能从事由公司另行安排的工作，因此根据《劳动合同法》第四十条的规定，某有限公司于2017年8月16日与秦某解除劳动关系，终止尚未履行完的劳动合同，并对其进行经济补偿。经核实，秦某离职前12个月的月均工资为1 669元，该数额低于秦某离职时的市最低工资标准1 890元。

秦某向区劳动人事争议仲裁委员会（以下简称"区仲裁委"）提起劳动仲裁，要求某有限公司支付其违法解除劳动合同赔偿金28.2万元。区仲裁委出具劳人仲字〔2017〕第772号裁决书，裁决驳回秦某的仲裁请求。秦某不服该裁决内容，诉至法院。

【案件焦点】

（1）秦某在医疗期满后继续提交全休假条，某有限公司以此认定其无法从事原岗位工作并推定其无法从事用人单位另行安排的工作是否恰当；

（2）某有限公司以秦某在医疗期满后继续提交全休假条为由解除劳动合同是否合法。

【法院裁判要旨】

区人民法院经审理认为：劳动者的合法权益受法律保护；当事人应当对自己的主张提供证据予以证明。用人单位与劳动者解除劳动关系，应当同时具备事实依据与制度依据。请长病假的职工在医疗期满后，能从事原工作的，可以继续履行劳动合同；不能从事原工作的，用人单位应当为其另行安排工作。如果劳动者亦无法从事用人单位另行安排的工作，用人单位可以与其解除劳动合同，并与劳动者协商确定离职待遇。双方对医疗补助费等待遇无法协商一致时，用人单位应当在办理离职手续之前，为劳动者申请劳动能力鉴定，并根据鉴定结果给予劳动者相应的离职待遇。秦某在2016年3月7日医疗期满之后，继续向某有限公司申请病假，某有限公司亦准予其休病假至2017年8月16日。某有限公司未能举证证明其在2017年8月8日作出解除劳动合同决定时，已为秦某另行安排过工作或按照相关规定安排秦某进行了劳动能力鉴定以确定其待遇，某有限公司仅根据秦某提交了病假申请即确认秦某不具备劳动能力、无法从事公司安排的任何工作，在秦某尚处在公司批准的病假期间，直接作出解除劳动关系的决定，缺乏事实与法律依据，系违法解除，某有限公司应当支付秦某违法解除劳动关系的赔偿金，对秦某主张的违法解除劳动关系赔偿金的合理部分，法院予以支持，对于其过高的诉请，依据不足，不予支持。

区人民法院依据《劳动合同法》第四十七条、第八十七条，《中华人民共和国民事诉讼法》第六十四条之规定，判决如下：

（1）某有限公司于本判决生效之日起七日内支付秦某违法解除劳动关系赔偿金88 830元；

（2）驳回秦某的其他诉讼请求。

二审法院同意一审法院裁判意见。

【典型意义】

医疗期是指职工因患病或非因工负伤停止工作治病休息不得解除劳动合同的时限。《关于贯彻执行〈中华人民共和国劳动法〉若干问题的意见》第三十五条规定，请长病假的职工在医疗期满后，能从事原工作的，可以继续履行劳动合同；医疗期满后仍不能从事原工作也不能从事由单位另行安排的工作的，由劳动鉴定委员会参照工伤与职业病致残程度鉴定标准进行劳动能力鉴定。劳动者劳动能力被鉴定为一至四级的，应当退出劳动岗位，解除劳动关系，办理因病或非因工负伤退休退职手续，享受相应的退休退职待遇；被鉴定为五至十级的，用人单位可以解除劳动合同，并按规定支付经济补偿金和医疗补助费。根据《劳动合同法》第四十条、第四十六条之规定，劳动者患病或者非因工负伤，在规定的医疗期满后不能从事原工作，也不能从事用人单位另行安排工作的，用人单位提前三十日以书面形式通知劳动者本人或者额外支付劳动者一个月工资后，可以解除劳动合同，应向劳动者支付经济补偿金。

劳动者因患病或非因公负伤，医疗期满后不能从事原工作时，用人单位的正确处理方式应当是先根据劳动者的身体状况给劳动者另行安排工作岗位；如劳动者仍无法从事用人单位另行安排的工作，劳动者应当配合用人单位进行劳动能力鉴定。

近年来，司法实践中用人单位以"劳动者患病或者非因工负伤，在规定的医疗期满后不能从事原工作，也不能从事用人单位另行安排的工作"为由解除劳动合同引发纠纷的案件时有发生。相关案件争议焦点集中在"不能从事用人单位另行安排的工作"的认定标准上。劳动者主张用人单位不存在"另行安排工作"这一行为即解除劳动关系，系违法解除。用人单位的抗辩意见为：劳动者医疗期满后继续提交全休假条的行为等于不能出勤，根本无法提供劳动，更遑论另行安排工作。通过对大量案件的审理过程进行统计分析发现，劳动者在医疗期满后继续提交假条的主观动因往往是身体状况尚无法从事原岗位工作，医院是否为劳动者继续出具假条往往也会将劳动者的工作内容及工作强度作为重要考量因素。如果是肌肉损伤，医生会给体力劳动者出具假条，而不一定会给脑力劳动者出具假条；在颈腰椎疾病非急性发作期间，医生往往会偏向于为工作需久低头、久坐的劳动者出具假条。因此，不能因劳动者存在医疗期满后继续提交假条的行为直接推定劳动者必然不能从事用人单位另行安排的工作，用人单位在不另行安排工作的情况下径行解除劳动合同一般应认定为违法解除。当然，相关案件审理过程中还应针对具体问题进行具体分析，如果劳动者在医疗期满后还处于住院阶段，根本无法出勤，此时以用人单位未为劳动者另行安排工作为由，认定用人单位违法解除劳动合同，则属矫枉过正，用人单位应及时联系劳动者做劳动能力鉴定，再根据鉴定结果做出相应处理。

第五节　社保及工伤纠纷

一、工伤保险基金报销范围外的费用承担纠纷

用人单位应承担工伤保险基金报销范围外的医疗费、合理的护理费——杨某诉某电梯公司劳动争议案

【基本案情】

某电梯公司为其职工杨某缴纳了医疗保险及工伤保险,并购买了一款商业医疗保险。2007年7月13日,杨某因工受伤,2008年5月7日被认定构成工伤。2009年11月27日,杨某经鉴定已达到职工工伤与职业病致残等级标准一级,护理依赖程度为完全护理依赖。2009年12月23日,社保中心对杨某核准工伤待遇,确认伤残津贴及护理费给付起始日期为2009年12月。杨某通过商业保险及社会保险(医疗保险及工伤保险)报销了部分医疗费用、护理费用。某电梯公司在杨某的救治过程中,给予其700 607元的经济援助。杨某起诉要求某电梯公司支付其保险未予报销的医疗费用、护理费用等合计220余万元。

【案件焦点】

用人单位是否应承担工伤保险基金报销范围外的医疗费用、合理的护理费用。

【法院裁判要旨】

区人民法院经审理认为:本案争议焦点为某电梯公司是否应当负担杨某工伤保险基金报销范围外的医疗费用、护理费用。当前法律法规未对此作直接明确的规定,应依据工伤保险立法精神、相关法律、司法解释以及法理进行综合、体系考量。

工伤保险基金报销范围外的医疗费用,应由用人单位负担。理由如下:首先,工伤保险制度制定的首要目的是及时救治、补偿工伤职工,同时分散用人单位的工伤风险,但分散风险并不代表免除全部损害赔偿责任。其次,立法对劳动者在工伤保险外主张民事赔偿的权利持肯定态度。再次,先在程序上主张工伤保险责任这一规定,并未否定劳动者就其他损失向用人单位主张赔偿的实体权利。最后,法律对劳动者的保护力度不应小于对雇员的保护力度,否则有悖法律体系的内在逻辑,也有悖公平。与医疗费用同理,职工因工伤事故导致生活不能自理,接受护理、使用呼吸机等辅助器具属维持生命所需,是基本人权的体现。故工伤保险基金报销范围外合理的护理费用、辅助器具费用应由用人单位负担。

区人民法院依照《中华人民共和国侵权责任法》第三十五条,《中华人民共和国职业病防治法》第五十九条,《中华人民共和国安全生产法(2014年修正)》第五十三条,《工伤保险条例》第一条、第十七条、第三十三条、第三十五条,《最高人民法院关于审理人身损害赔偿案件适用法律若干问题的解释》(法释〔2003〕20号)第十一条、第十二条之规定,判决如下:

(1)某电梯公司于本判决生效之日起三日内支付杨某2007年7月13日至2015年12月31日社会保险及商业保险未予报销的医疗费用(含辅助器具费)共计110万元;

(2)某电梯公司于本判决生效之日起三日内支付杨某2010年1月1日至2016年4月25日社会保险未予报销的护理费用共计42万元;

(3)驳回杨某的其他诉讼请求。

二审法院同意一审法院裁判意见。

【典型意义】

《工伤保险条例》第三十条第三款规定，治疗工伤所需费用符合工伤保险诊疗项目目录、工伤保险药品目录、工伤保险住院服务标准的，从工伤保险基金支付。至于超出上述目录和标准、不由工伤保险基金支付的医疗费用，由用人单位还是工伤职工负担，当前法律法规未作直接明确的规定，应依据工伤保险立法精神、相关法律、司法解释以及法理进行综合、体系考量。具体分析如下：

首先，从立法目的来看，工伤保险制度制定的首要目的在于及时救治、补偿工伤职工，同时通过社会化负担方式分散用人单位的工伤风险，但分散风险并不代表免除用人单位的全部损害赔偿责任。《工伤保险条例》也没有规定用人单位对工伤保险基金不予支付的部分免除赔偿责任。《工伤保险条例》是有关权利保障的行政法规，在行政法规本身规定不明确的条件下，应尽可能朝着有利于保障劳动者利益的角度进行理解。从保护处于弱势地位的劳动者以及工伤救治客观需要来考虑，该部分费用由工伤职工负担有违公平；而用人单位作为危险源的开启者、最有能力的危险源控制者和生产活动的受益者，对劳动者负有安全保障义务，该部分费用由用人单位负担更为合理。

其次，从请求权的角度来看，民法和劳动法各自从人身损害和社会保险的角度对工伤事故加以规范，不可避免地使工伤事故具有民事侵权赔偿和社会保险赔偿双重性质。不同国家对此有不同的救济模式，包括取代救济模式、双重救济模式、补充救济模式。依据《最高人民法院关于审理人身损害赔偿案件适用法律若干问题的解释》第十一条规定，雇员在从事雇佣活动中遭受人身损害，雇主应当承担赔偿责任；属于工伤保险范围的不适用本条规定，但该条款并未规定雇员在工伤保险范围外的损失排除由雇主承担。第十二条规定，依法应当参加工伤保险统筹的用人单位的劳动者，因工伤事故遭受人身损害，劳动者或者其近亲属向人民法院起诉请求用人单位承担民事赔偿责任的，告知其按《工伤保险条例》的规定处理。该条款也没有排除劳动者就工伤保险基金以外的费用向用人单位主张赔偿的实体权利。

再次，从现行法律规定来看，《中华人民共和国职业病防治法》第五十八条规定，职业病病人除依法享有工伤保险外，依照有关民事法律，尚有获得赔偿的权利的，有权向用人单位提出赔偿要求。《中华人民共和国安全生产法（2014年修正）》第五十三条规定，因生产安全事故受到损害的从业人员，除依法享有工伤保险外，依照有关民事法律尚有获得赔偿的权利的，有权向本单位提出赔偿要求。从上述规定可以看出，在适用工伤保险赔偿之外，存在劳动者向用人单位主张民事侵权赔偿的情形。

然后，对于工伤保险基金不予支付的部分，由用人单位实际负担更符合法律规定的内在逻辑与规范精神。如前所述，《最高人民法院关于审理人身损害赔偿案件适用法律若干问题的解释》第十一条规定了雇主无过错赔偿责任。而对于劳动者的保护而言，若以工伤保险基金完全排除用人单位的人身损害赔偿责任，则会导致工伤保险基金不予支付的部分只能由劳动者自行承担，既违反法律体系的内在逻辑，也会对受害人或者家属有所不公。

最后，根据"举重以明轻"的法理分析，《中华人民共和国侵权责任法》第三十五条规定，个人之间形成劳务关系，提供劳务一方因劳务造成他人损害的，由接受劳务一方承担侵权责任。提供劳务一方因劳务自己受到损害的，根据双方各自的过错承担相应的责任。举重以明轻，法律对劳动关系中劳动者的保护力度应不小于对劳动关系中雇员的保护力度。《工伤保险条例》第三十三条关于用人单位应支付劳动者停工留薪期的工资福利待遇的规定，即说明用人单位在工伤保险基金支出范围外，仍应负担劳动者的部分工伤待遇。且停工留薪期待遇属于职工因暂停工作而发生的可得利益损失，属间接损失；工伤医疗费是职工因接受医疗而遭受的既有利益损失，属直接损失。举重以明轻，间接损失尚且获赔，直接损失更应获赔。

综上所述，由用人单位实际负担工伤保险基金不予支付的部分，既分散了用人单位的风险，减轻了用人单位的负担，又避免受害人获得双份利益，保证受害人得到完全赔偿。工伤保险基金报销范围外的医疗费，应由用人单位按无过错原则负担。同理，工伤职工生活不能自理，接受护理是其基本人身权利的体现，呼吸机、咳痰机等辅助器具属维持生命所需，也与工伤事故存在相当的因果关系，故工伤保险基金报销范围外合理的护理费用、工伤辅助器具费用亦应由用人单位负担。

二、私了协议与工伤待遇的纠纷

私了协议是否对工伤待遇有效——某停车场管理有限责任公司诉王某虎劳动争议案

【基本案情】

被告于 2013 年 6 月 5 日入职原告，担任保安职务，月工资 2 200 元；被告主张其于 2013 年 11 月 9 日在送餐时摔伤，双方于 2015 年 3 月 30 日签订《协议书》，约定：原告一次性给付被告 4 800 元，被告明确知道根据《劳动法》与《劳动合同法》等相关法律规定可以得到更多补偿，但本人自愿放弃并承诺与原告无任何劳动关系及工资、补偿金、赔偿金等相关争议。2015 年 6 月 5 日，区人力资源和社会保障局作出《认定工伤决定书》，认定其为工伤，受伤部位为：腰二椎体爆裂骨折、右肩胛骨骨折；2015 年 7 月 28 日，区劳动能力鉴定委员会作出《劳动能力鉴定、确认结论通知书》，根据其受伤情况确认其达到职工工伤与职业病致残等级标准八级，并下发"工伤证"。经核准，被告一次性伤残补助金为 34 474 元、一次性医疗补助金为 58 167 元。原告未为被告缴纳工伤保险。2015 年 9 月 28 日，被告以原告未缴纳社保、拖欠工资为由提出解除劳动关系。

被告就本案劳动争议向区劳动人事争议仲裁委员会（以下简称"区仲裁委"）提出仲裁申请，要求原告支付相关工伤待遇费用，区仲裁委作出仲裁裁决，支持被告的请求。原告不服该仲裁裁决，诉至法院，认为在被告发生工伤后，双方已达成协议，原告已支付给被告4 800元作为劳动关系终止的补偿，被告也予以认可，并承诺了与原告再无任何争议，双方对协议结果都予以签字认定，双方的劳动争议也已经得到了解决，所以不应该支付被告工伤待遇费用，其向法院提出诉讼请求：①不支付被告2013年11月10日至2014年5月8日停工留薪期工资13 098.85元；②不支付被告一次性伤残补助金34 474元、一次性工伤医疗补助金58 167元、一次性伤残就业补助金58 167元。

【案件焦点】

用人单位和劳动者在发生工伤后签订私了协议，该协议是否有效。

【法院裁判要旨】

区人民法院经审理认为：双方就仲裁裁决的劳动关系存续期间均无异议，法院予以确认。虽然双方就无争议问题签订了《协议书》，但该协议书签订的日期为2015年3月30日，而被告的工伤认定发生于2015年6月5日，晚于上述协议书的签订时间，故已支付的补偿不应包括被告应享受的工伤待遇，故原告应向被告支付6个月的停工留薪期工资、一次性伤残补助金、一次性工伤医疗补助金、一次性伤残就业补助金。仲裁裁决计算数额符合法律规定，法院予以确认。

依照《中华人民共和国劳动争议调解仲裁法》第六条，《工伤保险条例》第三十三条之规定，判决如下：

（1）确认原告某停车场管理有限责任公司与被告王某虎于2014年3月26日至2015年3月30日期间存在劳动关系；

（2）原告某停车场管理有限责任公司于本判决生效之日起三日内给付被告王某虎2013年11月10日至2014年5月8日停工留薪期工资13 098.85元；

（3）原告某停车场管理有限责任公司于本判决生效之日起三日内给付被告王某虎一次性伤残补助金34 474元、一次性工伤医疗补助金58 167元、一次性伤残就业补助金58 167元；

（4）驳回原告某停车场管理有限责任公司区分公司的诉讼请求。

判决书送达后，原告不服，上诉至市第三中级人民法院。二审期间，原告撤回上诉。

【典型意义】

劳动者在发生工伤后，部分用人单位为了杜绝"后顾之忧"，私下和劳动者签订协议，试图一次性解决双方已经产生或将会产生的纠纷，意欲涵盖所有基于劳动关系产生的纠纷。这种私了协议的赔偿数额往往比《工伤保险条例》所确定的工伤赔偿数额低，因而不可避免地会引发纠纷。

一方面，《劳动法》第五十七条规定，县级以上各级人民政府劳动行政部门、有关部门和用人单位应当依法对劳动者在劳动过程中发生的伤亡事故和劳动者的职业病状况进行统计、报告和处理。由于工伤的认定和工伤赔偿是国家强制执行的范围，须通过劳动保障部门来处理，因此私了协议在一定程度上破坏了国家关于伤亡事故报告和处理的制度，从这个角度看似乎协议应该为无效。另一方面，《劳动法》第七十七条规定："用人单位与劳动者发生劳动争议，当事人可以依法申请调解、仲裁、提起诉讼，也可以协商解决。"《工伤保险条例》第五十四条规定："职工与用人单位发生工伤待遇方面的争议，按照处理劳动争议的有关规定处理。"从这个角度理解，裁决一定程度上应该尊重用人单位和劳动者的自主合意，那么协议也有可能是有效的。在司法实践中，不应该"一刀切"来认定双方的协议对于工伤待遇是否有效或者无效，应该具体进行审查，在审判过程中应该注意把握以下几点：

（1）工伤发生后，用人单位是否向劳动保障部门申报认定工伤。若用人单位并未给劳动者申报认定工伤，而以协议的方式笼统地一次性解决双方的纠纷，一方面逃脱了劳动监管部门的监管，另一方面也损害了劳动者的健康权利，很容易造成劳动者在对工伤待遇相关数额并不知情的情况下签订协议。因此，若在工伤认定前就签订了协议的，一般应认定该协议无效。

（2）双方签订协议的数额是否明显低于法定的工伤待遇标准。若用人单位与劳动者签订的协议约定的赔偿金额明显低于法定的工伤待遇标准，应当认定该协议无效，用人单位应该按照法定的工伤待遇标准支付劳动者赔偿。

（3）协议是否有具体的条款约定。若协议已经具体明确约定款项中包含劳动者的工伤待遇，并且数额没有明显低于法定的工伤待遇标准时，在向劳动者充分释明后，即便未先经过工伤认定，该协议也应认定有效。原因在于，工伤赔偿程序周期较长，社会资源也在一定程度上被占用了，使得劳动者可能不能及时得到赔偿和救助。因此，合理合法的协议约定在一定程度上可以及时维护劳动者权益，这种情况下签订的协议应该认定为有效。

具体到本案中，首先，劳动者和用人单位的协议签订是在工伤认定之前，劳动者在一定程度上对自己的工伤待遇标准处于不知情的状态；其次，该协议约定款项为 4 800 元，远远低于劳动者应当获得的工伤待遇赔偿金额；最后，用人单位并未为劳动者缴纳工伤保险。因此，双方签订的协议应当是无效的，用人单位应当按照核定的工伤待遇标准支付给劳动者应享有的工伤待遇赔偿。

综上所述，在审理此类案件时，应当把握法律强制性规定和双方自主合意的统一协调，同时还应考虑到当事人的救济效率最大化、社会资源占用最小化的实现。

第六节 规章制度下的纠纷

一、外包员工遵守公司规章制度的争议

外包员工遵守公司规章制度的范围是否包括服务单位？——廖某诉某国有企业、人力资源公司劳动争议案

【基本案情】

2011年2月，原告廖某与人力资源公司建立劳动关系，并签订《劳动合同》。原告于2013年2月入职被告人力资源公司，并被派遣至第三人某国有企业从事销售与客户服务工作，自2018年8月起，原告因腰疼加剧，向第三人下属的某区分公司领导廖某某请假。廖某某同意原告请假但要求原告必须履行请假手续。而后原告委托同事在国有企业公司系统多次提起病假流程并提交了相应的请假佐证材料。2018年10月8日起，原告继续休假但未向被告人力资源公司或第三人服务单位即某国有企业履行请假手续。2018年10月11日，原告委托同事在国有企业公司系统提起了病假流程，补请2018年10月8日至2018年10月14日的病假，该流程最终未通过。

被告人力资源公司于2018年10月15日依据原、被告签订的《劳动合同》约定条款"若原告未经书面请假，无正当理由擅自不到被告或其指定的地点待岗，视为旷工，连续旷工达5日，视为严重违反被告规章制度，被告有权单方终止劳动合同并无须支付经济补偿金"，同原告解除劳动合同并作出《关于解除员工廖某同志劳动合同的决定》，该决定载明：员工廖某被安排到某国有企业从事销售与客户服务工作。现因连续旷工六天，于2018年10月15日解除与员工廖某的劳动合同。

本案的争议焦点：一是旷工事实的认定，即原告在2018年10月8日至10月14日期间未到岗上班是否应属于旷工；二是在属于旷工事实认定的基本判断上，外包员工是否应该遵循服务单位的具体规章制度。虽然用人单位规定"员工连续旷工5日可以与其解除劳动关系"，但实际具体的考勤打卡及请假制度却是参考的服务单位的考勤制度。在本判例中，法院的裁判观点如下：从价值判断看，对于用人单位依法制定的合理的规章制度，劳动者应当遵守……纵使原告抗辩对《员工管理手册》内容不知晓为真，但劳动者有遵守劳动纪律的基本义务，请假需经用人单位审批而非单纯履行事后告知义务应为普通劳动者的普遍认知。如鼓励劳动者采用事后告知的方式向用人单位申请病假，将使用人单位陷入无法判断劳动者不到岗行为是否属于旷工的困境。且在员工廖某提出其生病需要请假时，公司负责人也明确告知

其应该按照流程办理。综上所述，员工廖某提交的证据不能证明其按照规定向人力资源公司履行了请假手续并经人力资源公司同意，故员工廖某 2018 年 10 月 8 日至 10 月 14 日未到岗确属于旷工。其实在逻辑上法院已直接认为外包员工考勤打卡应遵守服务单位的管理制度，虽然此观点对人力资源公司有利，但需注意的是，在司法实践中，也不乏法院认为用人单位不能依据服务单位的规章制度与员工解除劳动关系。这里需要注意的重点是人力资源公司使用服务单位的规章制度管理员工的范围，是同本案例一样仅仅涉及日常管理制度，还是囊括了所有制度，如薪酬制度、岗位调整制度、考勤管理制度等，甚至包括解除劳动关系这样关乎劳动者切身利益的制度。

通过本案例分析可知，无论外包员工遵守公司规章制度的范围是大或小，最合理的降低诉讼风险的方法是将外包项目中服务单位常用的规章制度具体化，经过合法程序内化为用人单位自己的规章制度，并在和不同岗位的员工签订劳动合同时将具体岗位需要遵守的规章制度在劳动合同内进行明确约定，并以明显方式提请劳动者注意并确认（避免格式条款给用人单位带来风险），以期为人力资源公司最大程度地降低诉讼经济成本。

从劳务派遣和业务外包的角度来说，如果本案件不是在业务外包项下，而是从属于劳务派遣，则对该案件的定性走向则会十分明朗。因为在劳务派遣业务中，基于员工和用人单位之间隶属关系的紧密性，毫无争议，员工是一定要遵守用人单位的规章制度的，用人单位可以依据员工违反了本公司的规章制度，对派遣员工进行相应的处理，如退回派遣公司等。在此种情况下，人力资源公司只需要制定好劳务派遣退回员工相关的规章制度，则可以最低风险地对派遣员工进行相应的处理，如解除劳动关系等。

二、缺少规章制度明确规定时的争议

一定条件下用人单位可在缺少规章制度明确规定时与劳动者解除劳动合同——某医院诉高某劳动争议案

【基本案情】

高某在某医院担任电工、制冷岗位工作。2018 年 9 月，某医院以高某严重违反规章制度为由与高某解除劳动合同。

某医院称其单位规定中央空调配电室严禁非该部门的人员进入，严禁使用小家电等家用电器，而高某违反规定安排其妻子住在该处并使用小家电的行为，严重威胁了医患人员的生命安全，某医院提交了"中央空调配电室照片"和"检讨书"作为证据。"中央空调配电室照片"显示，配电室悬挂了《中央空调配电室安全防火制度》，该制度第 2 条为"机房及配电室内非工作人员不得入内，未经批准，现场不得使用明火",第 5 条为"不准私自使用电炉、酒精炉及小家电"。高某所写"检讨书"亦载明:医院明文规定不得带非工作人员进入配电室,不得私自使用电炉、小家电。但我前几天带媳妇儿、孩子进入配电室,并住在值班室。且配电室和值班室有小家电使用,结果导致违反医院规章制度……

高某则主张某医院并未就解除劳动合同的情形进行规定,亦未向其送达相关的规章制度,故某医院解除劳动合同的行为属于违法解除,应支付其违法解除劳动合同的经济赔偿金。且高某主张其存在未休年假、休息日加班及法定节假日加班的情况,但某医院未支付其未休年休假工资及加班工资。故高某请求法院确认双方在 2005 年 9 月 5 日至 2018 年 10 月 8 日期间存在劳动关系;判决某医院支付其违法解除劳动合同赔偿金、2005 年 9 月 5 日至 2018 年 10 月 8 日未休年假工资、休息日加班工资、法定节假日加班工资;支付其 2018 年 9 月 1 日至 2018 年 9 月 30 日的生活费。

【案件焦点】

用人单位规章制度未作明确约定时,如劳动者存在严重违反劳动纪律或职业道德的行为,用人单位与劳动者解除劳动合同的行为是否构成违法解除。

【法院裁判要旨】

区人民法院经审理认为:双方所签订的劳动合同已明确高某于 2005 年 9 月 5 日入职某医院,故对于高某所称 2005 年 9 月 5 日入职的主张予以采信。关于劳动合同的解除时间,高某认可 2018 年 10 月 8 日某医院口头通知其解除劳动合同,而某医院不能证明其于 2018 年 9 月 18 日通知了高某解除劳动合同,故认定双方于 2018 年 10 月 8 日解除劳动合同。

关于违法解除劳动合同的赔偿金。某医院以高某严重违反规章制度为由,与其解除劳动合同,但从某医院的规章制度来看,高某的行为不属于解除劳动合同的情形。故高某主张某医院支付其违法解除劳动合同赔偿金,法院应予以支持。

关于未休年休假工资。根据高某的入职时间,其从 2016 年起应按每年 10 天休假的标准休年休假,经核算,其 2016 年度、2017 年度均应休年休假 10 天,2018 年 1 月 1 日至 2018 年 10 月 8 日应休年休假 7 天。高某主张 2005 年至 2015 年未休年休假,应承担举证责任,其不能证明上述期间未休年假,法院对其该项主张不予支持。某医院未提交证据证明高某在 2016 年 1 月 1 日至 2018 年 10 月 8 日已休年休假,应承担举证不能的不利后果。依据《职工带薪年休假条例》第五条之规定,某医院应向高某支付 2016 年 1 月 1 日至 2018 年 10 月 8 日未休年假工资 15 233.1 元。

关于加班工资。劳动者主张加班费的,应当就加班事实的存在承担举证责任。高某提交的证据不能证明其主张的加班事实,法院对其该项主张不予支持。

关于生活费。在某医院出示的电话录音中,高某表示某医院在 2018 年 9 月将其停职,之后其仍前往单位,只是没有正常履行工作职责,其他对话内容也不能证明高某在 9 月未出勤，且某医院未出具其他证据证明高某在 2018 年 9 月的出勤情况，故对于高某所称 2018 年 9 月 1 日至 2018 年 9 月 30 日正常出勤的情况予以采信，故高某主张某医院支付其 2018 年 9 月 1 日至 2018 年 9 月 30 日的生活费 4 294.88 元，法院应予支持。

区人民法院依照《劳动合同法》第三十条、第四十六条、第四十七条，《中华人民共和国劳动争议调解仲裁法》第二十七条，《职工带薪年休假条例》第五条之规定，判决如下：

（1）确认高某与某医院在 2005 年 9 月 5 日至 2018 年 10 月 8 日期间存在劳动关系；

（2）自本判决生效之日起七日内，某医院向高某支付违法解除劳动合同赔偿金 165 659.9 元；

（3）自本判决生效之日起七日内，某医院支付高某 2016 年 1 月 1 日至 2018 年 10 月 8 日的未休年假工资 15 233.1 元；

（4）自本判决生效之日起七日内，某医院支付高某 2018 年 9 月 1 日至 2018 年 9 月 30 日的生活费 4 294.88 元；

（5）驳回高某的其他诉讼请求。

某医院不服一审判决，提出上诉。市第二中级人民法院经审理认为：关于劳动关系存续时间、未休年休假工资、加班工资、生活费四项，二审法院同意一审法院裁判意见。

关于违法解除劳动合同经济赔偿金，《劳动合同法》第三十九条第二款规定，严重违反用人单位的规章制度的，用人单位可以解除劳动合同。本案中，某医院以高某严重违反规章制度为由，与其解除劳动合同，并提供了照片、高某出具的检讨书以及高某与某医院人事科科长付某的电话录音等予以佐证。照片显示，配电室墙壁上悬挂有《中央空调配电室安全防火制度》，制度规定机房及配电室内非工作人员不得入内，不准私自使用电炉、酒精炉及小家电。另有照片显示，配电室桌子上堆放有炒锅、碗碟，墙壁上有油烟污渍。结合高某本人出具的检讨书和电话录音内容，高某存在带妻子、孩子进入配电室，并在配电室使用小家电的情况。配电室是某医院的特殊场所，其消防安全事关某医院全体医患的生命财产安全。严格遵守配电室安全防火制度、维护配电室正常运转是高某的基本职责。如果放任其在该场所内漠视消防安全和火灾隐患，将可能对某医院的全体职工及就医病人等社会公众的生命安全产生巨大威胁，因此某医院严格要求高某遵守最基本的劳动纪律并无不当。高某在明知上述安全防火制度的情况下，仍将妻子、孩子带入配电室，并在配电室使用小家电，严重违反了用人单位的规章制度，亦违背了该岗位劳动者应当遵守的最基本劳动纪律。《劳动法》第三条第二款规定，劳动者应当完成劳动任务，提高职业技能，执行劳动安全卫生规程，遵守劳动纪律和职业道德。遵守劳动纪律和职业道德是对劳动者最基本的职业要求，即便在规章制度未作出明确规定、劳动合同亦未明确约定的情况下，如劳动者存在严重违反劳动纪律或职业道德的行为，用人单位亦可以依据《劳动法》的规定与劳动者解除劳动合同，故某医院与高某解除劳动合同的行为符合《劳动法》第三条第二款及《劳动合同法》第三十九条第二项之规定，并不构成违法解除。一审法院对此认定不当，予以纠正。

市第二中级人民法院依照《中华人民共和国民事诉讼法（2017年修正）》第一百七十条第一款第二项之规定，判决如下：

（1）维持一审判决第（1）项、第（3）项、第（4）项；

（2）撤销一审判决第（2）项、第（5）项；

（3）某医院无须支付高某违法解除劳动合同赔偿金165 659.9元；

（4）驳回高某的其他诉讼请求；

（5）驳回某医院的其他诉讼请求。

【典型意义】

一般而言，用人单位因劳动者严重违反规章制度而解除劳动合同，符合实体条件及法定程序的，才属于合法解除，否则即构成违法解除。实体条件是指劳动者存在违纪事实，且该事实属于用人单位规章制度规定的解除劳动合同的情形。法定程序是指用人单位的规章制度需经民主程序制定，并符合法律规定，且需向劳动者送达或公示；在解除劳动合同前应征求工会（如有）意见。

但值得注意的是，《劳动法》第三条第二款规定：劳动者应当完成劳动任务，提高职业技能，执行劳动安全卫生规程，遵守劳动纪律和职业道德。遵守劳动纪律和职业道德是对劳动者最基本的职业要求，即便在规章制度未作出明确规定、劳动合同亦未明确约定的情况下，如劳动者存在严重违反劳动纪律或职业道德的行为，用人单位亦可以依据《劳动法》的规定与劳动者解除劳动合同，不构成违法解除。

本案中，一审及二审法院在认定用人单位是否构成违法解除的焦点问题上，产生了不同的判断，由此产生了不同的判决结果。一审法院从用人单位与劳动者解除劳动关系的实体条件及法定程序出发，基于某医院没有证据证明高某的行为属于规章制度规定的解除劳动合同的情形，作出了某医院构成违法解除的认定。上述裁判思路忽视了对劳动者行为的考量，即劳动者违规行为的严重程度及潜在危害，以及劳动者的行为是否存在原则性错误等。正如二审法院裁判理由部分所论述的，高某所处的电工岗位，负责全院配电用电工作。其在配电室使用小家电的行为，原则性地违背了其岗位赋予他的"维护用电设备，保障医患安全"的劳动纪律与职业道德。因此，二审法院改判认定某医院不构成违法解除劳动合同的事实。

其实，如何有效平衡用人单位与劳动者的权利与义务关系，一直是劳动法的核心问题。一直以来，用人单位都被认为处于两者关系中的强势一方，因此立法者在制定法律条文的过程中，为劳动者提供了倾斜性的保护措施，如未签订劳动合同的双倍工资、违法解除劳动合同的经济赔偿金等。在实务中，用人单位与劳动者就是否构成违法解除经常产生争议。如前所述，用人单位与劳动者解除劳动合同，应遵循实体与程序要求，否则即构成违法解除，并应支付违法解除劳动合同经济赔偿金。法律为用人单位设置较为严格的解除条件，主要是避免用人单位随意辞退劳动者，增加劳动关系的不稳定性，并为劳动者争取寻找新用人单位的周转时间。但是，劳动法并不是劳动者的"金钟罩""铁布衫"。劳动者只有在遵守劳动法律法规的前提下，才能受到劳动法的保护。其中，劳动者应遵守的最基本的原则就是遵守劳动纪律、恪守职业道德。只有当用人单位和劳动者都遵守劳动法律法规的规定，才能够实现劳动关系的和谐稳定。

第七章 离职环节典型案例

一、劳动合同无效的纠纷

劳动者提供虚假学历证书是否导致劳动合同无效——赵某诉某网络公司劳动争议一案

【基本案情】

2018年6月,某网络公司发布招聘启事,招聘计算机工程专业大学本科以上学历的网络技术人员1名。赵某为销售专业大专学历,但其向该网络公司提交了计算机工程专业大学本科学历的学历证书、个人履历等材料。后赵某与某网络公司签订了劳动合同,进入公司从事网络技术工作。2018年9月初,某网络公司偶然获悉赵某的实际学历为大专,并向赵某询问。赵某承认自己为应聘而提供虚假学历证书、个人履历的事实。某网络公司认为,赵某提供虚假学历证书、个人履历属欺诈行为,严重违背诚实信用原则,因此根据《劳动合同法》第二十六条、第三十九条之规定,解除了与赵某的劳动合同。赵某不服,向劳动人事争议仲裁委员会(以下简称"仲裁委员会")申请仲裁。

【当事人请求】

裁决某网络公司继续履行劳动合同。

【处理结果】

仲裁委员会裁决驳回赵某的仲裁请求。

【案例分析】

本案的争议焦点是赵某提供虚假学历证书、个人履历是否导致劳动合同无效。

《劳动合同法》第八条规定:"用人单位招用劳动者时,应当如实告知劳动者工作内容、工作条件、工作地点、职业危害、安全生产状况、劳动报酬,以及劳动者要求了解的其他情况;用人单位有权了解劳动者与劳动合同直接相关的基本情况,劳动者应当如实说明。"第二十六条第一款规定:"下列劳动合同无效或者部分无效:以欺诈、胁迫的手段或者乘人之危,使对方在违背真实意思的情况下订立或者变更劳动合同的……"第三十九条规定："劳动者有下列情形之一的，用人单位可以解除劳动合同……因本法第二十六条第一款第一项规定的情形致使劳动合同无效的……"从上述条款可知，劳动合同是用人单位与劳动者之间协商一致达成的协议，相关信息对于双方是否签订劳动合同、建立劳动关系的真实意思表示具有重要影响。《劳动合同法》第八条既规定了用人单位的告知义务，也规定了劳动者的告知义务。如果劳动者违反诚实信用原则，隐瞒或者虚构与劳动合同直接相关的基本情况，根据《劳动合同法》第二十六条第一款之规定，属于劳动合同无效或部分无效的情形。用人单位可以根据《劳动合同法》第三十九条之规定，解除劳动合同并不支付经济补偿金。此外，应当注意的是，《劳动合同法》第八条"劳动者应当如实说明"应仅限于"与劳动合同直接相关的基本情况"，如履行劳动合同所必需的知识技能、学历、学位、职业资格、工作经历等，用人单位无权要求劳动者提供婚姻状况、生育情况等涉及个人隐私的信息，也即不能任意扩大用人单位知情权及劳动者告知义务的外延。

在本案中，"计算机工程专业""大学本科学历"等情况与某网络公司招聘的网络技术人员的岗位职责、工作完成效果有密切关联性，属于"与劳动合同直接相关的基本情况"。赵某在应聘时故意提供虚假学历证书、个人履历，致使某网络公司在违背真实意思的情况下与其签订了劳动合同。因此，根据《劳动合同法》第二十六条第一款之规定，双方签订的劳动合同无效。某网络公司根据《劳动合同法》第三十九条第五项之规定，解除与赵某的劳动合同符合法律规定，故依法驳回赵某的仲裁请求。

【典型意义】

《劳动合同法》第三条规定："订立劳动合同，应当遵循合法、公平、平等自愿、协商一致、诚实信用的原则。"第二十六条规定，以欺诈、胁迫的手段或者乘人之危，使对方在违背真实意思的情况下订立或者变更劳动合同的，劳动合同无效或部分无效；第三十九条有关以欺诈手段订立的劳动合同无效、可以单方解除的规定，进一步体现了诚实信用原则。诚实信用既是《劳动合同法》的基本原则之一，也是社会基本道德之一。用人单位与劳动者订立劳动合同时都必须遵循诚实信用原则，以建立合法、诚信、和谐的劳动关系。

二、劳动关系解除的合法性审查

用人单位向劳动者发出的解除劳动关系通知的内容为劳动关系合法性认定的依据——孙某诉淮安某人力资源公司劳动争议一案

【基本案情】

2016年7月1日，孙某（乙方）与淮安某人力资源公司（以下简称"西区公司")（甲方）签订劳动合同，合同约定：劳动合同期限为 2016 年 7 月 1 日至 2019 年 6 月 30 日；乙方工作地点为连云港，从事邮件收派与司机岗位工作；乙方严重违反甲方的劳动纪律、规章制度的，甲方可以立即解除本合同且不承担任何经济补偿；甲方违约解除或者终止劳动合同的，应当按照法律规定和本合同约定向乙方支付经济补偿金或赔偿金；甲方依法制定并通过公示的各项规章制度，如《员工手册》《奖励与处罚管理规定》《员工考勤管理规定》等文件作为本合同的附件，与本合同具有同等效力。之后，孙某根据西区公司安排，负责江苏省灌南县某区域的顺丰快递收派工作。西区公司自 2016 年 8 月 25 日起每月向孙某银行账户结算工资，截至 2017 年 9 月 25 日，孙某前 12 个月的平均工资为 6 329.82 元。2017 年 9 月 12 日、10 月 3 日、10 月 16 日，孙某先后存在工作时间未按规定着工作服、代人打卡、在单位公共平台留言辱骂公司主管等违纪行为。事后，西区公司依据《奖励与处罚管理规定》，由用人部门负责人、建议部门负责人、工会负责人、人力资源部门负责人共同签署确认，对孙某上述违纪行为分别给予扣 2 分、扣 10 分、扣 10 分的处罚，但具体扣分处罚时间难以认定。

2017 年 10 月 17 日，孙某被所在单位用人部门以未及时上交履职期间的营业款项为由安排停工。次日，孙某至所在单位刷卡考勤，显示刷卡信息无法录入。10 月 25 日，西区公司出具离职证明，载明孙某于 2017 年 10 月 21 日从西区公司正式离职，已办理完离职手续，即日起与公司无任何劳动关系。10 月 30 日，西区公司又出具《解除劳动合同通知书》，载明孙某在未履行请假手续也未经任何领导批准的情况下，自 2017 年 10 月 20 日起无故旷工 3 天以上，依据国家的相关法律法规及单位规章制度，经单位研究决定，自 2017 年 10 月 20 日起与孙某解除劳动关系，限孙某于 2017 年 11 月 15 日前办理相关手续，逾期未办理，后果自负。之后，孙某向江苏省灌南县劳动人事争议仲裁委员会申请仲裁，仲裁裁决后孙某不服，遂诉至法院。

西区公司在案件审理过程中提出，孙某在职期间存在未按规定着工作服、代人打卡、谩骂主管，以及未按公司规章制度及时上交营业款项等违纪行为，严重违反了用人单位的规章制度；自 2017 年 10 月 20 日起，孙某在未履行请假手续且未经批准的情况下无故旷工多日，公司依法自 2017 年 10 月 20 日起与孙某解除劳动关系，符合法律规定。

【当事人请求】

要求西区公司支付违法解除劳动合同赔偿金共计 68 500 元。

【处理结果】

江苏省灌南县人民法院于 2018 年 11 月 15 日作出〔2018〕苏 0724 民初 2732 号民事判决：

（1）被告西区公司于本判决发生法律效力之日起十日内支付原告孙某经济赔偿金 18 989.46 元。

（2）驳回原告孙某的其他诉讼请求。

西区公司不服，提起上诉。江苏省连云港市中级人民法院于 2019 年 4 月 22 日作出〔2019〕苏 07 民终 658 号民事判决：驳回上诉，维持原判。

【案例分析】

用人单位单方解除劳动合同是因为劳动者存在违法违纪、违反劳动合同的行为，对其合法性进行评价也应以作出解除劳动合同决定时的事实、证据和相关法律规定为依据。用人单位向劳动者送达的《解除劳动合同通知书》，是用人单位向劳动者作出解除劳动合同的意思表示，对用人单位具有法律约束力。《解除劳动合同通知书》明确载明了解除劳动合同的依据及事由，人民法院审理解除劳动合同纠纷案件时应以该决定作出时的事实、证据和法律为标准进行审查，不宜超出《解除劳动合同通知书》所载明的内容和范围。否则，将偏离劳资双方所争议的解除劳动合同行为的合法性审查内容，导致法院裁判与当事人的诉讼请求以及争议焦点不一致；同时，也违背了民事主体从事民事活动所应当秉持的诚实信用这一基本原则，造成劳资双方权益保障的失衡。

在本案中，孙某与西区公司签订的劳动合同系双方真实意思表示，合法有效。劳动合同附件《奖励与处罚管理规定》作为用人单位的管理制度，不违反法律、行政法规的强制性规定，合法有效，对双方当事人均具有约束力。根据《奖励与处罚管理规定》，员工连续旷工 3 天（含）以上的，公司有权对其处以第五类处罚责任，即解除合同、永不录用。西区公司向孙某送达的《解除劳动合同通知书》明确载明解除劳动合同的事由为孙某无故旷工达 3 天以上，孙某诉请法院审查的内容也是西区公司以其无故旷工达 3 天以上而解除劳动合同的行为的合法性，故法院对西区公司解除劳动合同的合法性审查也应以《解除劳动合同通知书》载明的内容为限，而不能超越该诉争范围。虽然西区公司在庭审中另提出孙某在工作期间存在不及时上交营业款、未穿工服、代人打卡、在单位公共平台留言辱骂公司主管等其他违纪行为，也是严重违反了用人单位的规章制度，公司仍有权解除劳动合同，但是根据在案证据及西区公司的陈述，西区公司在已知孙某存在上述行为的情况下，并没有提出解除劳动合同，而是主动提出重新安排孙某从事其他工作，在向孙某出具《解除劳动合同通知书》时也没有将上述行为作为解除劳动合同的理由。对于西区公司在诉讼期间提出的上述主张，法院不予支持。

西区公司以孙某无故旷工达 3 天以上为由解除劳动合同，应对孙某无故旷工达 3 天以上的事实承担举证证明责任。但西区公司仅提供了本单位出具的员工考勤表为证，该考勤表未经孙某签字确认，孙某对此亦不予认可，认为是单位领导安排其停工并提供刷卡失败视频为证。因孙某在工作期间被安排停工，对于西区公司之后是否通知孙某到公司报到、如何通知、通知时间等事实，西区公司均没有提供证据加以证明，故孙某无故旷工 3 天以上的事实不清，西区公司应对此承担举证不能的不利后果，其以孙某旷工违反公司规章制度为由解除劳动合同，缺少事实依据，属于违法解除劳动合同。

【典型意义】

人民法院在判断用人单位单方解除劳动合同的行为的合法性时，应当以用人单位向劳动者发出的解除通知的内容为认定依据。在案件审理过程中，用人单位另行提出劳动者在履行劳动合同期间存在其他严重违反用人单位规章制度的情形，该情形超出《解除劳动合同通知书》中载明的依据及事由，用人单位据此主张其行为符合解除劳动合同的条件，人民法院不予支持。

三、待岗培训下被迫离职的纠纷

用人单位长时间对员工进行不必要培训、未按约定提供劳动条件、迫使员工离职的，用人单位应向劳动者支付经济补偿金——张某与某劳务公司劳动争议案

【基本案情】

2017年7月1日，某劳务公司派遣张某前往A公司工作。2020年9月4日，A公司向张某发出员工培训通知，要求张某在2020年9月9日至10月16日参加公司的规章制度培训，并规定培训期间参培人员的待遇按成都市最低生活保障工资标准发放，远低于张某平时的工资水平。2020年10月10日，A公司通知延长培训时间至2020年10月31日。之后，A公司多次延长培训时间。2021年4月1日，A公司通知张某，培训班放假，复学时间待定。2021年4月9日，张某向劳务公司发出《解除劳动合同通知函》，后通过司法途径要求A公司与某劳务公司支付其经济补偿金。

【当事人请求】

要求公司支付经济补偿金。

【处理结果】

法院认为张某的离职情形符合《劳动合同法》第三十八条之情形，判决支持了张某关于经济补偿金的诉讼请求。

【案例分析】

法院认为，在一般情形下，学习公司规章制度仅是公司培训内容的一部分，且所占比例较小，培训的主要内容应为提升员工工作能力等业务内容。A公司的培训显然与一般情形不符。A公司对张某进行长达6个多月的培训，培训主要内容为公司各项规章制度。在培训期间，A公司未按劳动合同的约定为张某提供劳动条件，致使张某的工资水平较培训前显著下降，张某以此解除劳动合同，符合公司需要支付经济补偿金的法定情形。

【典型意义】

根据《劳动法》第六十八条之规定，用人单位有建立职业培训制度的法定义务。对员工进行职业培训，其目的应是拓展员工的技术业务知识，提高其实际操作能力，进而提升员工的综合素质，增强用人单位的市场竞争力。但是，一些用人单位却借用"员工培训"的名义，在没有合理培训内容、没有合理时长的情况下无故延长培训期限，并在培训期间向员工发放明显低于平常工资水平的工资，迫使员工主动提出离职，从而达到不支付经济补偿金的目的。人民法院作出裁判，明确认定此种情况符合《劳动合同法》第三十八条关于劳动者单方解除劳动合同的规定情形，用人单位应当支付经济补偿金，以司法的温度和力度维护了劳动者的人格尊严和正当劳动权益。

四、与怀孕女员工终止劳动合同的纠纷

用人单位在不知女职工怀孕的情况下终止劳动合同是否构成违法终止——种某与某演艺公司恢复劳动关系纠纷

【基本案情】

种某于2019年3月入职某演艺公司担任主播职务，双方签订为期2年的书面劳动合同。2021年2月，演艺公司告知种某双方的劳动合同即将到期，决定不再与其续签，种某未提出异议。2021年3月，演艺公司与种某终止了劳动合同。不久之后，种某诉至劳动人事争议仲裁委员会，称经诊断自己已怀孕，怀孕时间为在职期间，要求公司继续履行劳动合同。公司辩称之前并不知道种某怀孕的相关情况，因此予以拒绝。

【当事人请求】

要求某演艺公司继续履行劳动合同。

【审理结果】

劳动人事争议仲裁委员会裁决支持种某的仲裁请求。

【案例分析】

根据《劳动法》《劳动合同法》《中华人民共和国妇女儿童权益保障法》的相关规定，在女职工的孕期、产期、哺乳期（以下简称"三期"），除女职工提出终止劳动合同或严重违反用人单位规章制度等情形外，用人单位不得单方与女职工解除劳动合同，劳动合同期满女职工存在三期情形的，劳动合同应当续延至相应的情形消失时终止。用人单位违反法律规定解除或终止与三期女职工的劳动合同的，应继续履行劳动合同或支付赔偿金。公司与女职工终止劳动合同后，女职工诊断出在劳动关系存续期间已经怀孕的，应充分考虑用人单位是否存在主观故意的情形。若终止

劳动合同前，劳动者未将怀孕事实告知用人单位，用人单位终止劳动合同，劳动者亦未提出异议，即用人单位不存在主观故意行为，不应视其为违法终止劳动合同，用人单位无须支付违法终止劳动合同赔偿金。但根据法律规定，女职工在三期的情形下，劳动合同应当续延至相应的情形消失时终止，说明是否应继续履行劳动合同，并不以用人单位是否知情为前提，而是基于女职工的怀孕事实。综上所述，对于用人单位在不知情的情况下终止已怀孕女职工的劳动合同，虽无须支付违法终止劳动合同赔偿金，但应继续履行劳动合同。

在本案中，用人单位某演艺公司已提前告知种某劳动合同即将到期且期满后不再与其续签，在此期间，种某未向公司告知其怀孕之事实，且未对劳动合同期满终止提出异议，故某演艺公司与种某终止劳动合同并不存在过错，但在作出终止决定之前种某已经怀孕属于客观事实，且种某不存在故意隐瞒怀孕事实的情形，故劳动人事争议仲裁委员会支持了种某要求某演艺公司继续履行劳动合同的仲裁请求。

【典型意义】

由于女职工在孕期、产期、哺乳期的生理特殊性，国家对女职工实行特殊劳动保护，《劳动法》《劳动合同法》及《女职工劳动保护特别规定》等法律法规中明确规定了孕期、产期、哺乳期女职工的相关权益。用人单位对于孕期、产期、哺乳期女职工的管理应严格执行法律法规的规定，履行法定义务，尤其在对女职工作出终止劳动合同决定时，应主动排查女职工是否处于孕期、产期、哺乳期。对于女职工来说，应及时将怀孕事实告知单位，正确主张自己的权利。

五、引进型人才劳动关系解除纠纷

引进型人才只愿享受政策红利而拒绝履行相应义务，在服务期未满时就离职，有悖诚实信用原则，应承担违约责任——吴某某与重庆市梁平区某人民医院人事争议案

【基本案情】

吴某某为某医科大学应届硕士研究生。2017年11月22日，吴某某与梁平区某人民医院及其主管部门某卫生和计划生育委员会、某人力资源和社会保障局以及其就读的某医科大学签订了《高校毕业生就业协议书》。2018年9月1日，吴某某与梁平区某人民医院签订《研究生引进协议》，约定了吴某某的工作地点、工作内容、工资发放、安家补助费用、绩效奖金等内容，并约定吴某某在该医院的服务期限为10年，在服务期内不得辞职，否则需退还所有引进费用，并支付违约金50 000元。2021年4月22日，吴某某书面申请辞职，2021年5月22日，吴某某离开梁平区某人民医院。2022年3月15日，梁平区某人民医院向劳动人事争议仲裁委员会提出仲裁申请，请求吴某某退还安家费，并承担违约责任。该仲裁委员会作出裁决支持

了梁平区某人民医院的诉求，吴某某不服该仲裁裁决，向法院提起诉讼，请求判决不支持上述费用。

【裁判结果】

重庆市梁平区人民法院审理认为，吴某某与梁平区某人民医院签订的《研究生引进协议》系双方当事人的真实意思表示，合法有效。吴某某按照《研究生引进协议》的约定享受了安家补助费用等政策优惠，亦应按照《研究生引进协议》的约定履行相应义务。吴某某在服务期限尚未届满的情况下书面申请辞职，违反了《研究生引进协议》的约定，应当承担相应的违约责任。吴某某与梁平区某人民医院约定的人才引进费用是基于吴某某在该医院工作10年的奖励性酬劳，吴某某已经在梁平区某人民医院工作两年零九个月，梁平区某人民医院获得了吴某某在相应期间内的服务，梁平区某人民医院引进吴某某的目的已部分实现，其要求吴某某全额退还人才引进费用有失公平，费用应当进行分摊。对于违约金，亦应相应予以调减。遂判决吴某某返还人才引进费（安家费）28 000元，并支付违约金36 250元。一审判决后，吴某某提起上诉，二审法院驳回上诉，维持原判。

【典型意义】

育人之本，在于立德。在国家大力提升西部偏远地区医疗水平的政策引导下，医疗机构通过签订协议的方式引进高技能人才并给予其政策优惠，相应地也要求被引进人才为其服务一定年限，该约定具有合理性和现实必要性。但有的被引进者却只愿享受政策红利而拒绝履行相应义务，在服务期未满时就离职，该行为不仅违反了协议约定，且有悖诚实信用原则，对该行为应当进行否定性评价。该案裁判明确认定此种离职行为构成违约，劳动者应当承担相应的违约责任，这样既弘扬了诚信、敬业的社会主义核心价值观，又为促进西部地区医疗卫生事业的健康发展提供了司法保障。

六、劳动报酬发放争议下的离职纠纷

确因有争议少发工资不构成被迫解除合同的理由——周某与某商贸公司劳动关系解除的经济补偿金纠纷

【基本案情】

周某于2015年6月5日入职某商贸公司，双方订立了为期3年的劳动合同，约定周某的职务为销售员，月工资为4 000元。2017年7月，周某晋升为店长，月工资调整为10 000元。2018年3月，周某所负责的店铺在盘点时发现丢失了货品，金额达6万余元。某商贸公司的员工手册规定，员工在岗期间，对公司销售的产品有看管义务，凡盘点发现存在账实不符且不能分清责任的情况，均需由当月在岗的全体员工共同承担赔偿责任，按照损失货品零售价格的50%赔偿。故某商贸公司在

3月底发放工资时,从周某的工资中扣款5 000元作为赔偿,当月实发工资为4 000余元。次日,周某即以未足额支付劳动报酬为由提出辞职,并要求公司支付其解除劳动合同经济补偿金。

【当事人请求】

要求某商贸公司支付解除劳动合同经济补偿金。

【处理结果】

驳回当事人关于某商贸公司支付解除劳动合同经济补偿金的请求。

【案例分析】

仲裁委审理后认为,某商贸公司的工资支付情况一贯良好,其向周某支付的2018年3月的工资不低于北京市最低工资标准,扣除的5 000元系因周某所在店铺货品丢失而产生的损失赔款,双方对此存在争议,某商贸公司并不存在明知应支付该5 000元而不支付的情况,不构成未及时足额支付劳动报酬的情形,故裁决驳回周某的仲裁请求。在本案中,周某作为店长对货品丢失负有相应责任,虽然某商贸公司从其工资中扣款5 000元缺乏充分的依据,但并无拖欠劳动报酬的主观恶意。周某虽可"任性"辞职,但其要求公司支付解除劳动合同经济补偿金的行为,不符合合法、合理、公平原则,故未能得到支持。

【典型意义】

用人单位与劳动者在行使权利、履行义务时都应遵守诚实信用原则。《劳动合同法》第三十八条赋予了劳动者单方即时解除权,但劳动者不应滥用该权利。确因用人单位主观恶意未及时足额支付劳动报酬,劳动者提出解除劳动合同并要求用人单位支付经济补偿金的,应当支持。因客观存在劳动报酬计算标准不清楚、有争议等情形,导致用人单位未能及时足额支付劳动报酬的,一般不应作为劳动者解除劳动合同并要求用人单位支付经济补偿金的依据。

七、危困状态下签订的协议效力纠纷

用人单位利用优势地位与员工进行离职结算时,签订显失公正的《薪酬结算单》应予撤销——陈某与某水电公司劳动争议案

【基本案情】

陈某是某水电公司员工,2018年双方签订《住房补贴协议书》,约定陈某享受水电公司发放的住房补贴,但若其在公司未连续工作满五年,应退还全部住房补贴金。协议签订后,某水电公司按月向陈某发放了住房补贴。2020年2月,某水电公司通知陈某不再续签劳动合同。同年9月,当陈某的新用人单位到某水电公司了解情况时,某水电公司要求陈某返还已发放的住房补贴,并将其与应支付陈某的经济补偿金进行甄选，发现公司不仅无须支付经济补偿金，陈某还需向公司退还 44 410 元。据此，双方签订了《薪酬结算单》。后陈某与某水电公司发生争议。

【当事人请求】

陈某申请仲裁，要求某水电公司支付其经济补偿金。

【案例分析】

从双方签订的《住房补贴协议书》可以看出，该公司以五年以上的服务期为支付住房补贴的条件，鼓励劳动者长期为公司服务。故从协议的真实意思表示来看，未达到五年以上服务期需返还住房补贴的前提条件是劳动者因自身原因离职。在本案中，陈某服务期未满五年的原因是某水电公司在劳动合同到期后不愿与其续签劳动合同。在此情形下，劳动者并不负有返还住房补贴款的义务。此外，陈某与某水电公司签订了《薪酬结算单》，结算确认的陈某应返还公司住房补贴 44 410 元的时间，正是新用人单位对陈某在原单位工作情况（某水电公司）进行背景调查的时间。某水电公司利用自己的优势地位及陈某迫切需要公司配合进行任职背景调查而不敢得罪公司的心理，要求陈某退还已经从公司领取的住房补贴款。故从签订《薪酬结算单》的过程和内容来看，用人单位利用其优势地位违背了劳动者的真实意思表示，该结算单应予撤销，公司应当支付陈某经济补偿金。

【典型意义】

本案运用复合型法律思维，深入剖析额外薪酬订立的目的是鼓励劳动者长期为用人单位服务。人才是企业发展的核心竞争力。用人单位往往会向劳动者承诺优厚的薪酬待遇并提出附加条件，如工作期限等来留住人才。在此种情况下，若是因用人单位的原因导致劳动者未达到服务期年限的，劳动者不负有返还义务。在本案中，当新用人单位对劳动者进行考核考察时，原用人单位利用己方优势地位及劳动者的危困状态与劳动者签订了有失公正的《薪酬结算单》，严重损害了劳动者的合法权益。该协议应依法予以撤销，避免用人单位以"平等"之名，行"不等"之实。该案的处理结果有效保护了劳动者的合法权益，增强了劳动者在工作中的获得感、幸福感、安全感，也给用人单位敲响"警钟"，限制用人单位滥用权利，敦促用人单位依法招工、用工，在依法保障民生、促进和谐劳动关系的构建、营造良好的法治化营商环境等方面均有较为重要的意义。

八、离职人员佣金发放纠纷

离职员工的佣金发放应合理合法——张某诉某房地产经纪公司劳动争议案

【基本案情】

2018 年 1 月，张某入职某房地产经纪公司，双方签订了《薪酬确认单》约定：

"月度薪酬 5 000 元。若在佣金发放日期前离职、辞退、调动等，则对该职员只发放应发佣金的 50%。每次佣金发放时预留 10%至交房后发放。"2021 年 5 月，张某称公司以结构优化为由，要求其离职，并拒绝支付涉案 15 套房屋的佣金。张某离职时涉案 15 套房屋已完成网签，但均未交房。公司认为张某离职后还需他人接手交房等后续工作，故不应发放因贷款和分期付款等原因未到账部分的佣金。张某认为其已经完成了网签等关键性工作，应支付其全部佣金。

【裁判结果】

经法院审理认为，奖金发放制度既要合法也要合理，不能无限放大乃至超越劳动过程和劳动管理的范畴。公司的规章制度规定佣金发放前离职的员工不能享有全部佣金，但张某已完成 15 套房屋的网签，对于劳动者要求发放其工作对应部分的佣金的主张应予以支持。公司称分段佣金的设计系因销售房屋是一个涵盖网签、贷款、交房等节点的持续性行为，虽公司认为张某离职后还需要其他员工完成后续工作，但并未举证证明有其他人接续及存在后续的工作量。考虑到交房亦是整个销售工作中的重要一环，公司制度规定佣金发放时预留 10%至交房后发放，故预留 10%佣金具有合理性。最终，法院认定公司应按照 90%的标准向张某发放佣金。后公司不服提起上诉，二审维持原判。

【典型意义】

佣金提成是工资的一部分，属于劳动报酬的范围。现行法律法规并没有强制规定离职时佣金应该如何发放，人民法院应结合劳动者的离职原因、离职时间、工作情况等进行综合判断。公司有权根据本单位的经营状况、员工的业绩表现等，自主确定发放条件和发放标准，但公司制定的发放规则应遵循同工同酬原则，不得滥用权力。公司在通过规章制度实现对劳动者管理的过程中，要注重规章制度的严谨性、规范性、合理性，以提高有效管理效能。

九、计算经济补偿金工作年限纠纷

劳动者非因本人原因从原用人单位被安排到新用人单位工作的工龄计算——包某诉上海某饮料食品有限公司劳动合同纠纷案

【基本案情】

2006 年 4 月 4 日至 2010 年 1 月 29 日期间，包某先后与三家劳务派遣公司签订劳务派遣合同，并被派遣至上海某饮料食品有限公司从事销售工作。2010 年 2 月 1 日，包某直接与上海某饮料食品有限公司签订期限至 2013 年 3 月 31 日的劳动合同，约定其仍在原岗位从事销售工作。2013 年 3 月 25 日起，包某因患病开始休病假，未再上班。后包某因病假工资和疾病救济费等纠纷提起劳动仲裁，要求公司支付上述费用，并主张其工作年限应自 2006 年 4 月 4 日起算，劳动仲裁认可包某该主张。公司不服，诉至法院。

【裁判结果】

法院经审理认为，包某于2006年4月4日起一直在上海某饮料食品有限公司从事销售工作，虽然2006年4月4日至2010年1月29日期间其先后变更过三家劳务派遣公司，后2010年2月1日用人单位又变更为上海某饮料食品有限公司，但是包某的工作场所、工作岗位并无变化，依照《中华人民共和国劳动合同法实施条例》第十条规定，其工作年限应从2006年4月4日起计算。包某的用人单位经历四次变化但工作场所未变，且一直从事销售工作，上海某饮料食品有限公司主张用人单位主体的变更是由劳动者本人造成的，但未提供充分证据予以证明。同时，上海某饮料食品有限公司亦承认由于公司需要，从2010年2月1日起与包某直接建立劳动关系。本案情形属于"劳动者非因本人原因从原用人单位被安排到新用人单位工作"，故法院判决确认包某在上海某饮料食品有限公司的工作年限应自2006年4月4日起计算。

【案例分析】

劳动者仍在原工作场所、工作岗位工作，劳动合同主体由原用人单位变更为新用人单位的，经认定属于"劳动者非因本人原因从原用人单位被安排到新用人单位工作"的，工作年限应当连续计算。

【典型意义】

劳动关系存续期间，劳动者的用人单位多次变更，但工作场所、工作岗位并无变化，并经认定"劳动者非因本人原因从原用人单位被安排到新用人单位工作"，不影响工作年限的连续计算。劳务派遣亦不应成为劳动者工作年限连续计算的阻却因素。对于如何界定劳动者的用人单位发生变动是否是劳动者本人原因造成的，应从该变动的原因着手，查清是哪一方主动引起了此次变动，以此来避免用人单位通过频繁更换劳务派遣单位等方式缩短劳动者累计工作年限的问题，有助于进一步规范劳务派遣用工行为，引导劳务派遣单位及用人单位依法规范用工，维护被派遣劳动者的合法权益，进而促进劳动关系和谐稳定。

十、离职后未尽妥善转移义务纠纷

用人单位未及时办理社保转移手续导致女职工无法享受生育保险待遇应当赔偿损失——聂某与某百货公司劳动人事争议纠纷

【基本案情】

聂某于2012年7月1日入职某百货公司。2018年4月,聂某向某百货公司提出辞职,双方于2018年5月31日解除劳动关系。双方劳动关系解除后,某百货公司迟迟不予办理解聘手续,聂某于2018年7月31日向劳动保障监察部门投诉,后某百货公司于2018年8月9日为聂某办理了相关解聘手续。某百货公司为聂某缴纳了2012年7月至2018年5月期间的社会保险。2018年8月22日,聂某的新用人单位为聂某补缴了2018年6月至2018年8月的社会保险。2019年4月18日,聂某生育一女,孕期检查费及生育医疗费共计12 772.76元。经相关部门审核,聂某可报销的医疗费金额为6 853.88元。因聂某2018年6月至8月的社会保险系中断补缴,连续缴费期间中断超过2个月,不符合《青岛市城镇职工生育保险办法》规定的享受生育保险待遇的条件,未能享受生育保险待遇。2019年5月,聂某向青岛市市南区劳动人事争议仲裁委员会提起仲裁。

【当事人请求】

（1）要求某百货公司支付聂某生育津贴18 367元;

（2）某百货公司支付聂某2019年2月25日至2019年3月2日期间的住院治疗费1 124.08元;

（3）某百货公司支付聂某2019年4月15日至2019年4月21日期间的住院治疗费11 034.08元;

（4）某百货公司支付聂某2019年4月10日的检查费614.60元。

【裁判结果】

一审法院认为,聂某与某百货公司之间的劳动关系于2018年5月31日解除,某百货公司在聂某投诉后才于2018年8月9日为其办理解聘手续,存在过错,某百货公司逾期办理解聘手续的过错行为与聂某补缴社会保险超过2个月不能享受生育保险待遇之间存在因果关系,某百货公司应承担赔偿责任,即应赔偿聂某生育津贴和生育医疗费损失。遂判决支持聂某的诉讼请求。某百货公司不服一审判决提出上诉,二审法院驳回上诉,维持原判。

【法官点评】

《劳动合同法》第五十条规定,用人单位应在劳动关系解除或终止后的十五日内为劳动者办理社会保险关系转移手续。此系用人单位的法定义务,用人单位逾期办理上述转移手续给劳动者造成损害的，应当承担赔偿责任。在本案中，某百货公司未按照法律规定的期限为聂某办理社会保险关系转移手续，与聂某生育保险连续缴费期间中断超过2个月、未能享受生育保险待遇之间存在直接因果关系，某百货公司应当承担全部赔偿责任。

十一、违背公序良俗下的劳动关系解除纠纷

劳动合同的履行应遵守职业规范和公序良俗——郭某诉某航空公司劳动争议案

【基本案情】

郭某于2005年入职某航空公司，在离职前担任乘务长。2019年10月12日，郭某在某航班限流等待期间在飞机洗手间内身着内衣自拍并发至微信朋友圈，并附有"飞机延误了，我立刻来洗手间试试新品……真的跟没穿一样……"等文字。2019年11月28日，某航空公司以郭某利用工作时间从事私人事务，且违反公司舆情管理、网络管理规定，在网络发布不雅照片违反公序良俗，严重违反航空公司规章制度为由，解除与郭某的劳动合同。郭某认为某航空公司违法解除劳动合同，诉至法院。

【当事人请求】

郭某认为某航空公司违法解除劳动合同。

【裁判结果】

某航空公司以郭某严重违反规章制度解除劳动关系是依法行使管理权的体现，不构成违法解除。

【案例分析】

法院经审理认为，某航空公司是公共航空运输企业，具有较强行业特殊性。因公共航空运输涉及不特定人民群众的公共安全，航空公司负有高度的安全责任，故某航空公司实行更加严格的规章制度和管理规范具有合理性。郭某自拍行为发生的时间属于飞行值勤期内，在值勤期内从事私人事务，违反了其应履行的保障客舱安全的职责。虽然最终该班次没有出现安全问题，但出于航班安全管理至上的要求，该行为不可容忍。且郭某的身份在朋友圈公开，所发布的不雅照片有损社会风气和公序良俗，违背空乘人员的行为规范和职业形象，必然产生不良的社会示范效果，影响社会公众对某航空公司安全声誉的信任。故认定某航空公司以郭某严重违反规章制度解除劳动关系是依法行使管理权的体现，不构成违法解除。

【典型意义】

航空公司作为负责人民群众出行安全的特殊企业，对影响飞行安全的行为持

"零容忍"的态度具有合理性。本案从维护民航安全、保障人民群众生命安全的价值取向为出发点，认定郭某工作期间从事私人事务违反了安全职责，某航空公司解除合同的行为属合法，为践行爱岗、敬业的社会主义核心价值观起到了良好的示范作用。此外，虽然郭某本身不属于公众人物，但因其工作属性需面对一定数量的社会大众，其个人形象、言行举止均会对其工作和社会大众造成较大影响。本案倡导具有一定社会公众关注度的岗位人员在职务的履行中应更加自律，自觉约束自身言行，遵守公序良俗，以免对公众造成不良的影响。

十二、解除后主张恢复劳动关系的争议

高管主张恢复劳动关系的，应严格审查是否具备继续履行的客观条件——陈某与J公司劳动人事争议案

【基本案情】

2018年9月17日，陈某与J公司订立劳动合同，约定陈某担任资管部总经理，月工资50 000元，有效期为2018年9月17日至2020年9月16日，其中"前两个月为试用期"。2018年9月，陈某入职J公司。2018年11月2日，J公司向陈某发送书面通知，以陈某在"试用期内不符合录用条件"为由，通知陈某解除劳动合同，双方劳动关系于2018年11月2日解除。2018年11月3日，J公司与案外人韩某续签劳动合同，约定韩某担任资管部总经理。陈某不服，遂提起劳动仲裁。

【当事人主张】

要求J公司恢复劳动关系并支付其恢复期间的工资。

【裁判结果】

一审法院认为，在本案中，J公司主张陈某在试用期内表现不符合录用条件，但J公司并无证据证明其与陈某约定了具体录用条件，其现有证据也难以证明陈某存在违反公司管理规定应解除劳动合同的行为，故J公司以"试用期内不符合录用条件"为由解除劳动合同，属违法解除。在本案中，J公司以陈某工作内容及岗位已由他人代为履行为由拒绝恢复劳动关系，并且提供了相应的证据加以佐证，一审法院对此予以采信。由于陈某原岗位已经被他人代替，客观上导致了双方的劳动合同不能继续履行，陈某要求恢复与J公司的劳动关系并支付工资的诉讼请求，一审法院难以支持。J公司违法解除与陈某的劳动合同，依法应支付陈某违法解除劳动合同赔偿金。

上海一中院认为，首先，一审认定J公司解除与陈某劳动合同的行为属于违法解除，并判令J公司支付相应的违法解除赔偿金，J公司未对此提起上诉，视为对一审判决的认可，在双方对J公司违法解除劳动合同的事实都无异议的基础上，判断双方劳动关系能否恢复的关键在于是否具备继续履行原劳动合同的客观条件。其次，

J公司以陈某原岗位已被案外人韩某代替为由拒绝恢复与其的劳动关系，为此提供了J公司与韩某的劳动合同、岗位变动记录、劳动合同续签记录、J公司的任命书等相关证据予以佐证。J公司、陈某双方均确认陈某原所在的岗位仅设置一位人员，鉴于该岗位已于2018年11月3日起由他人任职，导致陈某与J公司原劳动合同不具备继续履行的客观条件，故双方劳动关系难以恢复，J公司应当支付陈某违法解除劳动合同的赔偿金。上海一中院故维持原判。

【典型意义】

用人单位违法解除劳动合同后，高管主张恢复劳动关系的，应严格审查是否具备继续履行的客观条件。首先，用人单位和高管之间需要很强的信任关系做基础，一旦进入劳动仲裁或诉讼，双方的信任关系便不复存在，强制恢复可能会使公司管理陷入僵局；其次，高管的岗位往往比较稀缺且不能长时间空置，一旦高管原岗位被他人替代，用人单位又很难再为高管创设新岗位，也会导致原劳动合同不具备继续履行的客观条件。故结合案件特点，在向高管行使释明权后，改为支付高管违法解除赔偿金则更有利于和谐劳动关系的构建。

特别鸣谢

本书的顺利出版离不开公司员工的辛勤付出，特别鸣谢以下主要参与编撰的成员：

李厚民，四川通发广进人力资源管理咨询有限公司董事长，担任四川省人力资源服务行业协会副会长，四川省法学会劳动和社会保障研究会副会长，重庆理工大学客座教授，全国中小企业管理咨询专家，川渝人力资源服务专家委员会（四川专家），同时具备高级人力资源管理师、国际注册管理咨询师、高级劳动关系协调师、高级人才测评师、高级管理会计师等职业资格。荣获四川省人力资源服务行业"领军人才"称号，亚太人力资源服务"优秀企业家"称号。

罗莉，四川通发广进人力资源管理咨询有限公司副总经理（主持工作），高级人力资源管理师，高级心理咨询师，2022年荣获四川省人力资源行业"优秀经理人"称号。在薪酬福利、绩效考核、人才培养、劳动关系等方面具有丰富的经验。

刘小渝，四川通发广进人力资源管理咨询有限公司副总经理，高级人力资源管理师，中级会计师、高级管理会计师。在人力资源服务的财务分析以及业务外包成本管控方面，尤其在保险福利等薪酬管理方面具有丰富的经验。

杨潇，四川通发广进人力资源管理咨询有限公司市场部兼法务部经理，高级人力资源管理师，长期致力于劳动和社会保障管理等工作，深谙与劳动相关的各类法律法规。参与了《人力资源服务企业如何规范实施业务外包》及《企业外包业务用工法律风险防控实操——以某国有企业涉诉案例为样本分析》等课题的研究，多年来带领公司律师团队处理各类法律纠纷，具有较高的法律理论知识水平及丰富的实战经验。

肖潇，四川通发广进人力资源管理咨询有限公司综合部兼人力资源部经理，高级人力资源管理师、中级经济师，对人力资源管理等有丰富的经验，熟悉与劳动相关的各类法律法规。

梁爽，四川通发广进人力资源管理咨询有限公司专职律师，在劳动管理和社会保障方面有丰富的经验，熟悉与劳动相关的各类法律法规，尤其在合作协议规避双方风险方面。依托于法律人员的法律知识、技能和经验，能够高效处理与法律密切相关的事务，起草包括保密协议、授权委托书等标准模板，并进一步规范合同起草、签订各环节的操作标准。

代旭，四川通发广进人力资源管理咨询有限公司专职律师，在劳动管理和社会保障方面具有丰富的经验，熟悉与劳动相关的各类法律法规，尤其在员工权益保障方面。擅长与员工沟通和协商，全面了解员工需求，协调企业与职工各方利益，解决劳动纠纷。

胡诗敏，四川通发广进人力资源管理咨询有限公司顾问律师，同时担任多家公司法律顾问。长期从事劳动管理和社会保障业务，有着深厚的理论功底和丰富的实践经验，对与劳动相关的各类法律法规有着深入、透彻的研究，特别是在处理工伤、工亡事故方面，凭借娴熟的谈判技巧及对相关法律法规的灵活运用，在最大限度保障企业与劳动者双方的合法权益方面具有丰富经验。